몽골어-한국어
한국어-몽골어
입문 소사전
Монгол-Солонгос
Солонгос-Монгол

김학선 저

문예림

초보자를 위한
몽골어-한국어
Монгол-Солонгос

김학선 저

문예림

머리말

   한국과 몽골이 1990년 3월 26일 정식 수교를 한 이후 몽골과 한국 간의 교류가 지속적으로 활발해져 가면서, 몽골어를 배우려는 한국인 또한 그 숫자가 날로 늘어가고 있습니다. 수교 20년이 넘어가는 지금 몽골에 거주하는 한국교민은 3000명 내외로 증가하였고 해마다 사업, 교육, 선교 등 다양한 목적의 방문객이 점점 늘어나고 있는 반면 이들의 요구 수준을 충족시킬만한 몽골어 교재는 많지 않은 실정입니다. 이러한 시점에서 초급 몽골어 학습자를 위해 소지하기 간편한 몽한단어장을 기획하게 되었습니다.

   몽골어를 처음 접하는 학습자들에게 도움을 주고자 몽골어 밑에 한글로 발음을 표기해 놓았습니다. 되도록 토박이 화자의 발음에 가깝도록 노력하였습니다만 우리말 표기가 몽골어의 정확한 발음에 해당하지 않는 경우도 있을 수 있음을 밝혀둡니다. 부족하나마 몽골어 학습에 조금이라도 도움이 되기를 다시 한번 기원합니다. 공부하시다가 궁금한 점이나 의문점이 있으시면 제 메일(hakseon66@hanmail.net)로 연락을 주시면 감사하겠습니다. 성심성의껏 답변드리겠습니다.

김학선

차례

머리말	3	п	133
а	5	р	136
б	20	с	137
в	43	т	155
г	44	у	183
д	53	ү	195
е	66	ф	202
ё	67	х	203
ж	68	ц	241
з	72	ч	250
и	86	ш	256
к	90	э	269
л	92	ю	282
м	94	я	283
н	106		
о	118		
ө	125		

а

аав 아버지
아우

ааг 진한, 힘
아-그

аагим 무더위
아-김

аадар 거친
아-다르

аадар бороо 소나기
아-다르 버러-

аажим 천천히
아-짐

аажимдаа 점점
아-짐다-

аажимдах 느리다
아-짐다흐

аалз 거미
아-알쯔

аалзны шүлс 거미줄
아-알쯔니 슐스

ааль 성격
아일

аар саар 이것저것
아-르 사-르

ааруул 아-로-올
아-로-올

аарц 아-르츠
아-르츠

аахилах 헐떡이다
아-힐라흐

ааш 성깔, 성질
아-쉬

ав 사냥
아우

аваалъ 초혼의
아-왈

аваачих 가지고 가다
아와-치흐

авах 받다
아와흐

авга ах 삼촌
아왁 아흐

авга эгч 고모
아왁 에그치

авгай 아우가	아내	**авьяас** 아위야스	재능, 재주
авиа 아위아	소리	**агаар** 아가-르	공기, 대기
авлах 아울라흐	사냥하다	**аглаг** 아글락	미개척의
авилга 애윌락	뇌물	**агнах** 아그나흐	수렵하다, 사냥하다
аврага 아와락	챔피언, 천하장사	**агсрах** 악스라흐	주정을 부리다
аврагч 아와락치	구원자, 은인	**агт** 악트	말 거세마
аврах 아우라흐	구하다, 구원하다	**агуй** 아고이	굴
авто 압터	자동	**агуу** 아고-	위대한
автобус 압터보스	버스	**агуулах** 아골-라흐	보존하다
авхаалж 아우하-알찌	약삭빠른	**агуулга** 아골-락	내용, 주제
авчрах 압치라흐	가지고 있다	**агшин** 악싱	순간
авсаархан 압사-르항		아담한, 편리한

агших 줄다, 줄어들다 악시흐	**адуучин** 마부 아또-칭
агшрах 진해지다 악시라흐	**аж амьдрал** 삶, 생활 아즈 암드랄
ад 악파 아트	**аж ахуй** 업, 산업 아즈 아호이
адаг 종말 아따크	**ажиглалт** 관찰 아직랄트
адар 천장 아따르	**ажиглах** 주시하다 아직라흐
адгуус 짐승, 동물 아뜨고-스	**ажигч** 눈치 있는 아직치
адил 같은, 동일 아딜	**ажил** 일, 노동 아질
адилхан 동일한, 똑같은 아딜항	**ажил тарах** 퇴근하다 아질 타라흐
адис 축복 아디스	**ажил таслах** 결근하다 아질 타슬라흐
адуу 말 거세마 아또-	**ажиллах** 일하다 아질라흐

адилтгах 대조하다, 비교하다
아딜트가흐

ажил эрхлэх 사업을 하다
아질 에르흘레흐

ажилтан 아질탕	일꾼	**азтай** 아즈태	운이 좋은
ажилчин 아질칭	노동자, 근로자	**азарга** 아즈락	숫말
ажлын хөлс 아질링 홀스	급여, 보수	**ази** 아지	아시아
ажлын цаг 아질링 착	근무시간	**айдас** 애다스	공포
ажээ 아제-	이었다	**айл** 애일	집, 가정
аз 아즈	운, 행운, 행복	**айлгах** 애일가흐	겁주다
аз болж 아즈 벌찌	다행히	**айлчин** 애일칭	손님, 방문객
аз жаргал 아즈 자르갈	행복	**айлчлал** 애일칠랄	방문
аз эз 아즈 에즈	행운과 불행	**аймаар** 애마-르	무서운, 대단히
азгүй 아즈구이	운이 없는	**аймаг** 애막	(행정) 아이막, 도

аажилсаг
아질삭

부지런하다, 근면하다

айдас хүрэх
애다스 후레흐

두려워하다, 겁나다

айраг 아이락, 마유주
애락

айх 두려워하다, 놀라다
애흐

академи 아카데미
아카데미

алаг 잡색의, 얼룩덜룩
알락

алаг морь 얼룩말
알락 머르

алах 죽이다, 살인하다
알라흐

алба 공무, 의무
알바

албан бичиг 공문서
알방 비칙

албадах 강요하다, 강제하다
알브다흐

албан газар 공공기관, 관청
알방 가자르

албан татвар 세금, 조세
알방 타트와르

алгасах 지나치다, 건너뛰다
알락사흐

албан хаагч 공무원
알방 하-악치

алга 손바닥, 없다
알라크

алгуур 천천히
알고-르

алд 길(길의 단위) 1.6 m
알드

алдаа 실수, 잘못, 오류
알다-

алдагдах 잃다
알닥다흐

алдар 성함, 존함
알다르

алдар нэр 명예
알다르 네르

алдарт 알다르트	유명한, 이름난	**алхаа** 알하-	걸음, 보조
алжаал 알자-알	피곤, 피로	**алхам** 알흠	걸음, 보폭
алиа шог 알리아 석	농담, 풍자	**алхах** 알하흐	걷다
аливаа 알리와-	임의, 어떤	**аль** 알	어느
алим 알림	사과	**ам** 암	입, 말
алс 알스	먼	**ам ал дах** 암 알다흐	실언하다
алт 알트	금	**ам бүл** 암 불	식구, 가족
алх 알흐	망치	**ам гарах** 암 가라흐	약속하다
аалдах 알다흐			잃다, 실수하다, 지다
алмайрах 알매라흐			부주의하다, 경솔하다
алиа шогч 알리아 석치			익살꾼, 개그매
алхам алхмаар 알흠 알흐마-르			한 걸음씩

ам сайтай 칭찬 받는 암 새태	**америк** 미국 아메리크	
ам цуурах 거짓말하다 암 초-라흐	**амжилт** 성공, 달성 암질트	
амаа барих 후회하다 아마- 바리흐	**амиа хорлох** 자살하다 아매 허를러흐	
амархан 쉽다, 용이하다 아마르항	**амилах** 살아나다 아밀라흐	
амдах 가로막다 암다흐	**амин** 생명의 아밍	

амар 편안한, 안락한, 쉬운
아마르

амгалан 편온함, 안녕, 평안
암글랑

амжих 할 수 있다, 가능하다
암지흐

амиа бодогч 이기주의자
아매 버떡치

амны зугаа 군것질, 화제
암니 조가-

амь даатгал 생명 보험
앰 다-트갈

амьд 살아있는, 생명이 있는
앰드

аминчлах 아밍칠라흐	친밀하다	**амь** 앰	생명, 목숨
амраг 아므락	사랑하는 사람	**амь орох** 앰 어러흐	살아나다
амралт 아므랄트	휴식, 휴가	**амь тавих** 앰 타위흐	죽다
амрах 아므라흐	휴식하다, 쉬다	**амь таслах** 앰 타슬라흐	죽이다
амсах 암사흐	맛보다	**амьд хүч** 앰드 후치	생존력
амт 암트	맛	**амьдрал** 앰드랄	생활, 인생, 삶
амттай 암트태	맛있다	**амьдрах** 앰드라흐	살다, 생활하다
амтлагч 암틀락치	양념	**амьсгаа** 앰스가—	호흡, 숨
амтлах 암틀라흐	맛보다	**амьсгаадах** 앰스가—다흐	숨이 자다

анги
앵기
계급, 학급, 반, 학과

анги төрөл
앵기 투를
종류, 분류

анзаараггүй
안자—락귀
통찰력이 없는

амьсгал 앰스갈	호흡, 숨	**ангилал** 앵길랄	분류
амьтан 앰	동물	**англи** 앵글	영국
ан 앙	짐승	**анд** 앙드	친구, 동무
анагаах 안가-흐	치료하다	**андгай** 안드가이	약속
анагаах ухаан 안가-흐 오하-앙	의학	**андуу** 안도-	착각
анах 아나흐	병이 낫다	**андуурах** 안도-라흐	착각하다
ангах 앙가흐	목마르다	**анзаарах** 안자-라흐	살펴 보다
ангижрах 앵기지라흐	해방되다	**аних** 아니흐	눈을 감다

анкет 앙케트   이력서, 자기소개서

араа 아라-   어금니 , 톱니바퀴, 기어

арвилах 아르윌라흐   절약하다, 아끼다

арга хэмжээ авах 아락 헴제- 아와흐   조치를 취하다

ануухан 아노-항	젊어 보이는	**анч** 안치	사냥꾼
анх 앙흐	최초, 초보	**ар** 아르	등, 뒤
анхаарал 앙하-랄	주의	**аррааны шүлс** 아라니- 슐스	군침
анхаарах 앙하-라흐	주의하다	**арав** 아랍	십, 열
анхилам үнэр 앙힐람 우네르	향기	**арай** 아래	조금, 좀더 겨우
анхилах 앙힐라흐	향기가 나다	**арал** 아랄	섬
аргагүй 아락귀		방법이 없다. 도리가 없다.	
аргадах 아락다흐		달래다, 위로하다	
аргил 아르길		큰, 광대한, 저음의	
ард 아르드		국민, 백성, 뒤쪽, 뒤편, 북쪽	
арзайх 아르재흐		뻣뻣하다, 오싹하다	
ариутгах 아료트가흐		소독하다, 살균하다	

арвин 풍부한 아르윙	**ард түмэн** 국민, 백성 아르드 툰
арвич хүн 약한 사람 아르위치 훈	**ардчилал** 민주주의 아르드칠랄
арга 방법 아락	**ардчилах** 민주화하다 아르드칠라흐
арга самбаа 재치 아락 삼바-	**ардчилсан** 민주적인 아르드칠승
арга хэмжээ 대책 아락 헴제-	**арилах** 살아지다 아릴라흐
аргал 말린 소똥, 아르갈 아르갈	**арилгах** 벗기다, 지우다 아릴가흐
аргалах 방법을 찾다 아르갈라흐	**арилжаа** 거래 아릴자-
арчаагүй 무력한, 약한, 게으른 아르차-귀	
асгах 따르다, 흘리다, 쏟다 아스가흐	
аспирант 부박사 과정의 학생 아스피란드	
асрагч 유모, 보모, 간호원 아스락치	
асуултын тэмдэг 물음표 아솔-팅 템덱	

арилжих 거래하다 아릴지흐	**архив** 자료, 보관소 아르힙
ариун 거룩한, 숭고한 아롱	**архичин** 술꾼, 술고래 아리흐칭
ариун цэвэр 순결 아롱 체웨르	**арчих** 닦다, 훔치다, 씻다 아르치흐
ариутгал 소독, 살균 아료트갈	**арчлах** 보살피다, 돌보다 아르칠라흐
арслан 사자 아르슬랑	**арьс** 피부 아리스
архаг 만성병, 만성 질환 아르학	**арьсны өнгө** 피부색 아리스니 웅그
архаг 큰, 거대한 아르학	**арьстан** 인종 아리스탕
архи 술, 주 아리흐	**арын хаалга** 뒷문, 뺵 아리-잉 하-알락
асуух 아소-흐	묻다, 문의하다, 질문하다
атаархах 아타-르하흐	부러워하다, 시샘하다
ахимаг 아히막	나이를 먹는, 늙은
ахлагч 아흘락치	장, 지도자, 책임자

acaaгуур 라이터 아사-고-르	**асуулт** 질문 아솔-트	
acaax 켜다, 불붙이다 아사-흐	**ат** 거세된 낙타 아트	
acax 켜지다, 오르다 아사흐	**атаархал** 질투 아타-르할	
acpax 돌보다, 보살피다 아스라흐	**атар** 황무지, 처녀지 아타르	
асуудал 문제, 사고 아소-달	**атга** 한줌, 소량 아탁	

ачаа тээвэр   화물 운송
아차- 테-웨르

ашгүй   좋은, 잘 된, 때마침
아쉬귀

ашиг орлого   소득, 수입
아식 어를럭

ашиглах   이용하다, 사용하다
아식라흐

ашиглах заавар   사용법
아식라흐 자-와르

ашигт   유용하다, 쓸모 있는
아식트

ашигтай   쓸모 있는, 유용한
아식태

17

атгаг 아트각	나쁜 마음, 복수	**ахуй** 아호이	생활, 삶
атгах 아트가흐	쥐다, 움켜쥐다	**ац** 아츠	갈퀴
атигар бие 아티가르 비	왜소한 몸	**ач** 아치	손자, 자손
атийх 아티-흐	굽히다, 구부리다	**ачаа** 아차-	화물, 짐
атирах 아티라흐	주름지다	**ачаар** 아차-르	덕분에
аугаа 아과-	위대한, 웅장한	**ачигч** 아칙치	짐꾼
африк 아프리크	아프리카	**ачих** 아치흐	싣다
ах 아흐	오빠, 형, 아저씨	**ачтан** 아치탕	은인
ахих 아히흐	전진하다, 오르다	**ашиг** 아식	이익, 이득
ахмад 아흐마드	선배, 고참, 선장	**ашигт малтмал** 아식트 말트말	광물
аянга дуугарах 아양가 도-가라흐		벼락, 천둥이 치다	
аятайхан 아이태흥		기분이 좋은, 편한, 좋은	

ашид а시드	언제까지나	**аягалах** 아약라흐	담다, 따르다
аюул 아욜	위험	**аялал** 아얄랄	여행
аюулгүй 아욜귀	안전한	**аялах** 아얄라흐	여행하다
аюул осол 아욜 어슬	안전사고	**аялга** 아얄락	억양
аюулхай 아욜해	명치	**аялгуу** 아얄고-	운율, 방언
ая 아이	가락, 선율	**аян** 아잉	여행
ая дуу 아이 도-	노래	**аян зам** 아잉 잠	여행길
аяар 아야르	조용히, 다음에	**аяндаа** 아잉다-	저절로
аяархан 아야르항	조용히, 천천히	**аяны шувуу** 아이니- 쇼워-	철새
аяга 아약	공기, 컵, 잔		

ба 바	와, 과
баавгай 바-우가	곰
бааз 바-즈	보통의, 야영지
баас 바스	똥, 배설물
баасан 바-상	금요일
баах 바-흐	똥을 누다, 배설하다
баатар 바-타르	용사, 영웅, 용감한
баатарлаг 바-타를락	용감한, 용기 있는
баашлах 바실라흐	인 체하다, 가장하다
багтах 박타흐	들어가다, 포함되다
баг 박	팀, 단, 가면, 탈
бага 박	작은, 적은, 어린
багадах 박다흐	작아지다
багаж 바가지	도구, 연정
багана 바근	기둥
багачууд 박초-드	어린이들
баглах 바글라흐	짜다, 포장하다
багс 박스	솔, 브러시

багтаамж 박탐-지	용량	баз 바츠	형부
багтаах 박타-흐	넣다, 포함하다	базлах 바즐라흐	쥐어 잡다
багш 박시	선생님, 스승	бай 배	과녁, 상금
багшлах 박실라흐	가르치다	байт сур 배트 소르	양궁
багшрах 박시라흐	떼 짓다	байгаль 배갈	자연, 천연
бадаг 바득	절, 후렴	байгаль орчин 배갈 어르칭	환경
бадрах 바뜨라흐	빛나다, 번지다	байгуулал 배고-올랄	기관, 조직

багш нарын өдөр   스승의 날
박시 나링 우드르

базах   주무르다, 안마하다
바자흐

байгаль орчны яам   환경부
배갈 어르치니 얌

байгуулагч   창립자, 기획자
배고-올락치

байгуулах   세우다, 건설하다
배고-올라흐

байгууллалт 체계, 조직 배고-올랄트	**байнга** 늘, 언제나, 항상 뱅가
байгууллага 기관, 단체 배고-올락	**байр** 주거, 주택, 집 배르
байдал 상태, 상황 배달	**байр суурь** 입장 배르 소-르
байз 기다려, 잠깐만 배쯔	**байрлах** 위치하다 배를라흐
байлдаан 전쟁, 싸움 배엘다-앙	**байршил** 위치 배르실
Байлдагч 군인, 전사 배엘닥치	**байх** 있다, 존재하다 배흐
байн байн 자주 뱅뱅	**байцаа** 양배추 배차-
байлдах 배엘다흐	전쟁하다, 싸우다
байтугай 배토개	말할 것도 없고
байж ядах 배찌 야따흐	애타다, 초조해지다
байцаах 배차-흐	조사하다, 감사하다
байж болзошгүй 배찌 벌저쉬귀	있을 수 없는

байцаагч 배착-치	감사, 검사	**баланс** 발란스	균형
байшин 배싱	건물	**балга** 발락	한 모금
бал 발	꿀, 연필심	**балгах** 발가흐	한 모금 마시다
бал сар 발 사르	신혼여행	**балет** 발레트	발레
балгаар 발가-르	탓에	**балиар** 발리아르	더러운, 미개한
балай 발래	어리석은	**балиус** 발리오스	식칼, 부엌칼

балай амьтан　　어리석은 놈
발래 앰틍

балархай　　막연한, 모호한
발라흐해

балбах　　두들기다, 두드리다
발바흐

балрах　　희미해지다, 무너지다
발르라흐

балчир багадаа　　어릴 때에
발치르 박다-

бамбайх　　부풀다, 팽창되다
밤배흐

баллах 발라흐	지우다	**банк** 방크	은행
баллуур 발로-르	지우개	**бантан** 반탕	미음, 죽
балмад 발마드	미친	**бантах** 반타흐	쩔쩔매다
балт 발트	도끼	**банш** 반시	반시, 작은 만두
балчир хүүхэд 발치르 후-헤드	유아	**бар** 바르	호랑이, 범
бамбай 밤배	방패, 갑상선	**бараа** 바라-	물건, 상품
бандан 반당	벤치	**бараа бологч** 바라- 벌럭치	수행원
банз 반즈	판자	**бараа сүүдэр** 바라- 수-데르	그림자
банзал 반잘	치마, 매춘부	**бараан** 바랑	어두운
бараглах 바락라흐			소실되다, 다하다
барааны саван 바라-니- 사왕			빨래 비누
барах 바라흐			끝내다, 치우다, 다하다

бараг 바락	거의, 대체로	**барзгар** 바르즈가르	울퉁불퉁한
барагдашгүй 바락다쉬귀	끝없는	**бариа** 배래	지압
барагцаах 바락차-흐	대충, 대략	**баривчлах** 배립칠라흐	체포하다
барайлгах 바랠가흐	찌푸리다	**баригдах** 배릭다흐	잡히다
барайх 바래흐	인상을 쓰다	**баригч** 배릭치	잡은 사람
барам 바름	희생물	**барилга** 배릴락	건설, 건축, 건물
барахгүй 바라흐귀	할 수 없다	**барилгачин** 배릴락칭	건축가
баргар 바르가르	음울한	**барилдаан** 배릴당-	씨름
бардам 바르담	오만한	**барилдах** 배릴다-흐	씨름하다
бардамнах 바르담나흐			자만하다, 거만하다
баридлага 배릴들락			유대, 우정, 친선
баримтлах 배림틀라흐			추종하다, 준수하다

25

барилцах 마주 잡다 배릴차흐	**бархирах** 소리 치다 배르히라흐
барим 정도, 한뼘 배림	**барьцаа** 담보 배르차-
барим тавим 변덕스런 배림 태윔	**барьцаалах** 전당잡히다 배르찰-라흐
баримaлч 조각기 배리말치	**бас** 역시, 또한, 다시 바스
баримжаа 방향 배림자-	**бат** 단단하다, 강한 바트
баримт 증거, 근거 배림트	**баталгаа** 확증 바틀가-
бариул 손잡이 배롤-	**батга** 여드름 바탁
бариулах 운전시키다 배롤라흐	**бах** 만족한 바흐
барих 붙잡다, 쥐다 배리흐	**бахардах** 기절하다 바하르다흐
баруун 서, 서쪽, 오른쪽 바롱-	**бахархах** 자랑하다 바하르하흐
басах 바사흐	경멸하다, 별시하다
батлах 바틀라흐	증명하다, 인정하다

бахдал 즐거운 바흐달	**бачуурах** 목이 메다 바초-라흐
бацаг 단식 바착	**баян** 풍부한, 부자 바잉
бацаг барих 단식하다 바착 배리흐	**баян жил** 풍년 바잉질
бач 속임수, 사기 바치	**баян тансаг** 호화로운 바잉 탕슥
бачимдуу 빠른, 급한 바침도-	**баяр** 기쁨, 즐거움, 명절 바이르

баярлах 즐거워하다, 기뻐하다
바야를라흐

баяртай 즐거운, 기쁜, 안녕히가세요
바야르태

баярлалаа 감사합니다, 고맙습니다
바야를라-

баяжих 풍부하게 되다, 부자가 되다
바이지흐

баялаг 자원, 부, 재산, 풍부한
바일락

бие засах газар 화장실
비 자사흐 가자르

бие хамгаалагч 경호원
비 함가-알락치

баясгалан 바이스갈랑	즐거움	**бид** 비뜨	우리들, 저희들
баячууд 바이초-드	부자들	**бидон** 비덩	양동이, 들통
бейсбол 베이스벌	야구	**бие** 비	몸, 신체
бензин 벤징	가솔린, 휘발유	**бие даах** 비 다-흐	독립하다
берлин 베를링	베를린	**бие засах** 비 자사흐	완치하다
би 비	나, 저	**бие султай** 비 솔태	허약한
библи 비블	성경	**бие хүн** 비 훙	개인

биеийн тамир 비-잉 타미르 — 운동, 체육

биелүүлэх 빌룰-레흐 — 실행하다, 이루다

билигийн улирал 빌깅- 올리랄 — 음력

битүүрэх 비투-울레흐 — 막히다, 가득 차다

битүүний өдөр 비투-니- 우드르 — 섣날, 그믐날

биеийн чадал 비-잉 차딸	인력
биелэх 빌레흐	실현하다
биений юм 비니- 윰	월경, 생리
биеэрхүү 비에르후-	튼튼한
биет 비트	신체적
биеэр 비에르	스스로, 몸소, 친히
биз дээ 비즈 데-	지요
биеийн байцаалт 비-잉 배차-알트	신분증
бичгийн хэрэгсэл 비치기-잉 헤렉셀	문방구
бодлого 버뜰럭	정책, 사고, 생각
бодох 버떠흐	생각하다, 사고하다
бойжуулах 버쥬-라흐	기르다, 사육하다
бий 비-	존재하다, 있다
бий болох 비- 벌러흐	생기다
бийр 비-르	붓
бийрэн бичиг 비-렝 비칙	서예
билет 빌레트	표, 입장권
билиг 빌릭	재능, 재주, 지혜
билиг оюун 빌릭 어용	지혜

биологи 비얼럭	생물학	**битүү** 비투-	닫힌, 꽉 찬
бирж 비르찌	거래소	**бичиг** 비칙	글자, 문자
битгий 비트기-	말다, 안	**бичих** 비치흐	쓰다, 녹음하다

болгоомж
벌검-치   신중, 주의, 조심

болгоомжтой яваарай
벌검-치태 야와-래   조심해 가세요

болзоо тогтоох
벌저- 턱터-흐   약속하다

болих
벌리흐   그만두다, 중지하다, 멈추다

боловсон
벌럽성   예의 바른, 교양 있는

боловсрол олж авах
벌럽스럴 얼찌 아와흐   교육을 받다

боловсролтой хүн
벌럽스럴태 훙   교양인

боловсролын яам
벌럽스럴링 얌   교육부

боловсрох
벌럽스러흐   익다, 성장하다

бичлэг 녹음 비칠렉	**бодит** 실제, 사실 버띠트
бичмэл 손으로 쓴, 원고 비치멜	**бодит байдал** 현실 버띠트 배달
бичээч 서기 비체-치	**бодлогогүй** 생각 없는 버뜰럭귀
биш 아닌, 아니다 비시	**бодол** 생각, 개념, 사고 버떨
бишрэх 신봉하다, 믿다 비시레흐	**бодь сэтгэл** 동정심 버드 세트겔
богд 성스러운, 신성한 벅트	**бойжилт** 성장, 발육 버질트
богд хаан 성왕, 군주 벅트 항-	**бол** 은/는 벌
богино 단, 짧은 버긴	**болгоомжлох** 조심하다 벌거-엄질러흐
богино өмд 반바지 버긴 움드	**болгох** 되게 하다 벌거흐
бод мал 큰 몸집 가축 버뜨 말	**болзол** 조건 벌절
бодис 물체 버띠스	**болзоо** 약속 벌저-

боловсруулах 익히다, 교육시키다
벌럽스로-올라흐

болзох 약속하다 벌저흐	**боов** 과자, 비스킷 버-우
боловсрол 교육, 교양 벌럽스럴	**боодол** 포장 버-뜰
боловч 불구하고, 하지만 벌럽치	**боол** 노예, 종, 하인 버-얼
бололтой 것 같다 벌럴태	**боолт** 끈, 볼트 벌-트
бололцоо 가능성, 기회 벌럴처-	**боомт** 항구 범-트
боломж 가능성 벌럼지	**боорлох** 덤벼들다 버-를러흐
боломжтой 가능한 벌럼지태	**боох** 묶다, 매다 버-흐
болох 되다 벌러흐	**бооцоо** 내기 버-처-
болхи 미련하다 벌히	**бор** 갈색 버르

Багш болох   교사가 되다
박시 벌러흐

бохир   굽다, 휘다, 부러지다
버흐르

бохир усны шугам   하수도
버흐르 오스니- 쇼감

бор шувуу 참새 버르 쇼-워-	**босох** 일어나다, 세우다 버서흐
боргох 젖다 버르거흐	**боть** 책, 권, 호 버트
бордоо 거름, 비료, 사료 버르더-	**бохир ус** 하수 버흐르 오스
бордох 비료를 주다 버르더흐	**бохь** 타르, 껌 버흐
бороо 비 버러-	**бөгж** 반지, 고리 북찌
борооших 비가 잦아지다 버러-쉬흐	**бөглөө** 마개 부글러-
борц 말린 고기, 육포 버르츠	**бөглөрөл** 막힘, 체증 부글럴
босгох 일으키다, 새우다 버스거흐	**бөглөрөх** 막히다 부글르루흐
бөмбөгдөх 붐북드흐	폭탄을 떨어뜨리다
бөмбөгөр 붐부그	구, 모양의, 둥근
бөмбөрцөг 붐부르축	공, 구, 지구본
бөөлжих 버-얼찌흐	토하다, 구토하다

бөглөх 부글르흐	막다, 덮다	**бөндгөр** 분드그르	둥근
бөгөөд 부거-드	과, 및, 그리고	**бөө** 버-	무당
бөгс 북스	하체, 엉덩이	**бөөм** 버-엄	형구
бөгтөр 북투르	꼽추, 곱사등의	**бөөн** 버-은	덩어리
бөлцийх 불치-흐	눈이 붓다	**бөөндөх** 버-은드흐	도매하다
бөмбөг 붐북	공, 폭탄	**бөөний үнэ** 버-니- 운	도매가격
бөмбөр 붐부르	북	**бөөр** 부-르	신장, 콩팥
бөмбөрдөх 붐부르드흐	북을 치다	**бөөстөх** 부-스트흐	이가 생기다

бөөний худалдаа 도매
버-니- 호딸다-

бөөрөнхий 둥근, 둥그렇다
부-릉히-

бөх 튼튼한, 씨름선수, 낙타의 혹
부흐

будах 칠하다, 색칠하다, 염색하다, 화장하다
보따흐

бөс бараа 부스 바라-	직물, 옷감	**будда** 보따-	불교
бөхийх 부히-흐	숙이다	**буддист** 보띠스트	불교도
бөхөх 부흐흐	망하다	**будлиан** 보띨랑	혼란, 분쟁
буг чөтгөр 복 추트그르	귀신	**бужгар** 보쯔가르	곱슬곱슬한
буга 복	사슴	**бузар** 보자르	불결한, 더러운
буглаа 보글라-	종기	**бузар** 보자르	아주, 몹시, 대단히
буглах 보글라흐	곪다	**бузарлах** 보자를라흐	더럽히다
бугуй 보고이	손목	**буй** 보이	있다, 소유하다
бугуйн цаг 보고잉 착	손목시계	**буйдан** 보이당	소파
будаа 보따-	곡식, 커닝하다	**булаах** 볼라-흐	강탈하다, 빼앗다
будаг 보딱	그림물감, 페인트	**булаг** 볼락	샘, 우물
будан 보땅	안개	**булан** 볼랑	모퉁이

| булах
볼라흐 | 묻다, 숨기다 | буруу
보로- | 실수, 잘못 |

| булгарах
볼가라흐 | 빼다 | буруу гар
보로- 가르 | 왼손 |

| булхай
볼해 | 부정, 속임 | бурхан
보르항 | 불상, 신, 하느님 |

| булш
볼시 | 무덤, 묘 | бус
보스 | 아니다, 부, 비 |

| булшлах
볼실라흐 | 매장하다 | бусад
보사드 | 다른, 타인의, 남의 |

| бум
봄 | 십 만 | бут
보트 | 세게 |

| бурах
보라흐 | 재잘거리다 | бутрах
보트라흐 | 깨어지다 |

| буржгар
보르쯔가르 | 곱슬곱슬한 | буу
보- | 총 |

| бурзар
보르자르 | 주렁주렁 | буудагч
보-딱치 | 사수 |

булхайцах
볼해차흐   속이다, 사기 치다

булгилах
볼길라흐   뛰다, 두근거리다

буруушаах
보로-샤-흐   꾸짖다, 야단치다

буудах 보-따흐	사격하다	**бууц** 보-츠	야영지, 가축의 똥
буудлага 보-뜰락	사격 발포	**бухимдах** 보힘다흐	답답하다
бууз 보-즈	보즈, 만두	**буцаах** 보차-흐	반환하다
буулгах 보-올가흐	내리다	**буцалгах** 보찰가흐	끓이다
бууралтах 보-랄타흐	백발이 되다	**буцалгуур** 보찰고-르	주전자
буух 보-흐	내려가다	**буцах** 보차흐	돌아가다

бутлах
보틀라흐
산산조각으로, 분쇄하다

бурхан багш
보르항 박시
부처, 석가모니

буудал
보-딸
호텔, 여관, 역, 정거장

буурах
보-라흐
약해지다, 내려가다

буурал
보-랄
저기압, 쇠퇴, 회색

буурулах
보-롤-라흐
내리다, 줄이다

буцлах 보츨라흐	끓다	**бүжиглэх** 부직레흐	춤을 추다
бушуухан 보쇼-흥	빨리	**бүжигчин** 부직칭	무용가
буюу 보요	또는, 혹은	**бүл** 불	이종, 사촌, 가족
буян 보잉	선, 선행, 덕	**бүлгэм** 불금	공동체, 동아리
бүгд 북트	전부, 일체, 모두	**бүлэг** 불릭	장, 단원, 집단
бүгдээр 북데-르	모두, 전부	**бүлэглэх** 불릭레흐	조직하다
бүгчим 북침	무더운	**бүлээн** 불렝-	미지근한
бүдүүн 부뚱-	굵은 굵다	**бүр** 부르	매우, 마다
бүдэг 부떽	분명치 않는	**бүрдүүлэх** 부르뚤-레흐	완성시키다
бүжиг 부직	춤, 댄스, 무용	**бүрдэх** 부르떼흐	완성되다
бүгд найрамдах улс 북트내람다흐 올스			공화국
бүдүүлэг 부뚤-렉			미개한, 원시적인

бүрий 부리-	해질 무렵	**бүрэн** 부렝	전부, 완전
бүртгэл 부르트겔	증명서	**бүрэх** 부레흐	덮다
бүртгэх 부르트게흐	등록하다	**бүрээ** 부레-	나팔
бүрхэг 부르헥	흐린	**бүрээс** 부레-스	지붕 덮개
бүрхэх 부르헤흐	덮다, 흐려지다	**бүс** 부스	띠
бүрэг 부렉	수줍어하는	**бүсгүй** 부스귀	여성
бүрэлгэх 부렐게흐	파괴하다	**бүслэлт** 부슬렐트	포위

бүрэлдэхүүн 부렐데후-웅 — 구성, 구조

бүтэн сайн өдөр 부텡 생 우드르 — 일요일

бүтэх 부테흐 — 실현하다, 완성되다

бүтээх 부테-흐 — 수행하다, 이루다

бэлтгэх 벨트게흐 — 준비하다, 훈련시키다

бүсэлхий 부셀히-	띠를 두르다	**бүтээл** 부텔-	창조, 생산
бүтэл 부텔	성공	**бүтээлч** 부텔-치	창조적인
бүтэлгүй 부텔귀	불운의	**бүтээлэг** 부텔-렉	덮개, 보
бүтэлтэй 부텔테	성공적인	**бүү** 부-	안, 마라
бүтэмж 부템지	성공	**бүү хэл** 부- 헬	말하지 마라
бүтэн 부텡	온통, 완전	**бүх** 부흐	모두, 전부
бүтэц 부테츠	구조	**бүхэл** 부헬	전체
бүтэшгүй 부테시귀	불가능한	**бүхэн** 부흥	전부, 모두

бэлэг дурсгал   기념품
벨렉 도르스갈

бэрхшээх   곤란을 두려워하다
베르흐쉐-흐

бэртэх   다치다, 상처를 입다
베르테흐

бяцлах   조각내다, 뭉개다
뱌츨라흐

몽골어	한국어
бэ 베	요?, 까?
бэлгийн 벨깅–	성적
бэлгэвч 벨겝치	콘돔
бэлдмэл 벨뜨멜	영양제
бэлдэх 벨떼흐	준비하다, 갖추다
бэлтгэл 벨트겔	준비
бэлчээр 벨체–르	방목지, 초지
бэлэг 벨렉	선물
бэлэглэх 벨렉레흐	선물하다
бэлэн 벨렝	준비된, 기성의
бэлэн хувцас 벨렝 홉차스	기성복
бэлэн мөнгө 벨렝 뭉그	현금
бэр 베르	며느리
бэргэн 베르겡	형수
бэрх 베르흐	곤란한, 어려운
бэрхшээл 베르흐쉘–	곤란
бэх 베흐	먹, 잉크
бэхжих 베흐지흐	강해지다
бэхлэлт 베흘렐트	요새
бээжин 베–징	북경
бээлий 벨–리	장갑
бялдууч 발도–치	아부, 아첨
бялдууҷлах 발도–칠라흐	아부하다
бялуу 발로–	케이크

бямба 토요일
밤바

бяруу 두 살배기 송아지
뱌로-

бяслаг 치즈
뱌슬락

бяцрах 조각나다
뱌츠라흐

бяцхан 작은
뱌츠항

B

ваар 기와, 도자기
와-르

ваарчин 도공
와-르칭

вагон 열차
와겅

вакцин 예방주사
왁칭

вальс 왈츠
왈스

вальют 외화
왈요트

ван 왕, 군주
왕

вандан 벤치
완등

вандуй 콩, 완두
완도이

варень 잼
와렌

видео 비디오
비디어

виз 비자
비즈

винтов 소총
원터우

вирус 병균
위로스

виски 양주
위스키

витамин 비타민
비타민

вокзал 역, 기차역
왁잘

волейбол 배구
월리벌

вьетнам 베트남
베트남

вэ 까?, 요?
웨

Г

гааль 세관
갈-

гаанс 담뱃대
간-스

гавшгай 민첩한
갑시개

гавьяа 공, 공훈
가위야

гавьяат 공로
가위야트

гагнах 용접하다
가그나흐

гагцхүү 오직
각츠후-

гадаа 밖
가따-

гадаад 곁, 외국
가따-드

гадаад улс 외국
가따-드 올스

гадагш 밖으로
가딱쉬

гадна 밖, 외
가뜬

гадуур 밖
가뚜-르

гадуурхах 따돌리다
가뚜-르하흐

гажиг 결합, 이상
가직

гажих 굽다
가지흐

гажуу 휘어진
가조-

гажуудал 왜곡
가조-달

газар 땅, 육지
가자르

засгийн газар 정부
자스기-잉 가자르

газар хөдлөл 지진
가자르 후들를

газарч 안내원
가자르치

газрын тос 가자리-잉 터스	석유	**галлах** 갈라흐	불을 피우다
гай 개	불행	**галт** 갈트	불붙는
гайгүй 가이귀	어려움이 없다	**галт тэрэг** 갈트 테렉	기차
гайтай 가이태	어려운	**галуу** 갈로-	거위
гайхалтай 가-할태	놀라운	**гамтай** 감태	절약한
гайхах 가-하흐	놀라다	**гамнах** 감나흐	아끼다
гал 갈	불	**ган** 강	강철
галзуу 갈조-	미친	**ган** 강	가뭄

гал тогооны өрөө　　　　　　　　　　부엌
갈 터거-니- 우러-

галт тэрэгний буудал　　　　　　　기차역
갈트 테레그니- 보-딸

галын наадам　　　　　　　　　　　불꽃놀이
갈링 나-담

гамгүй　　　　　　　　　　절약하지 않는, 헤픈
감귀

ганган 강강	우아한, 세련된	**гар барих** 가르 바리흐	악수하다
гандах 간다흐	가뭄 들다	**гар хоосон** 가르 허-성	빈손
гандан 간등	사원	**гар хөрөө** 가르 후러-	톱
гандуу 간도-	가뭄	**гараа** 가라-	시작, 순번
гантиг 간틱	대리석	**гариг** 가릭	요일
ганхах 간하흐	흔들리다	**гарах** 가라흐	나오다
ганц 간츠	유일	**охин гарах** 어힝 가라흐	딸을 낳다
ганц бие 간츠 비	독신	**гаргах** 가르가흐	내보내다
ганцаараа 간차-라-	혼자	**гардах** 가르다흐	손수하다
гар 가르	손, 팔	**гарз** 가르즈	손해
гадагш гарах 가딱쉬 가라흐			외출하다
осол гарах 어설 가라흐			사고가 나다

гарздах гарздах	낭비하다	**гахай** гахай	돼지
гариг гариг	요일	**гацаа** гацаа-	오지
гарлага гарлаг	지출	**гацах** гацах	막히다
гаруй гаруй	이상, 가량	**гашлах** гашлах	상하다
гарц гарц	건널목	**гашуудал** гашуу-дал	슬픔
гарцаагүй гарцаагүй	틀림없이	**гашуудах** гашуу-дах	슬프다
гарчиг гарчиг	목차, 제목	**гашуун** гашуун-	쓰다
гарын үсэг гарын- үсэг	서명, 사인	**гийгүүлэгч** ги-굴-렉치	자음
гаслах гаслах	울부짖다	**гийгүүлэх** ги-굴-레흐	비추다
гатлах гатлах	건너다	**гимнастик** 김나스틱	체조

осол аюул гаргах 어설 아율 가르가흐   사고를 내다

гарын авлага 가링- 아울락   참고서, 교재

гишгэх 기쉬게흐	밟다, 디디다	**голдуу** 골또-	주로, 대체로
гишүүн 기슝-	회원	**голлох** 골러흐	중심에 있다
говь 고비	사막, 고비사막	**гологдол** 골럭덜	불량
гоё 고이	미려한, 아름다운	**голомт** 골럼트	아궁이, 근원지
гоёл 고일	장식	**голох** 걸러흐	싫어하다
гоёмсог 고염속	아름다운	**гомдол** 곰덜	불평, 불만
гоёх 고이흐	치장하다	**гомдох** 곰더흐	불평하다
гойд 고이드	아주	**гонсойх** 공세흐	실망하다
гоймон 고이멍	국수	**гоо** 고-	아름다운
гол 골	강, 하천	**гоо сайхан** 고- 새흥	미, 미용
гол гудамж 골 고땀지	중심가	**гоожих** 고-지흐	새어 나오다
гоёл чимэглэлийн зүйл 고일 치메글링- 주일			액세서리
гоо сайханы бараа 고- 새흐니- 바라-			화장품

гоожуур 고-조-르	수도꼭지	**гөлрөх** 굴르흐	응시하다
гортиг 고르틱	동그라미	**гөрөөс** 구르-스	영양
горхи 고르히	냇물	**градус** 그라도스	도
горьдлого 고를럭	기대, 바람	**грамм** 그람	그램
горьдох 고르더흐	기대하다	**гуай** 괘	씨
гоц 고츠	특별히	**гуанз** 관즈	식당
гоц авъяастан 고츠 아위야스탕	영재	**гудайх** 고때흐	고개를 숙이다
гөлгөр 굴그르	부드러운	**гудамж** 고땀지	도로, 길
гөлийх 굴리히	부드럽다	**гудас** 고따스	요
гөлөг 굴록	강아지	**гуйвах** 고이와흐	흔들리다
гөлөглөх 굴록르흐	새끼를 낳다	**гуйлга** 고일락	구걸
гөлөм 굴름	안장깔개	**гуйлгачин** 고일가칭	거지

гуйх 고이흐	구하다	**гуч** 고치	서른, 삼십
гулгах 골가흐	미끄러지다	**гуя** 고이	허벅지
гулгуур 골고-르	스케이트	**гувэх** 구웨흐	털다
гунганах 곤가나흐	울다	**гузээлзгэнэ** 구제-엘즈겡	딸기
гуниг 고닉	슬픔	**гүйдэл** 귀델	달리기
гуниглах 고닉라흐	슬퍼하다	**гүйлс** 귈스	살구
гурав 고롭	삼, 셋	**гүйлт** 귈트	달리기
гурил 고릴	밀가루	**гүйх** 귀흐	달리다
гутаах 고타-흐	훼손하다	**гүйцэх** 귀체흐	쫓아가다
гутал 고탈	신발, 구두	**гүн** 궁	깊이
гуталчин 고탈칭	제화 업지	**гүн ухаан** 궁 오항-	철학
гуу 고-	도랑	**гүнж** 궁지	공주

гүрэн 구릉	국가	**гэж** 게찌	라고
гутгэлэг 구트겔렉	왜곡	**гэзэг** 게젝	변발
гутгах 구트게흐	왜곡하다	**гэлгүй** 겔귀	구별 없이
гүү 구-	암말	**гэм** 겜	잘못, 죄
гүүр 구-르	다리	**гэмгүй** 겜귀	무죄
гэвч 겝치	그러나, 하지만	**гэмт** 겜트	유죄
гэгч 겐치	라고	**гэмт хэрэг** 겜트 헤렉	범죄
гэгээ 게게-	빛, 불빛	**гэмтэл** 겜텔	부상
гэгээн 게겡-	밝은	**гэмтэх** 겜데흐	상처 나다
гэгээрэл 게게-렐	계몽	**гэмших** 겜쉬흐	후회하다
гэдэс 게떼스	배, 복부	**гэнэн** 게넹	순진한
гэгдэх 겍데흐	라고 하다, 이른바		

гэнэт 겐트	갑자기	**гэрээслэх** 게레-슬레흐	유언하다
гэр 게르	게르, 집	**гэтэл** 게텔	이지만
гэр бүл 게르 불	가족	**гэтэх** 게테흐	몰래 다가가다
гэргий 게르기-	사모님	**гэх** 게흐	등등
гэрлэлт 게를렐트	결혼	**гэх мэт** 게흐 메트	라고 하다
гэрлэх 게를레흐	결혼하다	**гээх** 게-흐	잃다
гэрчилгээ 게르칠게-	증명서	**гялайлаа** 갈랠라-	감사합니다
гэрчлэх 게르칠레흐	증명하다	**гялайх** 갈래흐	반짝이다
гэрэл 게렐	빛, 광명	**гялалзах** 갈랄자흐	빛나다
өдрийн гэрэл 우드링- 게렐	형광등	**гялбах** 갈바흐	눈이 부시다
гэрэл зураг 게렐 조락	사진	**гялгар** 갈가르	반짝이는
гэрээ 게레-	계약, 조약	**гялгар уут** 갈가르 오-트	비닐봉지

Д

даавар 호르몬
다-와르

даавуу 면, 천
다-오-

даага 두 살배기 망아지
다-그

даалгавар 과제
달-가와르

даалгах 과제을 주다
달-가흐

даам 바둑
다-암

даанч 정말
단치

даарах 얼다, 떨다
다-라흐

даатгал 보험
다-트갈

даатгах 맡기다
다-트가흐

даах 참다
다-흐

даац 적재량
다-츠

даваа 고개
다와-

давах 넘다
다와흐

давс 소금
다우스

давслах 소금을 절이다
답슬라흐

давстай 짜다
답스태

давтан 복습
답틴

давтах 반복하다
답타흐

давтлага 연습
답틀락

давуу 뛰어난
다오-

давхар 이중, 두 배
답하르

давхрага 답흐락	층	**дадлага** 다뜰락	훈련
давхарлах 답하를라흐	포개다	**дажгүй** 다찌귀	괜찮다
давших 답쉬흐	전진하다	**дайлах** 댈-라흐	대접하다
дагалт 다갈트	수행원	**дайн** 댕	전쟁
даган 다긍	따라	**дайралт** 대랄트	습격
дагах 다가흐	따르다	**дайрах** 대라흐	만나다
дагнах 다그나흐	혼자하다	**дайсан** 대승	적
дагуу 다고-	따라서	**дайчин** 대칭	전사
дадах 다따흐	익히다	**дайчлах** 대칠라흐	동원하다

давхраатай нүд
답흐라-태 누드   쌍꺼풀눈

дайтах
대타흐   싸우다, 전쟁하다

далай лам
달라이 람   큰스님, 달라이라마

дал 달르	일흔	**дамжаа** 담자-	학원
далавч 달랍치	날개	**дамжих** 담지흐	통과하다
далай 달라이	바다	**дамжуулах** 담졸-라흐	전해 주다
далбай 달배	깃발	**дан** 당	단, 단독
далд 달드	숨겨진	**дандаа** 당다-	늘, 항상
далдлах 달들라흐	숨기다	**данс** 당스	장부, 구좌
далдуур 달도-르	비밀리에	**данх** 당흐	주전자
далим 달림	좋은 기회	**данхгар** 당흐가르	짱구
далимд 달림드	김에	**дараа** 다라-	다음
дам 담	간접적으로	**дараалал** 다라-랄	순서
дамардах 다마르다흐	북을 치다	**дараалан** 다라-랑	연달아
дамын худалдаа 다밍 호딸다-			중개업

Д

дараахь 다음의 다라-흐	**дархан** 대장장이, 신성한 다르항
даралт 압력 다랄트	**дархлал** 면역성 다르흘랄
дарах 누르다 다라흐	**дархлах** 연장을 만들다 다르흘라흐
дарга 장,대표,지도자 다락	**дарь** 화약 다르
даргалах 지도자가 되다 다르갈라흐	**дасал** 습관 다슬
дарлал 박해 다를랄	**дасах** 익숙해지다 다사흐
дарлах 박해하다 다를라흐	**дасгал** 연습 다스갈
дармал бичиг 인쇄체 다르말 비칙	**дасгалжуулагч** 코치 다스갈졸락치
дарс 과실주 다르스	**дасгах** 적응시키다 다스가흐
даруу 온순 다로-	**дахиад** 다시, 또 다햐드
даруухан 겸손 다로-항	**дахин** 재차 다힝
дасгалжуулах 다스갈졸라흐	훈련시키다

давтагдах 답탁다흐	반복되다	**динозавр** 디노자와르	공룡
дахих 다히흐	되풀이하다	**диплом** 디플롬	졸업증서
дацан 다층	사원학교	**дипломат** 디플로마트	외교
дашрам 다쉬람	원인	**диссертаци** 디세르다치	학위논문
демократ 데모크라트	민주주의	**довтлох** 덥틀러흐	공격하다
диван 디왕	소파	**довтолгоо** 덥틀거	공격
диваажин 디와-징	천국	**догдлох** 덕들러흐	흥분하다
дизайнер 디자이네르	디자이너	**доголон** 더글렁	절름발이
дизель 디젤	디젤	**доголох** 더글러흐	절다
дийлдэх 딜데흐	지다	**догшин** 덕싱	사납다
дийлэнх 딜렝흐	대부분	**доктор** 덕터르	박사
дийлэх 딜레흐	승리하다	**долгилох** 덜길러흐	파도치다

д

долгион 덜기엉	파도	**донж** 던지	맵시
долигонох 덜릭너흐	아부하다	**донти** 던티	웅담
доллар 덜라르	달러	**донтон** 던텅	중독자
долоо 덜러-	일곱, 칠	**донтох** 던터흐	중독 되다
долоох 덜러-흐	핥다	**доог** 더-그	비웃음
дом 덤	마법	**дооглох** 더-글러흐	비웃다
домбо 덤보	구리 주전자	**доогуур** 더-고-르	아래
домог 더먹	전설, 설화	**доош** 더-쉬	아래쪽, 미만
домч 덤치	마술자	**дор** 더르	밑
дон 덩	중독	**доргих** 더르기흐	흔들리다
донгио 덩기어	둔한	**дордох** 더르떠흐	약해지다
донгодох 덩거더흐	벌을 주다	**дорно** 더른	동, 동쪽

дорнод 더르너드	동쪽	**дотуур** 더토-르	안, 속
дорой 더래	약하다	**дотуур байр** 더토-르 배르	기숙사
доройтох 더래티흐	약해지다	**дотуур хувцас** 더토-르 홉차스	내의
доромжлох 더름질러흐	모욕하다	**дохио** 더혀	신호, 기호
дотно 더튼	안, 내부	**дохиолол** 더혈럴	경보
дотносох 더튼서흐	친하다	**дохих** 더히흐	신호하다
дотогш 더턱쉬	안으로	**дежрех** 두지리흐	무관심하다
дотоод 더터-드	안, 내부	**дөл** 둘	불꽃
дотоож 더터-지	속옷	**дэлгээн** 둘구-응	고요한
дотор 더터르	안, 내부	**дэнгэж** 둥그찌	겨우

дөнгөн дангаан 둥궁 당강   간신히

дугуйлах 도괼라흐   동그라미를 그리다

дөрвөлжин 두르블징	네모, 사각	**дугтуй** 독퇴	봉지
дөрөв 두릅	넷, 사	**дугуй** 도괴	둥글다
дөрөө 두루	등자	**дугуйлан** 도괴랑	동아리
дөхөх 두흐흐	접근하다	**дулаалах** 돌랄-라흐	따뜻하게 하다
дөч 두치	마흔, 사십	**дулаан** 돌랑	온도, 난방
драм 드람	연극, 드라마	**дулаарах** 돌라-라흐	따뜻해지다
дув 도우	완전히	**дулаахан** 돌라-항	따뜻한
дугаар 도가르	번, 번호	**дулимаг** 돌리막	대충
дугаарлах 도가-를라흐	줄서다	**дунд** 동드	중, 중간
дугтрах 독트라흐	당기다	**дундад** 동다드	평균, 중간

дундад зууны үе
동다드 조-니- 우이   중세

дуртай дургүй
도르태 도르귀   좋든 싫든

дундаж 동다찌	평균	**дурсгал** 도르스갈	추억
дундуур 돈도-르	반쯤	**дурсгалт** 도르스갈트	기념이 되는
дур 도르	마음, 욕망	**дуртай** 도르태	좋아하다
дураар 도라-르	제 마음대로	**дусаах** 도사-흐	떨어뜨리다
дуран 도릉	망원경	**дусал** 도살	물방울
дургүй 도르귀	싫다, 싫어하다	**дусах** 도사흐	똑똑 떨어지다
дургүйцэх 도르귀체흐	싫어하다	**дутагдал** 도특달	부족
дурдатгал 도르다트갈	추억, 회상	**дутагдах** 도특다흐	부족하다
дурдах 도르따흐	회상하다	**дутах** 도타흐	모자라다
дурлах 도를라흐	좋아하다	**дутмаг** 도트막	부족하다
дурсах 도르사흐	회상하다	**дутуу** 도토-	덜 된
дуугарах 도-가라흐			울리다, 말하다

дутуудах 도토-다흐	모자라다	**дуурь** 되-르	오페라
дуу 도-	소리, 노래	**дуусах** 또-사흐	끝나다
дуу бичлэг 도 비칠렉	녹음	**дуусгах** 또-스가흐	끝내다
дуудах 또-다흐	부르다	**дуучин** 또-칭	가수
дуудлага 또-들락	호출	**дух** 도흐	이마
дуулах 똘라흐	노래하다	**дүгнэлт** 두그넬트	결론
дуулдах 똘다흐	들리다	**дүгнэх** 두그네흐	결론 짓다
дуулиан 똘리앙	소문	**дүйх** 뒤흐	일치하다
дууриалал 또-랴랄	본보기	**дүлий** 둘리-	귀머거리
дууриамал 또-랴말	모조	**дүн** 둥	결산, 성적
дууриах 또-랴흐	본받다	**дүнгэнэх** 둥그네흐	윙윙거리다
дүрсгүй 두르스귀		형태가 없는, 개구쟁이	

몽골어	한국어
дүр 두르	외형, 외견
дүрс 두르스	모습, 동영상
дүрс бичиг 두르스 비칙	한자
дүрслэл 두르슬렐	묘사
дүрслэх 두르슬레흐	묘사하다
дүрслэх урлаг 두르슬레흐 오를락	미술
дүрэм 두름	규칙
дүү 두-	아우, 동생
дүүжлэх 두-질레흐	걸다, 매달다
дүүпүү 두-푸-	두부
дүүргэх 두-르게흐	꽉 차다
дүүрэг 두-렉	구역, 구
дүүрэн 두-렝	가득한
дүүрэх 두-레흐	가득 차다
дэвсгэр 뎁스게르	요, 침대보
дэвсэх 뎁세흐	깔다, 펴다
дэвтэр 뎁테르	공책, 노트
дэвтэх 뎁테흐	스며들다
дэвтээх 뎁테-흐	적시다
дэвүүр 데우-르	부채
дэгдэх 덱데흐	이륙하다, 일어나다
дэд ерөнхийлөгч 데드 유릉히-륵치	부통령

몽골어	발음	뜻
дэвхцэх 뎁흐체흐		깡충깡충 뛰다
дэвшил 뎁쉴		발전
дэвшилт 뎁쉴트		발전
дэвших 뎁쉬흐		나아가다
дэвэх 데웨흐		부채질하다
дэгдээхэй 덱데-헤		새끼 새
дэглэм 데글렘		체제
дэглэх 데글레흐		안무하다
дэгтэй 덱테		행실 좋은
дэгээ 데게-		갈고리
дэгээдэх 데게-데흐		고리에 걸다
дэд 데드		부, 대리
дэл 델		갈기
дэлбэлэлт 델베렐트		폭발
дэлбэрэх 델베레흐		폭발하다
дэлгүүр 델구-르		가게, 상점
дэлгэр 델게르		풍부한
дэлгэрэх 델게레흐		피다
дэлгэх 델게흐		펴다
дэлдэх 델데흐		두드리다
дэлсэх 델세흐		치다
дэлхий 델히-		세계, 지구
дэлхий дахин 델히- 다힝		온 세상
дэлэх 델레흐		달개를 짓다

дэм 뎀	도움	дээвэр 데-웨르	지붕
дэмжих 뎀지흐	돕다	дээгүүр 데-구-르	위쪽으로
дэмжлэг 뎀질렉	후원	дээд 데-드	위, 상부
дэмий 데미-	쓸데없는	дээл 데-엘	델
дэндүү 뎅두-	너무	дээр 데-르	위, 상부
дэнс 덴스	저울	дээрдэх 데-르데흐	나아지다
дэнслэх 덴슬레흐	저울질하다	дээрэлхэх 데-렐헤흐	창피를 주다
дэр 데르	배개	дээрэм 데-렘	강탈, 약탈
дэрвэх 데르웨흐	펄럭이다	дээрэмчин 데-렘칭	강도
дэргэд 데르게드	곁, 옆	дээш 데-쉬	위로
дэргэдэх 데르게데흐	곁에 있다	дээшлэх 데-쉴레흐	올라가다
дэс 데스	순서		

e

евроази 유라시아
예우러아지

Европ 유럽
예우럽

егөөдөх 비꼬다
예구-드흐

ер 일반적으로
예르

ер 아흔, 구십
예르

ердийн 보통의
예르딩

ердөө 절대
예르더

ерөнхий 일반적
유릉히-

ерөнхийлөгч 대통령
유릉히-륵치

ерөнхийлөх 통솔하다
유릉힐-르흐

ероол 축원
유러-얼

ероос 절대로
유루-스

ероох 기원하다
유루-흐

ертөнц 세계, 우주
유르트츠

ес 아홉, 구
유스

ё

ёгт
역트
풍유의

ёжтой
여지터
빈정거리는

ёзоор
여저-르
뿌리

ёо ёо
여 여
아야

ёолох
열러흐
신음하다

ёотон
여텅
각설탕

ёр
여르
예감

ёроол
여럴
밑, 바닥

ёс
여스
예절

ёстой
여스터
예의가 있다, 해야 하다

ёс журам
여스 조람
에티켓

ёс зүй
여스 쥐
윤리

ёслол
여스럴
예식

ёслох
여슬러흐
인사하다

Ж

жааз 틀
자-즈

жаал 조금, 꼬마
자-알

жаахан 조금
짜-흥

жавар 찬바람
자와르

жавхаа 배짱
자우하-

жавхлан 위대
잡흘랑

жавшаан 호기
잡샹

жагсаал 행렬, 데모
작살

жагсаалт 목록
작살트

жагсах 정렬하다
작사흐

жад 창
자드

жадгар 끼는
자뜨가흐

жадлах 창으로 찌르다
자뜰라흐

жалга 골짜기
잘락

жам 법칙
잠

жан 장
장

жанжин 장군
장징

жар 예순, 육십
자르

жаргал 행복
자르갈

жаргалтай 행복한
자르갈태

жаргах 행복하다
자르가흐

живх 기저귀
집흐

живэх 지웨흐	가라앉다	**жиих** 지-흐	뻗다
жигд 직드	골고루	**жил** 질	해, 년
жигдрэх 직드레흐	통일하다	**жимс** 짐스	과일
жигнүүр 지그누-르	저울	**жин** 징	무게
жигнэх 지그네흐	찌다	**жингэнэх** 진게네흐	울리다
жигтэй 직테	기이하다	**жиндүү** 진두-	쌀쌀하다
жигүүр 지구-르	날개	**жиндэх** 진데흐	춥다
жигших 직쉬흐	혐오하다	**жинхэнэ** 징헹	정말
жижиг 지찍	작은	**жиргэх** 지르게흐	지저귀다
жижиглэх 지찍레흐	작다	**жирийн** 지링	보통
жижүүр 지쭈-르	경비원, 수위	**жирэмслэлт** 지렘슬렐트	임신
жийнс 진스	청바지	**жирэмслэх** 지렘슬레흐	임신하다

ж

жирэмсэн 지렘승	임신한	**жор** 저르	처방
жихүүн 지후-웅	찬	**жорлон** 저를렁	화장실
жич 지치	다른	**жороо** 저러-	조랑말
жишиг 지식	수준	**жөтөө** 주투-	질투
жишèх 지시흐	비교하다	**журам** 조람	질서
жишээ 지쉐-	예	**журамлах** 조람라흐	단속하다
жишээлэх 지쉘레흐	예를 들다	**журамт** 조람트	충실한
жишээлбэл 지쉘벨	예를 들면	**журнал** 조르날	출석부
жолоо 절러-	고삐	**жууз** 조-즈	가마
жолоодох 절러-더흐	운전하다	**жуулчин** 졸칭	관광객
жолооч 절러-치	운전사	**жуулчлал** 졸칠랄	관광
жоом 조-옴	바퀴벌레	**жуулчлах** 졸칠라흐	관광하다

жуулчны бааз 관광지
졸치니- 바-즈

жуумалзах 미소 짓다
조-말자흐

жүжиг 연극
주찍

жүжиглэх 연기하다
주찍레흐

жүжигчин 배우
주찍칭

3

за
자
네, 자

заавал
자-왈
반드시, 꼭

заавар
자-와르
지시

зааварлах
자-와를라흐
지시하다

зааг
자-그
경계

зааглах
자-글라흐
한계를 정하다

заазуур
자-조-르
식칼

заазуурдах
자-조-르다흐
썰다

заалгах
잘가흐
수업 받다

завхайрах
자우해라흐

заалт
잘트
가르침

заам
자-암
멱살

заамдах
잠다흐
멱살을 잡다

заан
자-앙
코끼리

заах
자-흐
가르치다

заах арга
자-흐 아락
교수법

зав
자우
여가

заваан
자왕
얼빠진

завдах
잡다흐
하려고 하다

завсар
잡사르
여가

завсарлага
잡사를락
쉬는 시간

방탕하게 살다

завсарлах 잡사를라흐	잠깐 쉬다	**ам задгай** 암 자뜨개	수다스러운
завхай 자우해	방탕한	**задлах** 자들라흐	뜯다
завхрал 자우흐랄	왜곡	**задрах** 자드라흐	풀리다
завхрах 자우흐라흐	왜곡하다	**зажлах** 자즐라흐	씹다
завшаан 잡상	행운	**зай** 재	공간
загас 자가스	물고기	**зайдас** 재따스	소시지
загасчлах 자가스칠라흐	낚시질하다	**зайлах** 잴라흐	행구다
загатнах 자가트나흐	가렵다	**зайлуулах** 잴롤라흐	해고하다
загвар 자그와르	유행	**зайлшгүй** 잴쉬구이	절대적인
загнах 자그나흐	꾸중하다	**зайрмаг** 재르막	아이스크림
задгай мөнгө 자뜨개 뭉그	잔돈	**зайтай** 재태	틈이 있는
загвар өмсөгч 자그와르 움승치			패션모델

залах 잘라흐	모시다	**залруулга** 잘롤-락	각주
залгаа 잘가-	솔기, 인접한	**залуу** 잘로-	젊은, 청년
залгамал 잘그말	교착어	**залуухан** 잘로-항	젊은
залгамжлагч 잘감질락치	후계자	**залхаах** 잘하-흐	벌하다
залгамжлах 잘감질라흐	상속하다	**залхах** 잘하흐	질리다
залгах 잘가흐	결합하다	**залхмаар** 잘흐마-르	지겨운
залгилах 잘길라흐	과음하다	**залхуу** 잘호-	게으른
залгих 잘기흐	삼키다	**заль** 잘	꾀
залгуур 잘고-르	플러그	**зальхай** 자르해	교활한
залилагч 잘릴락치	사기꾼	**зам** 잠	길
залилах 잘릴라흐	속이다	**замбараа** 잠브라-	질서
залхуурах 잘호-라흐			게으름을 피우다

몽골어	발음	뜻	몽골어	발음	뜻
замбараагүй	잠브라-구이	무질서	**зангуй**	잔귀	성격이 좋은
замрах	잠라흐	사라지다	**зандалчин**	잔달칭	도둑, 범죄자
замч	잠치	길잡이	**зандрах**	잔드라흐	꾸짖다
зан	장	성격, 기질	**занчих**	잔치흐	때리다
занал	자늘	위협	**заншил**	잔실	관습
заналт	자날트	가증스러운	**заншлх**	잔시흐	익숙해지다
занах	자나흐	위협하다	**зар**	자르	알림
занга	잔가	계략	**зараа**	자라-	고슴도치
зангиа	잔갸	넥타이	**зарагдах**	자락다흐	시중들다
зангидах	잔기다흐	매다	**зарах**	자라흐	고용하다
зангилаа	잔길라-	매듭	**зарга**	자륵	소송
зангирах	잔길라흐	얽히다	**заргалдах**	자르갈다흐	고소하다

зардал 자르딸	경비, 지출	**засал** 자슬	치료
зарим 자림	일부	**засах** 자사흐	고치다
заримдаа 자림다-	가끔	**засвар** 자쓰와르	수선
зарлага 자를락	비용	**засварлах** 자쓰와를라흐	고치다
зарлал 자르랄	광고	**засгийн газар** 자쓰깅 가자르	정부
зарлах 자를라흐	알리다	**засмал** 자쓰말	포장 된
зарлиг 자를릭	명령	**засрах** 자쓰라흐	개선하다
зарц 자르치	하인	**застав** 자쓰탑	초소
зарцуулах 자르촐라흐	소비하다	**зах** 자흐	변두리
зарчим 자르침	원칙	**зах** 자흐	깃
засаа 자싸-	불알	**зах** 자흐	시장
засаг 자슥	정부	**захиа** 자햐	편지

захиалах 자히알라흐	주문하다	**заяах** 자야흐	예정되다
захиалга 자히알락	주문, 예약	**зовлон** 저울렁	괴로움, 고통
захидал 자히달	편지	**зовхи** 저위흐	눈꺼풀
захирал 자히랄	장	**зогисох** 저그서흐	딸꾹질하다
захирамж 자히람지	명령	**зогсолт** 적설트	정지
захирах 자히라흐	지배하다	**зогсоо** 적서-	서다
захиргаа 자히르가-	관리, 지배	**зогсоол** 적설트	주차장
захих 자히흐	부탁하다	**зогсох** 적서흐	멈추다, 그치다
заяа 자야	운명, 팔자	**зодоглох** 저득러흐	씨름하다

засал чимэглэл 자슬 치멕렐 — 장식, 인테리어

зовох 저워흐 — 염려하다, 걱정하다

зодог 저득 — 몽골 씨름복의 상의

zodoldox 저들더흐	싸우다	**zoog** 저-그	식사
zodoon 저떵	싸움	**zooglox** 저-글러흐	드시다
zodox 저떠흐	때리다	**zoorilox** 저-릴러흐	저장하다
zol 절	행운	**zoos** 저-스	동전
zolboo 절버-	열정	**zoox** 저-흐	박다
zolgox 절거흐	세배하다	**zorig** 저릭	용기
zolguй 절귀	인품이 없는	**zorigжих** 저릭지흐	용기를 얻다
zoliguй 절리귀	부도덕한	**zorigжуулах** 저릭졸라흐	격려하다
zolios 절리어스	희생	**zoriglox** 저릭러흐	용기 내다
zomgol 점걸	조각	**zorigtoй** 저릭태	용감한
zonxilox 정휠러흐			대다수를 차지하다
zoogийн gazar 저-길 가자르			음식점

зорилго 저릴럭	목적	**зохиолч** 저헐치	작가
зорилт 저릴트	목표	**зохистой** 저히스태	알맞음
зориуд 저료드	고의로	**зохих** 저히흐	맞다
зориулах 저률라흐	지향하다	**зохицох** 저히처흐	합의하다
зорих 저리흐	노력하다	**зочин** 저칭	손님
зорчигч 저르칙치	승객	**зочид** 저치드	손님들
зорчих 저르치흐	여행하다	**зочид буудал** 저치드 뽀-달	호텔
зохилдох 저힐더흐	일치하다	**зочлох** 저칠러흐	방문하다
зохиомж 저혐지	조화	**зөв** 줍	올바른
зохимжтой 저힘지터	적당한	**зөвөлгөө** 주을거	조언
зохиогч 저혁치	작가, 저자	**зөвлөгч** 주을륵치	고문
зохиол 저헐	저작, 작품	**зөвлөл** 주을를	협회

зөвлөх 주을르흐	상담하다	**зөөг** 주-그	식은
зөвхөн 주홍	단지	**зөөлөн** 주-을릉	부드러운
зөвшөөрөл 줍슈-를	허락, 허가	**зөөлрөх** 주-을르흐	부드러워지다
зөвшөөрөх 줍슈르흐	허락하다	**зөөх** 주-흐	나르다
зэгий 주기-	벌	**зөрлөг** 주를럭	교차로
зэгийн бал 주깅 발	벌꿀	**зөрөг** 주럭	건널목
зэгнэх 주그느흐	예감을 갖다	**зөрөлдөөн** 주를등	불화
зэн 중	예감	**зөрөө** 주루-	차이
зэнгээр 중구-르	그대로	**зөрөх** 주르흐	엇갈리다
зэндээ 준더-	많은	**зөрүү** 주루-	엇갈린
зэнэглэх 주눅르흐	노망이 들다	**зөрүүд** 주루-드	고집이 센
зэнч 준치	예언자	**зөрчил** 주르칠	위반

зөрчих 주르치흐	위반하다	**зуны амралт** 조니 아므랄트	여름방학
зугаалах 조갈라흐	산보하다	**зураас** 조라-스	줄, 선
зугаалга 조갈륵	소풍	**зураач** 조라-치	화가
зугтах 족타흐	도망가다	**зураг** 조락	그림
зуд 조드	재해	**зурагт** 조락트	사진이 있는
зузаан 조장	두꺼운	**зурагт** 조락트	텔레비전
зузаарах 조자-라흐	두꺼워지다	**зурагтай ном** 조락태 넘	그림책
зулгаах 졸가-흐	뽑다	**зурагчин** 조락칭	사진가
зулгуйч 졸괴치	아첨꾼	**зурам** 조람	땅 다람쥐의 일종
зулзага 졸작	새끼	**зурах** 조라흐	그리다
зумлах 좀라흐	데다	**зургаа** 조르가-	여섯, 육
зун 종	여름	**зусар** 조사르	아첨

зусардах 조사르다흐	아첨하다	**зуучлах** 조-칠라흐	중매하다
зуслан 조슬랑	여름집, 별장	**зууш** 조-쉬	안주, 반찬
зутан 조탕	죽	**зүг** 죽	방향
зуу 조-	백	**зүггүй** 죽귀	장난꾸러기
зуун 조-옹	세기	**зүглэх** 주글레흐	겨누다
зууван 조-왕	타원	**зүдрэх** 주드레흐	지치다
зуур 조-르	순간	**зүдрээх** 주뜨레-흐	지치게 하다
зуурах 조-라흐	반죽하다	**зүй** 주이	규칙, 이치
зуух 조-흐	물다	**зүйл** 주일	종류
зуух 조-흐	난로	**зүйр** 주이르	비유
зууч 조-치	중매	**зүйр цэцэн үг** 주이르 체쳉 욱	속담
зүгээр 주게-르			그냥, 괜찮은, 공짜로

зүйрлэх 주이를레흐	비유하다	**зүтгэх** 주트게흐	노력하다
зүйтэй 주이테	옳은	**зүү** 주-	바늘
зүлгэх 줄게흐	닦다	**зүүд** 주-드	꿈
зүлэг 줄렉	잔디밭	**зүүдлэх** 주-들레흐	꿈을 꾸다
зүрх 주르흐	심장	**зүүлт** 줄트	복걸이
зүрхлэх 주르흘레흐	용기를 내다	**зүүн** 주-웅	동쪽
зүрхшээх 주르흐쉐-흐	겁먹다	**зүүх** 주-흐	끼다
зүс 주스	안색	**зүхэх** 주헤흐	욕하다
зүсэм 주셈	조각	**зэв** 제우	녹
зүсэх 주세흐	자르다	**зэврэх** 제우레흐	녹이 슬다
зүтгэл 주트겔	노력	**зэвсэг** 젭섹	무기
зүтгэлтэн 주트겔텡	활동가	**зэвсэггүй** 젭섹귀	비무장

зэвсэглэх 젭섹레흐	무장하다	**зэмсэг** 젬섹	도구
зэвсэгт 젭섹트	무장한	**зэргэлдээ** 제르겔데-	이웃
зэвүү 제우-	메스꺼움	**зэрлэг** 제를렉	야생의
зэвүүн 제웅	넌더리나는	**зэрлэг цэцэг** 제를렉 체첵	야생화
зэвүүцэх 제우-체흐	질리다	**зэрэг** 제렉	지위, 등급
зэвхий 제우히-	창백한	**зэрэглээ** 제레레	환상
зэгс 젝스	갈대	**зэрэгцүүлэх** 제렉출레흐	비교하다
зэл 젤	밧줄	**зэрэгцэх** 제렉체흐	비슷하다
зэлүүд 젤루-드	황무지	**зэрэгцээ** 제렉체-	평행한
зэмлэл 젬렐	꾸지람	**зэрэгцээгээр** 제렉체게-르	동시에
зэмлэх 젬레흐	꾸짖다	**зэс** 제스	구리
зэрлэг амьтан 제를렉 아므탕			야생 동물

зэхэх 제헤흐	준비하다	**зээллэг** 젤렉	융자
зээ 제-	조카	**зээлэх** 젤레흐	빌리다
зээл 제-엘	대출	**зээр** 제-르	영양
зээлдүүлэгч 젤둘렉치	채권자	**зээрд** 제-르드	밤색
зээлдэгч 젤덱치	채무자		

И

ивэх 이웨흐	괴다
ивээл 이웰	보호
ивээх 우웨-흐	베풀다
ид 이드	한창
ид шид 이드 시드	마범
идэвхгүй 이듭흐귀	소극적
идэвхжих 이듭흐지흐	적극성을 뛰다
идэвхтэй 이듭흐테	적극적인
идэвхтэн 이듭흐텡	황동가
идэр 이데르	젊은
идэх 이데흐	먹다
идэш 이데쉬	식량
иж 이즈	세트
ижий 이지-	어머니
ижил 이찔	동일한
ийм 이-임	이와 같은
иймэрхүү 이-메르후-	이런
ийнхүү 이-잉후-	이런 식으로
ийш 이-쉬	이쪽으로
ийш тийш 이-쉬 티-쉬	이쪽저쪽으로
ил 일	명확한
ил захидал 일 자히달	엽서

ил тод 일 터뜨	명백한	**илтгэгч** 일트겐치	보고자
илбэ 일베	마술	**илтгэл** 일트겔	보고
илбэчин 일베칭	마술사	**илтгэх** 일트게흐	보고하다
илбэх 일베흐	협력하다	**илүү** 일루-	여분
илгээлт 일겔트	파견	**илүүдэл** 일루뗄	과잉
илгээмж 일겜지	소포	**илүүдэх** 일루떼흐	남다
илгээх 일게-흐	보내다	**илчлэг** 일칠렉	열량
илгээгч 일겐치	방송인	**илэрхийлэх** 일레르힐레흐	자백하다
илжиг 일직	당나귀	**илрэх** 이르레흐	나타내다
илрүүлэх 일루-울레흐	밝히다	**илэх** 일레흐	쓰다듬다
илрэх 일레흐	밝혀지다	**имж** 임지	캥거루
илт 일트	명백한	**импорт** 임퍼르트	수입

ингэ 인게	암컷 낙타	**ир** 이르	칼날
ингэх 인게흐	이렇게 하다	**ирвэс** 이르웨스	백호
ингээд 인게-드	이와 같이	**иргэн** 이르겡	시민
индекс 인덱스	색인	**иргэншил** 이르겡쉴	문명
индүү 인두-	다리미	**ирлэх** 이를레흐	칼을 갈다
индүүдэх 인뚜-데흐	다리다	**ирмэг** 이르메그	가장자리
индэр 인데르	연단, 단상	**ирүүлэх** 이르-룰레흐	불러내다
инженер 인제녜르	엔지니어	**ирэх** 이레흐	오다
инээд 이네-드	웃음	**ирээдүй** 이레-뒤	미래
инээлгэх 이넬게흐	웃기다	**исгэлэн** 이스겔렝	시큼한
инээмсэглэл 이넴섹렐	미소	**исгэх** 이스게흐	발효시키다
инээх 이네-흐	웃다	**итгэл** 이트겔	믿음

итгэл алдах 이트겔 알다흐	신뢰를잃다	**ихэмсэг** 이헴섹	거만한
итгэлт 이트겔트	믿음직한	**ихэнх** 이헹흐	대부분
итгэмж 이트겜지	신용	**ихэр** 이헤르	쌍둥이
итгэмжтэй 이트겜지테	믿음직한	**ихэрхэх** 이헤르헤흐	체하다
итгэх 이트게흐	믿다	**ихэсгэх** 이헤스게흐	늘리다
итгэшгүй 이트게쉬귀	믿을 수 없는	**ихээхэн** 이헤-헹	상당한
их 이흐	많은	**ичгүүр** 이치구-르	부끄러움
их дэлгүүр 이흐 델구-르	백화점	**ичимхий** 이침히-	수줍어하는
их хурал 이흐 호랄	국회	**ичих** 이치흐	부끄럽다
ихсэх 이흐세흐	늘다	**иш** 이쉬	손잡이, 자루
ихэвчлэн 이헵칠렝	대부분	**ишиг** 이식	염소 새끼
ихэд 이헤드	몹시	**ишлэх** 이쉴레흐	손잡이를 달다

K

кааш 우유 죽
카-쉬

кабел 케이블
케블

кабин 조종석
카빈

кабинет 실험실
카비네트

казах 카자흐스탄
카자흐

календарь 달력
칼린다르

камер 독방
카메르

капитал 자본
카피탈

капитализм 자본주의
카피탈리즘

кармаа 주머니
카르마-

карт 카드
카르트

касс 계산대
카쓰

кассет 테이프
카세트

каталог 목록
카탈럭

католик 카톨릭
카털릭

кафе 카페
카페

квадрат 정사각형
콰드라트

кило 킬로그램
킬로

километр 킬로미터
킬로메트르

кино 영화
키노

кино найруулагч 영화감독
키노 내롤락치

кино од 키노 어드	영화 스타	**консул** 컨솔	영사
кино театр 키노 띠아트르	영화극장	**контор** 컨터르	사무실
клуб 클롭	클럽	**контракт** 컨트락트	계약
коллеж 컬레지	대학	**коцерт** 컨세르트	콘서트
комикс 커믹스	만화	**корпораци** 커르퍼라치	대기업
комисс 커미스	위원회	**костьюм** 커스튬	예복
коммунизм 커모니즘	공산주의	**кофе** 커페	커피
коммунист 커모니스트	공산주의자	**крант** 크란트	수도꼭지
компани 컴파니	회사	**кредит** 크레디스	신용
компьютер 컴퓨테르	컴퓨터	**курс** 코르스	과정, 강좌, 학년
консерв 컨세르비	통조림		
консерватори 컨세르와터르	음악 학교		

Л

лаа 양초
라-

лааз 깡통
라-즈

лав 확실한, 꽉, 깊게
라우

лавай 조개
라웨

лавир 씌우개
라위르

лавс 눈송이
라우스

лавшрах 악화되다
라우쉬라흐

лаг 진흙, 대단하다
락

лагшин 건강
락싱

лавлах 문의하다, 안내서
라블라흐

лазан 게으른
라즈

лай 불행
래

лал 회교도
랄

лалын шашин 이슬람교
랄링 샤싱

лам 승려, 스님
람

лантуу 큰 쇠망치
랑토-

лантуудах 강요하다
랑토-올다흐

лекц 강의
렉츠

лийр 배
리-르

лимбэ 피리
림베

лимон 레몬
리몽

литр 리트르	리터	**луу** 로-	용
логик 러긱	논리	**лууван** 로-왕	당근
ломбо 럼버	봉합	**луужин** 로-징	나침반
ломбодох 럼버더흐	때우다	**луус** 로-스	노세
лоозон 러-정	슬로건	**лхагва** 하욱	수요일
лөө лөө 루-루-	헛되이		
луг луг 록록	두근두근		
лугших 록쉬흐	두근거리다		
луйвар 로이와르	속임수		
луйвардах 로이와르다흐	속이다		
лус 로스	용왕		
лусын дагина 로싱 다긴	인어		

M

маажих 굵다
마-지흐

маамуу 아가
마-모-

маанаг 멍청한
마-낙

маань 우리의
마-안

маасганах 집적거리다
마-슥나흐

магад 확실히
마가뜨

магадгүй ~지 모른다
마가뜨귀

магадлал 심의
막들랄

магадлах 심의하다
막들라흐

магнай 이마
마그내

магнайлах 선두에 서다
막그낼라흐

магтаал 찬사
막탈

май 여기 받아
매

майга 안짱다리
맥

майлах 울다
맬래흐

майхан 천막
마이항

мал 가축
말

малгай 모자
말가이

маллах 기르다
말라흐

малтах 캐다
말타흐

малтмал 광물
말트말

малчин 목자, 양치기
말칭

манаа 마나–	경비	**мандуулах** 만돌라흐	반전시키다
манаач 마나–치	경비원	**Манж** 만즈	만주
манай 마내	우리	**манжин** 만징	무
манайх 마내흐	우리의	**манлай** 만래	으뜸
манан 마능	안개	**манлайлах** 만랠라흐	선두에 서다
манарах 마느라흐	흐려지다	**мануул** 마놀	야생 고양이
манах 마나흐	경비하다	**мануухай** 마노해	허수아비
мангас 망가스	괴물	**манхан** 망흥	모래 언덕
мандал 만달	영역	**манцуй** 만초이	포대기
мандах 만다흐	뜨다	**маргаан** 마르가–앙	논쟁
мандтугай 만드토개	만세	**маргааш** 마르가–쉬	내일
манцуйлах 만췰라흐			포대기에 싸다

M

маргах 마르가흐	논쟁하다	**махлах** 마흘라흐	살이 찌다
марзагнах 마르자그나흐	주접떨다	**махрах** 마흐라흐	노력하다
марк 마르크	우표	**махруу** 마흐로-	열심인
маркетинг 마르케팅	마케팅	**махчилах** 마흐칠라흐	직역하다
мартамхай 마르탐해	건망증	**махчин** 마흐칭	육식동물
мартах 마르타흐	잊다	**махчин омог** 마흐칭 어문	식인종
мастер 마스테르	장인	**мацаг** 마측	단식
масло 마슬	버터	**мацах** 마차흐	기어 올라가다
массаж 마싸지	마사지	**маш** 마시	매우
мах 마흐	고기	**машин** 마싱	기계
махлаг 마흘락	살찐	**маяг** 마야그	형태
махлалт 마흘랄트	비만	**маяглах** 마야글라흐	내숭떨다

маягт 마약트	서류 양식	**миль** 미일	마일
маягтай 마약태	가식적인	**миний** 미니-	나의
мебель 메벨	가구	**минийх** 미니-흐	내 것
медаль 메달	메달	**минут** 미노트	분, 초
менежер 메네제르	매니저	**минчийх** 민치-흐	빨개지다
менежмент 메네지멘트	경영	**мич** 미치	원숭이
металл 메탈	금속	**мишээл** 미쉘	미소
метр 메트르	미터	**мишээх** 미쉐-흐	미소를 짓다
метро 메트로	지하철	**могой** 머거이	뱀
механикч 메하닉치	정비사	**мод** 머드	나무
микроскоп 미크로스코프	현미경	**модон** 머등	나무로 만든
микрофон 미크로폰	마이크	**модон морь** 머등 머르	목마

модчин 머드칭	나무꾼	**мордох** 머르더흐	말에 타다
молиго 멀릭	골탕	**морилох** 머릴러흐	가시다, 오시다
молигодох 멀릭더흐	골탕 먹이다	**морин тэрэг** 머링 테륵	마차
Монгол 멍걸	몽골	**морин хуур** 머링 호-르	마두금
монголжих 멍걸지흐	몽골화되다	**морин цэрэг** 머링 체륵	기마병
монголч 멍걸치	몽골학자	**морь** 머르더흐	말
монтаж 멍타지	조립	**морьтой** 머르터	말을 타는
монтажчин 멍타지칭	편집자	**мотор** 머터르	엔진
монхор 멍허르	메부리코 모양	**мотоцикл** 머트치클	오토바이
моод 모-드	유행	**мохоо** 머허-	무딘
морин хуурч 머링 호-르치			마두금 연주자
морь харах 머르 하라흐			화장실에 가다

мохоох 머허-흐	무디게 하다	**мөнгөн аяга** 뭉긍 아약	은잔
мохох 머허흐	무뎌지다	**мөнгөний ханш** 뭉그니- 한시	환율
мөд 무드	금방	**мөнгөний хүү** 뭉그니- 후-	이자
мөлгөр 물그르	미끄러운	**мөндөр** 문드르	우박
мөлжих 물지흐	착취하다	**мөнх** 뭉흐	영원
мөлжлөг 물질륵	착취	**мөнх цас** 뭉흐 차스	만년설
мөлхөө 물후-	기는	**мөнхжих** 뭉흐지흐	영원해지다
мөлхөх 물후흐	기어가다	**мөөг** 무-그	버섯
мөн 뭉	옳다	**мөр** 무르	발자취, 흔적
мөн чанар 뭉 차나르	본성	**мөргөл** 무르글	예배, 참배
мөнгө 뭉그	은, 돈	**мөргөлдөөн** 무르글둥	충돌
мөнгө солих газар 뭉그 설리흐 가자르			환전소

M

мөргөлдөх 무르글두흐	부딪치다	**мөс** 무스	얼음
мөргөлчин 무르글칭	예배자	**мөсдөлт** 무스둘트	냉동
мөргөх 무르거흐	예배하다	**мөсөн** 무승	얼어붙은
мөрдлөг 무르들럭	지침	**мөстлөг** 무스틀럭	빙하
мөрдөгч 무르득치	수사관	**мөстөх** 무스투흐	얼다
мөрдөх 무르뜨흐	미행하다	**мөхөс** 무후스	약한
мөрий 무리-	내기	**мөхөх** 무후흐	망하다
мөрөвч 무룝치	멜빵	**мөч** 무치	15분, 사지
мөрөн 무릉	큰 강	**мөчид** 무치드	순간
мөрөөдөл 무루-뜰	꿈, 소망	**мөчир** 무치르	가지
мөрөөдөх 무루-뜨흐	꿈꾸다	**мөчлөг** 무칠륵	주기
мөрөөсөх 무루-스흐	그리워하다	**мөшгөх** 무시거흐	추적하다

муж 모지	지역	**мунхаг** 뭉학	어리석음
мужаан 모장	목수	**муруй** 모뢰	구부러진
музей 모제	박물관	**муруйх** 모뢰흐	구부러지다
муйхар 모이하르	멍청한	**мутар** 모트르	손
мулгуу 몰고-	우둔한	**мутарлах** 모타를라흐	악수하다
мулзан 몰장	대머리	**муу** 모-	나쁜
мулт 몰트	확	**муудах** 모-따흐	나빠지다
мултлах 몰틀라흐	당기다	**муужрах** 모-지라흐	기절하다
мултрах 몰트라흐	풀리다	**муулах** 모-올라흐	험담하다
мунгинах 몽기나흐	빈둥거리다	**муур** 모-르	고양이
мундаг 몬닥	우수한	**муу сайн** 모-생	나쁜, 좋은
		муутгах 모-트가흐	약화시키다

муухай 모-해	나쁜	**мэгдэх** 멕데흐	허둥내다
муухан 모-항	조금	**мэдлэг** 메뜰렉	지식
муулчлах 모-올칠라흐	헐뜯다	**мэдрэл** 메드렐	신경
муушаал 모-샬	비난	**мэдрэмж** 메뜨렘지	느낌
муушаах 모-샤-흐	비난하다	**мэдрэх** 메뜨레흐	느끼다
мухар 모하르	둔한	**мэдрэхүй** 메뜨르휘	감각
мухардал 모흐르달	궁지	**мэдүүлэг** 메뚤렉	진술
мухарлах 모하를라흐	어렵게 되다	**мэдүүлэх** 메뚤레흐	진술하다
мухлаг 모흘락	노점	**мэдэгдэл** 메떽델	보고
мушгиа боов 모쉬갸 버-브	꽈배기	**мэдэгдэх** 메떽데흐	연락하다
мушгих 모쉬기흐	꼬다	**мэдэгдэхүүн** 메떽데훙	개념
мэгдэл 멕델	호들갑	**мэдэл** 메델	책임, 지식

몽골어	한국어	몽골어	한국어
мэдэмхий 메뗌히-	아는 척하다	**мэлрэх** 멜르레흐	놀라 쳐다보다
мэдэх 메떼흐	알다	**мэлхий** 멜히-	개구리
мэдээ 메데-	감각	**мэнгэ** 멩그	운, 재수
мэдээ 메데-	정보	**мэнгэр** 멩게르	기관지염
мэдээж 메떼-찌	당연한	**мэнд** 멘드	건강, 안부
мэдээлэл 메뗄렐	정보	**мэндлэх** 멘들레흐	인사하다
мэдээлэх 메뗄렐흐	알리다	**мэндчилгээ** 멘드칠게-	인사
мэдээтэй 메떼-테	감각이 있는	**мэр сэр** 메르세르	이따금
мэл 멜	깜짝	**мэргэ** 메륵	점
мэлзэх 멜제흐	부인하다	**мэргэжил** 메렉질	직업, 전공
мэлмий 멜미-	눈	**мэргэжилтэн** 메렉질텡	전문가
мэдэмхийрэх 메뗌히-레흐			아는 척하다

мэдэмхий 메뗌히-	아는 척하다	**мэлхий** 멜히-	개구리
мэдэх 메떼흐	알다	**мэнгэ** 멩그	운, 재수
мэдээ 메데-	감각	**мэнгэр** 멩게르	기관지염
мэдээ 메데-	정보	**мэнд** 멘드	건강, 안부
мэдээж 메떼-찌	당연한	**мэндлэх** 멘들레흐	인사하다
мэдээлэл 메뗄렐	정보	**мэндчилгээ** 멘드칠게-	인사
мэдээлэх 메뗄렐흐	알리다	**мэр сэр** 메르세르	이따금
мэдээтэй 메떼-테	감각이 있는	**мэргэ** 메륵	점
мэл 멜	깜짝	**мэргэжил** 메렉질	직업, 전공
мэлзэх 멜제흐	부인하다	**мэргэжилтэн** 메렉질텡	전문가
мэлмий 멜미-	눈	**мэргэжих** 메렉지흐	전공하다
мэлрэх 멜르레흐	놀라 쳐다보다	**мэргэжлийн** 메렉질링	전문적인

мэргэлэх 메르겔레흐	점치다	**мялаах** 말라-흐	집들이하다
мэргэн 메르겡	명궁	**мянга** 망그	천
мэргэшил 메르게쉴	자격	**мятрах** 먀트라흐	기가 죽다
мэргэших 메르게쉬흐	자격을 얻다		
мэрэх 메레흐	갉아먹다		
мэс 메스	칼		
мэс засал 메스 자슬	수술		
мэтгэлцээн 메트겔쳉	토론		
мэх 메흐	꾀		
мэхийх 메히-흐	철하다		
мээм 메-엠	젖		
мягмар 먀그마르	화요일		

Н

наагуур 나-고-르	이쪽으로	**наашлах** 나-쉴라흐	다가오다
наад 나-뜨	그 쪽	**нааштай** 나-쉬태	긍정적인
наадам 나-담	놀이	**навч** 납치	잎
наадах 나-따흐	놀다	**навчлах** 납칠라흐	잎이 나다
наалдах 날다흐	붙다	**нагац** 나가치	외가
наалт 날트	접착	**надад** 나따드	나에게
наалттай 날트태	붙은	**надаар** 나따-르	나로 하여금
наана 나-안	이쪽	**надаас** 나따-스	나에게서
наах 나-흐	붙이다	**надтай** 나뜨태	나와 함께
нааш 나-쉬	이쪽	**назгайрах** 나즈개라흐	굽뜨다
		найгах 내가흐	흔들리다
		найдал 내달	희망

найдах 내따흐	신뢰하다	**найрлах** 내를라흐	잔치를 하다
найдвар 내뜨와르	희망	**найртай** 내르태	화목한
найз 내쯔	친구	**найруулагч** 내롤락치	감독
найзлах 내쯤라흐	사귀다	**найруулга** 내롤락	문체
найм 냄	여덟, 팔	**найрч** 내르치	잔치를 좋아하는
наймаа 내마-	거래	**найтаах** 내타-흐	재채기하다
наймаачин 내마-칭	상인	**налах** 날라흐	기대다
найр 내르	잔치	**налайх** 날래흐	한가롭다
найраг 내락	시	**найлуу** 내로-	경사
найрал 내랄	합창	**нам** 남	정당
нарамдал 내람달	우호	**намаг** 나막	늪
найрамдах 내람다흐	화합하다	**намайг** 나매끄	나를

намар 나마르	가을	**нандин** 난딩	귀한
намаржих 나마르지흐	가을 지내다	**нар** 나르	해
намба 남바	의젓함	**нар** 나르	들
намлах 남라흐	누그러지다	**наран цэцэг** 나릉 체첵	해바라기
намжих 남지흐	멎다	**наргиа** 나르기아	우스갯소리
найлзах 나일자흐	날리다	**наргих** 나르기흐	즐기다
намирах 나미라흐	나부끼다	**нарийвтар** 나립타르	얇은
намсах 남사흐	가라앉다	**нарийлах** 나릴라흐	아끼다
намтар 남타르	약력	**нарийн** 나링	가는, 좁은
намтар зохиол 남타르 저혈	전기	**нарийсах** 나리-사흐	가늘어지다
намуун 나몽	낮은	**нарийхан** 나리-항	좁은

нарийн бичгийн дарга   사무총장
나링 비치깅 다락

нарлаг 나를락	해맑은	**нахилзах** 나힐자흐	흔들리다
нарлах 나를라흐	햇볕에 쬐다	**нацизм** 나치즘	나치즘
нарны аймаг 나르니– 아이막	태양계	**нацист** 나치스트	나치
нарс 나르스	소나무	**начин** 나칭	매
нартай 나르태	맑은	**ная** 나이	여든, 팔십
наршлх 나르쉬흐	일사병	**нервтэх** 네릅테흐	신경을 쓰다
нас 나스	나이	**нийгэм** 니–겜	사회
наслалт 나슬랄트	수명	**нийгэмлэг** 니–겜렉	협회
наслах 나슬라흐	장수하다	**нийлбэр** 닐베르	합계
настай 나스태	나이든	**нийлмэл** 닐멜	섞인
настан 나스탕	노인	**нийлүүлэх** 닐룰레흐	합치다
натри 나트리	나트륨	**нийлэг** 니–렉	합성

нийлэмж 닐-렘지	조화	**нимгэлэх** 님겔레흐	얇아지다
нийлэх 닐레흐	결합하다	**нимгэн** 님겡	엷다
нийслэл 니-슬렐	수도	**ниргэх** 니르게흐	박살내다
нийт 니-트	전체	**нисгэх** 니스게흐	날리다
нийт дүн 니-트 둥	합계	**нислэг** 니슬렉	비행
нийтлүүлэх 니-트룰레흐	출판하다	**нисэгч** 니섹치	비행사
нийтлэг 니-틀렉	공통적	**нисэх** 니세흐	날다
нийтлэгч 니-틀렉치	출판인	**нисэх онгоц** 니세흐 엉거츠	비행기
нийтлэл 니-틀렐	기사	**новш** 넙쉬	쓰레기
нийтлэх 니-틀레흐	게재하다	**ногдох** 넉더흐	부과되다
нийцэх 니-체흐	맞다	**ногоо** 너거-	채소
нилээд 닐레-드	상당한	**ногоон** 너거-엉	녹색

ногоорох 너거-러흐	초록색이 되다	**номлох** 넘러흐	설교하다
ноднин 너드닌	작년	**номхон** 넘헝	온순한
ноён 너영	귀족, 씨, 님	**номын сан** 너밍 상	도서관
ноёрхох 너여르허흐	지배하다	**ноолуур** 널로-르	캐시미어
ноймер 너메르	번호	**ноомой** 너-머이	소심한
нойр 너이르	잠	**ноорог** 너-럭	원고
нойрмог 너이르먹	졸린	**ноос** 너-스	털실
нойрмоглох 너이르먹러흐	졸리다	**ноосон** 너-승	모직
нойрсох 너이르서흐	주무시다	**норгох** 너르거흐	적시다
нойтон 너이텅	젖은	**норох** 너러흐	젖다
ном 넘	책	**нот** 너트	악보
ногоочин 너거-칭			야채 재배 농가

нотлох 너틀러흐	증명하다	**нөлөө** 눌러-	영향
нохой 너허이	개	**нөлөөлөх** 눌럴러흐	영향을 주다
ноцолдох 너철더흐	맞붙어 싸우다	**нөлөөтэй** 눌러-테	영향력 있는
ноцоох 너처-흐	태우다	**нөмөр** 누므르	피난처
ноцох 너처흐	붙잡다	**нөмрөх** 누므르흐	덮다
ноцтой 너츠태	심각한	**нөөх** 누-흐	저장하다
нөгөө 누거-	다른	**нөөц** 누-츠	자원
нөгөөдөр 누구-드르	모레	**нөөцлөх** 누-츨르흐	저장하다
нөгөөдүүл 누구-둘	다른 사람들	**нөхөр** 누흐르	친구, 남편
нөгчих 눅치흐	죽다	**нөхөрлөх** 누흐를르흐	사귀다
нөж 누찌	핏덩어리	**нөхөх** 누후흐	보충하다
нөхцөх 누흐츠흐		동거하다, 바람 피우다

нөхцөл 누흐출	상황	нулимс 놀림스	눈물
нөхцөлт 누흐출트	조건이 있는	нум 놈	화살
нуга 노가	초지	нунтаг 논탁	가루
нугалаас 노글라-스	주름	нунтаглах 논탁라흐	갈다
нугалах 노글라흐	접다	нураах 노라-흐	수다
нугараач 노그라-치	곡예사	нурах 노라흐	무너지다
нугаралт 노그랄트	곡예	нуруу 노로-	등, 척추
нугарах 노그라흐	구부러지다	нус 노스	콧물
нугас 노가스	척수, 골수	нусгай 노스개	콧물을 흘리는
нудрага 노뜨락	주먹	нутаг 노탁	고향, 조국
нудрах 노뜨라흐	가볍게 치다	нутаглах 노탁라흐	거주하다
нулимах 놀리마흐	뱉다	нутагших 노탁쉬흐	익숙하다

нутгийн аялгуу 노트깅 아얄고-	방언	**нүдний харaa** 누드니- 하라-	시력
нууглах 노-글라흐	숨다	**нүдний шил** 누드니- 실	안경
нуур 노-르	호수	**нүдэх** 누데흐	빻다
нуух 노-흐	숨기다	**нүсэр** 누세르	엄청난
нууц 노-츠	비밀	**нүүдэл** 누-들	유목
нууцлах 노-츨라흐	비밀로 하다	**нүүдэлчин** 누-들칭	유목민
нухах 노하흐	비비다	**нүүр** 누-르	얼굴
нухлах 노흘라흐	비비다	**нүүрс** 누-르스	목탄
нүгэл 누글	죄	**нүүх** 누-흐	이사하다
нүд 누드	눈	**нүх** 누흐	구멍
нүдлэх 누들레흐	외우다	**нүхлэх** 누흘레흐	뚫다
нутгийнхан 노트깅항			고장 사람들

нүцгэн 누츠겡	나체	**нэгж** 넥지	단위
нүцэглэх 누체글레흐	벗다	**нэгжих** 넥지흐	수색하다
нэвт 넵트	관통하여	**нэгжлэг** 넥질렉	수색
нэвтрүүлэг 넵트룰렉	방송	**нэгмөсөн** 넥무승	한꺼번에
нэвтрүүлэгч 넵트룰렉치	아나운서	**нэгэнт** 네겐트	벌써, 이미
нэвтрүүүлэх 넵트룰레흐	방송하다	**нэлээд** 넬레-드	꽤
нэвтрэх 넵트레흐	통과하다	**нэмэгдэл** 네멕델	추가
нэг 넥	하나, 일	**нэмэгдэх** 네멕데흐	늘다
нэгдмэл 넥드멜	통합된	**нэмэлт** 네멜트	보충
нэгдүгээр 넥두게-르	첫번째	**нэмэр** 네메르	보탬
нэгдэл 넥델	통일	**нэмэх** 네메흐	더하다
нэгдэх 넥데흐	통일하다	**нэн** 넹	더

нэр 네르	이름	**нээлттэй** 넬테	공개
нэрвэгдэх 네르웩데흐	해를 입다	**нээрээ** 네-레-	정말
нэргүй 네르귀	무명	**нээх** 네-흐	열다
нэрлэх 네를레흐	이름 짓다	**нябо** 냐보	회계
нэрмэл 네르멜	증류한	**нягт** 냑트	밀집한
нэрт 네르트	유명한	**нягтлан бодогч** 냑틀랑 버떡치	경리
нэрэх 네레흐	증류하다	**нягтлах** 냑틀라흐	감사하다
нэхий 네히-	양가죽	**нягтрал** 냑트랄	밀도
нэхмэл 네흐멜	직물	**нягтрах** 냑트라흐	밀접하다
нэхэх 네헤흐	짜다	**нягтшил** 냑트실	밀도
нээгдэх 네-엑데흐	열리다	**нядлах** 냐뜰라흐	도살하다
нээлт 넬트	발견	**нялзрай** 냘즈래	갓 난

нялуун 날로-옹	진한	**нярав** 냐랍	창고원
нялх 날흐	갓 난	**няц** 냐츠	콱
нялхас 날하스	유아	**няцаалт** 냐찰트	거절
нялцгай 날츠개	물렁물렁	**няцаах** 냐차-흐	거절하다
ням гариг 냠 가릭	일요일	**няцах** 냐차흐	물러서다
нямбай 냠배	정확한	**няцрах** 냐츠라흐	부서지다
нян 냔	세균		
няцашгүй 냐차시귀			취소할 수 없는

О

объект 대상
어벡트

ов 아주
어우

овжин 재치 있는
어우징

овог 성씨
어웍

овог аймаг 부족
어웍 아이막

овоглох 성을 따르다
어워러흐

оволзох 뛰다
어월저흐

овоо 어워
어워-

овоолох 쌓다
어월러흐

овор товортой 재치 있다
어워르 터워르태

овоорох 쌓이다
어워-러흐

овор 크기
어워르

овор товор 터벅터벅
어워르 터워르

овсгоогүй 재치가 없는
업스거-구이

овъёос 오트밀
어비요스

огих 멀미가 나다
어기흐

огло 확
억러

огт 전혀
억트

огтлох 자르다
억틀러흐

огторгуй 우주
억터르괴

огцом 급한
억첨

огцрох 억츠러흐	물러나다	оёдолчин 어여떨칭	재봉사
огцруулах 억츠롤라흐	해고하다	оёх 어여흐	바느질하다
од 어뜨	별	озон 어전	오존
одой 어떠이	난쟁이	ой 어이	기념일, 숲
одон 어떵	훈장	ойлголт 어일걸트	이해
одоо 어떠-	지금	ойлгомж 어일검지	이해력
одоохон 어떠-헝	잠깐만	ойлгох 어일거흐	이해하다
одоохондоо 어떠-헝더-	요세	ойлт 어일트	반사
одох 어떠흐	떠나다	оймс 어임스	양말
одтой 어뜨태	운이 좋다	ойр 어이르	가까운
оёдол 어여떨	재봉	ойрдоо 어이르떠-	요즘
ойртуулах 어이르톨라흐			가까이 가져가다

ойролцоо 어이럴처-	근처	**олзлох** 얼질러흐	포로를 잡다
ойролцоогоор 어이럴처-거-르	대략	**олиггүй** 얼릭귀	좋지 않는
ойртох 어이르터흐	다가가다	**олигтой** 얼릭태	좋은
ойрхон 어이르헝	가까운	**олимп** 얼림프	올림픽
ойчих 어이치흐	빠지다	**олимпиад** 얼림피아드	경기
ойшоох 어이셔-흐	관심을 갖다	**ололт** 얼럴트	진보
олборлолт 얼버르럴트	채취	**олон** 얼릉	많은
олборлох 얼버를러흐	채취하다	**олон нийт** 얼릉 니-트	공공
олгох 얼거흐	지급하다	**олон улс** 얼릉 올스	국제
олдох 얼떠흐	찾다	**олонтаа** 얼릉 타-	여러 번
олз 얼지	포획한	**олонхи** 얼릉히	다수의
олзлогдох 얼질럭더흐	포로가 되다	**олох** 얼러흐	발견하다

олс 얼스	끈	**онгон** 언겅	처녀
олшрох 얼쉬러흐	늘다	**онгорхой** 언거르해	열려있는
олшруулах 얼쉬로-올라흐	복사하다	**онгоц** 엉거츠	배
омгорох 엄거러흐	자만하다	**ондоо** 언더-	다른
омог 어먼	자만	**оновчтой** 어넙치터	힙리적
омогтой 어믄태	건방진	**оногдох** 어넉더흐	맞다
он 엉	해, 년	**онол** 어널	이론
онгироо 언기러-	자만한	**онолч** 어널치	이론적
онгирох 언기러흐	자랑하다	**оноо** 어너-	접수
онгод 언거드	영감	**онох** 어너흐	명중하다
онгойлох 언걸러흐	열다	**онош** 어너쉬	진단
онгойх 언거흐	열다	**оношлох** 어너쉴러흐	진단하다

онц 언츠	특별한	**оргих** 어르기흐	솟아나다
онцгой 언츠거	특별한	**ордон** 어르떵	궁전
онцлог 언츨럭	특성	**орилох** 어릴러흐	외치다
онцлох 언츨러흐	강조하다	**орлого** 어를럭	소득
оньсого 언쎄크	수수께끼	**орлогч** 어를럭치	대행
оо 어–	치약	**орлох** 어를러흐	대신하다
оосор 어서르	끈	**орой** 어러–	저녁
оосорлох 어서를러흐	묶다	**оройтох** 어러–터흐	늦다
ор 어르	침대	**оролдлого** 어럴뜰럭	시도
оргил 어르길	꼭대기	**оролдох** 어럴떠흐	시도하다
оргилох 어르길러흐	끓어오르다	**оролцоо** 어럴처–	참가
оргилуур 어르길로–르	분수	**оролцох** 어럴처흐	참석하다

орон 어렁	국가	**орчим** 어르침	근처의
орон сууц 어렁 소-츠	주택	**орчин** 어르칭	주변, 현대
оронд 어런드	대신	**орчлон** 어르칠렁	우주
ороолт 어럴트	싸개	**орчуулах** 얼촐라흐	번역하다
ороох 어러-흐	포장하다	**орчуулга** 얼촐락	번역, 통역
орос 어러스	러시아	**оршил** 어르쉴	머리말
орох 어러흐	들어가다	**оршиx** 어르쉬흐	존재하다
оруулах 어롤라흐	넣다	**оршуулга** 어르숄락	장례식
орхих 어르히흐	두고 가다, 버리다	**осол** 어설	사고
орц 어르츠	입구	**осолдох** 어설더흐	사고를 당하다

орчуулагч 번역자, 통역자
얼촐락치

оршуулах 장례식을 치르다
어르숄라흐

осолтой 어설태	위험하다	**охин** 어힝	딸
отгон 어트겅	막내	**очих** 어치흐	가다
отог 어턱	씨족	**оюун** 어용	정신
офицер 어피체르	장교	**оюутан** 어요탕	대학생

Ө

өв 우브	상속
өвгөд 우브그드	노인들
өвгөн 우브겅	노인
өвгөрөх 우브그르흐	늙다
өвдөг 욥득	무릎
өвдөглөх 욥득르흐	무릎을 꿇다
өвдөх 욥드흐	아프다
өвлүүлэх 우블룰레흐	상속하다
өвөг 우웩	조상
өвөл 우월	겨울
өвөлжих 우월찌흐	겨울을 지내다
өвөлжөө 우웰쩌-	겨울 방목지
өвөө 우웨-	할아버지
өвөр монгол 우웨르 멍걸	내몽골
өвөрмөц 우브르무치	특별한
өвс 웁스	건초
өвтгөх 웁트거흐	아프게 하다
өвчин 웁칭	병
өвчтөн 웁치티	환자
өвчтэй 웁치테	아픈
өглөг 우글륵	기부금
өгөх 우그흐	주다

өгсөх 욱스흐	올라가다	**өдөржин** 우드르징	하루 종일
өгүүлбэр 우굴베르	문장	**өдөрлөг** 우드를룩	파티
өгүүллэг 우굴렉	단편 소설	**өл** 울	영양가
өгүүлэгдэхүүн 우굴렉데훙	주어	**өлгий** 울기	요람
өгүүлэгч 우굴렉치	화자	**өлгөх** 울그흐	걸다
өгүүлэх 우굴레흐	이야기 하다	**өлгүүр** 울구-르	옷걸이
өгүүлэхүүн 우굴레훙	서술어	**өлдөх** 울뜨흐	굶주리다
өд 우드	깃털	**өлзий** 울지-	행운
өдий 우디-	아직 멀다	**өлзийгүй** 울지-귀	운이 없는
өдийд 우디-드	이맘때	**өлзийтэй** 울지-테	운수 좋은
өдөөх 우두-흐	선동하다	**өлөнгөтөх** 울릉그트흐	굶주리다
өдөр 우드르	날, 일	**өлсгөлөн** 울스글릉	굶주림

өлсгөх 울스그흐	굶기다	**өмхий** 움히-	썩은
өлсөх 울스흐	배고프다	**өмхрөх** 움히러흐	썩다
өмгөөлөгч 움글륵치	변호사	**өмч** 움치	재산
өмгөөлөх 움걸러흐	변호하다	**өмчлөх** 움칠러흐	소유하다
өмд 움드	바지	**өн** 운	풍요로운
өмнө 우문	남쪽	**өнгийх** 운기-흐	엿보다
өмнөд Солонгос 우므너드 설렁거스	남한	**өнгө** 웅그	색
өмнөх үг 우므누흐 욱	머리말	**өнгөлөх** 웅걸러흐	광내다
өмөн 우믄	암	**өнгөрөгч** 웅그럭치	지난
өмсгөл 움스굴	복장	**өнгөрөө** 웅거러-	지내다
өмсгөх 움스구흐	입히다	**өнгөрүүлэх** 웅그룰레흐	보내다
өмсөх 움수흐	입다	**өнгөт** 웅그트	컬러

өнгөн 웅겅	가볍게	**өнөөх** 우느-흐	그
өндийх 운디-흐	자리를 뜨다	**өнөр** 우누르	대가족
өндөг 운득	알, 달걀	**өнтэй** 운테	따뜻한
өндөглөх 운득르흐	알을 낳다	**өнхрөх** 웅흐르흐	구르다
өндгөвч 운드겁치	난소	**өнцөг** 운축	귀퉁이
өндөр 운드르	높은	**өнчин** 운칭	고아
өндөрлөг 운드를럭	높은 곳	**өнчрөх** 운치르흐	고아가 되다
өнө 우누	아주 먼	**өө** 우-	흠
өнөд 우누드	영원히	**өөд** 우-드	위로
өнөө 우누-	지금, 현재	**өөдгүй** 우-드구이	나쁜
өнөөдөр 우누-드르	오늘	**өөд болох** 우-드 벌러흐	죽다
өнөөдөржин 우누-드르징	하루 종일	**өөдлөх** 우-들르흐	오르다

өөдөс 우-드스	조각	**өөрцгүй** 어-르츠귀	마찬가지
өөдрөг 우-들륵	긍정적인	**өөрчлөгдөх** 어-르츌럭두흐	바뀌다
өөлөх 울러흐	흠을 찾다	**өөрчлөлт** 어-르칠럴트	변화
өөнтөг 운특	트집	**өөрчлөх** 어-르칠러흐	바꾸다
өөнтөглөх 운특르흐	트집을 잡다	**өөх** 우-흐	비게
өөр 어-르	다른	**өөхжилт** 우-흐질트	비만
өөрийгөө 어-리-거-	자신을	**өөхлөх** 우-흘러흐	살찌다
өөрийн 어-링	자신의	**өр** 우르	채무, 빚
өөрөө 어-러-	스스로	**өргөдөл** 우르그들	청원서
өөрөөр хэлбэл 어-러-르 헬벨	즉	**өргөжих** 우륵지흐	넓혀지다
өөртөө 어-르터-	스스로에게	**өргөл** 우르걸	헌금, 제물
өөрчлөгдөмтгий 어-르츌룩둠트기-			변덕스러운

өргөлт 우르걸트	올리기, 강세	**өрнүүн** 우르눙	번영
өргөмөл 우르그물	입양한	**өрөвдөх** 우릅드흐	동정하다
өргөн 우르궁	넓은	**өрөмдлөг** 우름들럭	시추
өргөө 우르거-	궁전	**өрөмдөгч** 우름득치	시추공
өргөс 우르거스	가시	**өрөмдөх** 우름드흐	구멍을 뚫다
өргөсөх 우륵서흐	넓어지다	**өрөө** 우러-	방
өргөтгөх 우르그트거흐	넓히다	**өрөөсөн** 우러-승	한 쪽
өргөх 우르거흐	들다	**өрөх** 우러흐	늘어놓다
өрнө 우른	서쪽, 서양	**өрсөлдөгч** 우르슬득치	경쟁자
өрнөх 우르너흐	발전하다	**өрсөлдөөн** 우르슬둥	경쟁
өрнүүлэх 우르눌레흐	발전시키다	**өрсөлдөх** 우르슬드흐	경쟁하다
өрөм 우름	끓인 우유 표면에 생기는 얇은 막		

өрсөх 우르스흐	앞서다	**өсвөр** 우스브르	청소년
өртөг 우르특	가치	**өсгий** 우스기-	뒤꿈치
өртөө 우르터-	역참	**өсгөгч** 우스걱치	돋보기
өртөөлөх 우르툴루흐	잇다	**өсгөлөн** 우스글릉	건강한
өртөх 우르트흐	맞다	**өсгөх** 우스거흐	기르다
өрх 우르흐	가족	**өсөлт** 우슬트	증가
өрх гэр 우르흐 게르	가계	**өсөх** 우스흐	자리다
өрц 우르치	횡격막	**өст** 우스트	원한
өршөөгөөрэй 우르셔-게-레	용서하세요	**өстөн** 우스틴	원수
өршөөл 우르쉘	용서	**өт** 우트	벌레
өршөөх 우르쉐흐	용서하다	**өтгөн** 우트겅	짙은
өс 우스	복수	**өтгөрөх** 우트구루흐	진해지다

өтгөс 우트구스	노언	**өшөө** 우셔-	복수
өтлөх 우틀러흐	늙다	**өшөөтөн** 우셔-	적, 원수
өтөг 우턱	비료		
өхөөрдөх 우후-르두흐	귀여워하다		
өчиг 우칙	고백		
өчигдөр 우칙드르	어제		
өчих 우치흐	말하다		
өчнөөн 우치누-웅	많은		
өчүүхэн 우추-헹	조그마한		
өшиглөх 우식러흐	발로 차다		
өширхөх 우시르후흐	적개심을 품다		
өших 우시흐	증오하다		

П

паа 홍
파-

паалан 법랑
팔-릉

паг 전혀
팍

пагдайх 땅딸막하다
팍대흐

пагдгар 땅딸막한
팍드가르

пад 콩
파뜨

падаан 영수증
파땅

падхийх 콩하다
파뜨히-흐

пайз 표시
패즈

палеонтологич 고생물학자
팔렝틀럭치

пал 풍덩
팔

палхийх 철렁하다
팔히-흐

пальто 외투
팔터

пандгар 통통한
판드가르

панз 투기
판즈

панзчин 투기꾼
판즈칭

пансан 견직물
판상

парламент 국회
파를라모트

паспорт 여권
파스퍼르트

пассив 부채
파십

паян 모험담
파잉

патент 파텐트	특허	**пицца** 피차-	피자
печень 폐첸	과자	**плита** 플리타	타일
пиво 피버	맥주	**плёнк** 플렁크	필름
пиводох 핍떠흐	맥주를 마시다	**пологтох** 펄럭터흐	과식하다
пиг 픽	꽉	**поп** 펍	팝
пиджак 피트자끄	양복	**пор пор** 퍼르퍼르	보글보글
пийжүү 피-주-	중국 맥주	**порно** 퍼르너	포르노
пийшин 피-싱	오븐, 렌지	**пөмбөгөр** 붐부거르	둥근 모양의
пимбийх 핌비-흐	부풀다	**программ** 프러그람	프로그램
пин 핀	헛간	**прокат** 프러카트	대여
пирамид 피라미뜨	피라미드	**прокурор** 프럭코러르	검사
писхийх 피스히-흐	터지다	**протокол** 프러터컬	회의록

профессор 프러폐서-르	교수	**пүүгээ** 푸-게-	보따리
пуужин 포-징	로켓	**пүүз** 푸-즈	운동화
пунз 푼즈	외양간	**пүүс** 푸-스	회사
пунтууз 푼투-즈	당면	**пял** 퍼	접시
пурш 푸르쉬	스프링	**пян** 퍼	참을성
пүрэв 푸렙	목요일	**пянз** 퍼즈	음반

пурших 포르기흐	(먼지 등이) 일어나다

р

равнайлах 봉헌하다
랍나일라흐

радар 레이더
라다르

радио 라디오
라디어

размер 치수
라즈몌르

рам 테
람

рапорт 리포트
라퍼르트

рашаан 온천
라샤-앙

редактор 편집자
례닥터르

резин 고무
례징

равнай
랍나이

ректор 총장
롁터르

ресторан 레스토랑
례스터랑

реферат 리포트
례폐라트

римт 리듬
림트

рок 록
럭

ром 로마
럼

роман 소설
러망

романтизм 낭만주의
러망티즘

рубль 루블
로블

румын 루마니아
로미-잉

руу 로
로-

руу 로
루-

축복 의식, 봉헌

C

caa 중풍
사-

саад 방해
사-드

сааль 우유
사-알

саальчин 젖 짜는 사람
살칭

саам 젖 짜는 시간
사-암

саар 안 좋은
사-르

саарал 흰색
사-를

саарах 느슨해지다
사-라흐

саармаг 중성의
사-르막

саатал 장애
사-탈

саатах 장애가 되다
사-타흐

саатуулах 돌보다
사-툴라흐

саах 젖을 짜다
사-흐

саахалт 이웃
사-할트

саахар 각설탕
사-하르

сав 식기, 그릇
사우

сав хийвэл 툭하면
사우 히-웰

сав суулга 용품
사우 술락

саваагүй 나서기를 좋아하는
사와-구이

саваадах 회초리로 때리다
사와-다흐

саваа 사와-	회초리	**сагах** 사가흐	넘치다
саван 사왕	비누	**саглагар** 사글라가르	가지가 많은
савандах 사왕다흐	비누질하다	**сагс** 삭스	바구니
савар 사와르	발톱	**сагсайх** 삭새흐	헝클어지다
савах 사와흐	자빠지다	**сагсан бөмбөг** 삭승 붐북	농구
савдаг 사우닥	신령	**сагсгар** 삭스가르	수북한
савлах 사울라흐	포장하다	**сагсуурах** 삭소-라흐	잘난 척하다
савлуур 사우로-르	그네	**сад** 사뜨	샘
савсах 사우사흐	모락모락 오르다	**саад** 사-뜨	방해
савх 사흐	젓가락	**садан** 사땅	친척
савхин 사우힝	피혁	**садарлах** 사따를라흐	음탕하다
сагаг 사각	메밀	**сайд** 새뜨	장관, 대사

сайдах 새따흐	좋아지다	**сайшаал** 새샤-알	칭찬
сайжрах 새지라흐	개선되다	**сайшаах** 새샤-흐	칭찬하다
сайжруулах 새지롤라흐	개선시키다	**сал** 살	뗏목
сайлах 샐라흐	칭찬하다	**салаа** 살라-	가지
сайн 생	좋은	**салаалах** 살랄라흐	갈라지다
сайн өдөр 생 우드르	좋은 날	**салалт** 살랄트	이혼
сайр 새르	조약돌	**салам** 살람	호되게
сайтай 새태	좋은	**салах** 살라흐	헤어지다
сайтар 새타르	깊이	**салбар** 살바르	부문
сайхан 새항	아름다운	**салбарлах** 살바를라흐	갈라지다
сайчууд 새초-드	우수생	**салга** 살락	경련
салгалах 살락라흐			벌벌 떨리다

салдаг 살닥	조립식	**сампин** 삼핑	주판
салхи 살히	바람	**сампрах** 삼라흐	퍼서 붓다
салхивч 살힙치	환기창	**самуун** 사몽	방탕한
салхилах 살힐라흐	바람이 불다	**самуурах** 사모-라흐	혼란해지다
салшгүй 살쉬귀	뗄 수 없는	**сан** 상	기금
сам 삼	빗	**санаа** 사나-	생각, 마음
самар 사마르	잣	**санаархах** 사나-르하흐	의도하다
самбаа 삼바-	재치	**санаатай** 사나-태	의도를 갖다
самбар 삼바르	칠판	**санаачилга** 사나-칠락	창의
самгарлах 삼가를라흐	긴장하다	**санаачлагч** 사나-칠락치	창시자
самнах 삼나흐	머리를 빗다	**санаачлах** 사나-칠라흐	창시하다
салгах 살가흐			쪼개다, 분리하다

санаашрах 사나-쉬라흐	그리워하다	**сандрах** 상드라흐	당황하다
санагдах 사낙다흐	생각나다	**сандчих** 상드치흐	허둥지둥하다
санал 사날	의견	**сансар** 상사르	우주
санамж 사남지	경고문	**сануулах** 사놀라흐	상기시키다
санамсаргүй 사남사르귀	우연히	**сануулга** 사놀락	경고
санах 사나흐	생각하다	**санхүү** 상후-	회계
санваартан 상와-르탕	수도승	**санхүүжилт** 상후-질트	재정
Сангийн яам 상깅 얌	재무부	**санхүүч** 상후-치	재정 전문가
сандал 산달	의자	**санчиг** 산칙	구레나룻
сандраах 상드라-흐	재촉하다	**сар** 사르	달
санашгүй 사나쉬구이			상상할 수 없는
санагдуулах 사낙돌라흐			생각하게 하다

сар сар 사르 사르	바스락 바스락	**сахал** 사할	수염
сараачих 사라-치흐	낙서하다	**сахил** 사힐	순결
саравч 사랍치	챙	**сахилга** 사힐락	규율
сарлаг 사를락	야크	**сахиус** 사효스	부적
сармис 사르미스	마늘	**сахих** 사히-흐	지키다
сарнай 사르내	장미	**сацуу** 사초-	동시에
сарних 사르니흐	흩어지다	**сачий** 사치-	실력
саруул 사롤	밝은	**сая** 사이	백만
сархад 사르하드	술	**саятан** 사이탕	백만장자
сатаарах 사타-라흐	넋을 잃다	**саяхан** 사이항	방금

сахилгагүй
사힐락귀
장난을 심하게 치는

сахилгагүй хүүхэд
사힐락귀 후-헬
개구쟁이

саяын 사이-잉	아까	**скоч** 스커치	스카치테이프
сейф 셰프	금고	**совин** 서윙	예감
секс 섹스	섹스	**согог** 서걱	결함
сибирь 시비르	시베리아	**согоо** 서거-	암사슴
сийлбэр 시-일베르	조각	**согтох** 석터흐	취하다
сийлэх 시-일레흐	새기다	**согтуу** 석토-	취한
сиймхий 시-임히-	틈새	**сод** 서뜨	우수한
сийрэг 시-렉	성글은	**содон** 서떵	유별난
сийрэх 시-레흐	줄어들다	**соёл** 서열	문화
симфони 심퍼니	교향악	**соёлын яам** 서열링 암	문화부
систем 시스템	조직	**соёлгуй** 서열귀	교양이 없는
согтуугаар 석토-가-르			술에 취한 채

соёлжих 서열지흐	교양을 갖추다	**солилцоо** 설릴처-	교환
соёлтой 서열태	교양이 있는	**солилцох** 설릴처흐	나누다
соёмбо 서염버	서염버	**солиорох** 설리어러흐	미치다
соёо 서여	어금니	**солих** 설리흐	바꾸다
соёолон 서열렁	5세 가축	**солонго** 설렁거	무지개
сойз 서이쯔	솔	**солонгос** 설렁거스	한국
сойздох 서이쯔더흐	솔질하다	**сонгино** 성긍	파
солбих 설비흐	엇갈리다	**сонгогдох** 선걱더흐	뽑히다
солбиулах 설비올라흐	꼬다	**сонгогч** 선걱치	유권자
солгой 설거이	왼손잡이	**сонгодог** 선거떡	고전적인
солбицол 설비철	교차점	**сонголт** 선걸트	선택
солигдох 설릭더흐	바뀌다	**сонгох** 선거흐	고르다

сонгууль 선고-올	투표	**сонсголгүй** 성스걸구이	귀머거리
сонгуульт 선고-올트	선거	**сонсгох** 성스거흐	들려주다
сондгой тоо 선드거이 터-	홀수	**сонсогдох** 성석더흐	들리다
сондор 선더르	목걸이	**сонсогч** 성석치	청중
сонин 서닝	신문	**сонсох** 성서흐	듣다
сонирхогч 서니르헉치	애호가	**сood** 서-드	소다
сонирхол 서니르헐	흥미	**сорви** 서르위	흉터
сонирхох 서니르허흐	흥미를 갖다	**сорил** 서릴	실험
сониуч 서니오치	호기심이 많은	**сорих** 서리흐	시험하다
сонор 서너르	청각	**сормуус** 서르모-스	속눈썹
сонсгол 성스걸	청력	**сорогч** 서럭치	흡입하는
сонирхуулах 서니르홀라흐			흥미를 끌다

соронз 서런즈	자석	**сөнөөх** 수누-흐	파괴하다
сорох 서러흐	빨아들이다	**сөнөх** 수누흐	멸망하다
соруул 서로-올	빨대	**сөөнгө** 수-운거	못이 쉰
сорьц 서르츠	순도	**сөөх** 수-흐	목이 쉬다
сохлох 서흘러흐	눈멀게 하다	**сөрөг** 수륵	반대
сохор 서허르	장님	**сөрөх** 수르흐	거스르다
сохрох 서흐러흐	눈이 멀다	**сөхөх** 수후흐	올리다
социйлизм 서치-일리즘	사회주의	**сөхрөх** 수흐루흐	무릎을 꿇다
социологи 서치얼러기	사회학	**спорт** 스퍼르트	운동
сөгдөх 숙드흐	무릎을 꿇다	**суваг** 소왁	도랑
сөлөр 술르르	사팔뜨기	**сувд** 소브드	진주
сөнөөгч 수누-윽치	파괴자	**сувилагч** 소빌락치	간호사

сувилах 소빌라흐	간호하다	**сул** 솔	약하게
суга 소가	겨드랑이	**суллагдах** 솔락다흐	풀려나다
сугалах 소갈라흐	팔짱을 끼다	**суллах** 솔라흐	풀어주다
сугалаа 소갈라-	추첨	**сулрал** 솔랄	허약함
сугалах 소갈라흐	뽑다	**сулрах** 솔라흐	약해지다
сугарах 소가라흐	빠지다	**сулруулах** 솔로-올라흐	약화시키다
судал 소딸	맥	**султгах** 솔트가흐	비우다
судар 소따르	경전	**сулхан** 솔항	힘이 없는
судас 소따스	혈관	**сульдах** 솔다흐	지치다
судлал 소뜰랄	학	**сум** 솜	화살
судлагч 소뜰락치	연구자	**сумлах** 솜라흐	장전하다
судлах 소뜰라흐	연구하다	**сунах** 소나흐	늘다

сунгалт 손갈트	스트레칭	**сурвалжлагч** 소르왈질락치	기자
сунгах 손가흐	늘리다	**сурвалжлах** 소르왈질라흐	취재하다
сунжрах 손지라흐	지연되다	**сургаал** 소르가-알	교훈
суниах 소니아흐	기지개를 켜다	**сургагч** 소르각치	조련사
сур 소르	활쏘기	**сургалт** 소르갈트	교육
сураг 소락	소식	**сургамж** 소르감지	교훈
сураглах 소락라흐	물어보다	**сургамжлах** 소르감질라흐	훈계하다
сурагч 소락치	학생	**сургах** 소르가흐	가르치다
суралцах 소랄차흐	배우다	**сургууль** 소르고-올	학교
сурах 소라흐	배우다	**сурлага** 소를락	학습
сурах бичиг 소라흐 비칙	교과서	**суртал** 소르탈	이념
сурвалж 소르왈지	근원	**сурталчлах** 소르탈칠라흐	선전하다

몽골어	한국어	몽골어	한국어
суртахуун 소르타호-옹	도덕	**сув** 수우	구멍
суу билэг 소-르 빌렉	천재	**сувлэх** 수울레흐	바늘에 실을 꿰다
суудал 소-딸	자리	**сувээ** 수웨-	옆구리
суулга 소-ㄹ가	냄비	**сүг** 숙	유령
суулгах 소-올가흐	앉히다	**сүг зураг** 숙 조락	각화
суурь 소-르 빌렉	장소	**сүй** 수이	약혼
суурьшил 소-르쉴	정착	**сүйд** 수이드	손해
суурьших 소-르쉬흐	정착하다	**сүйдэх** 수이데흐	망하다
суут 소-트	위대한	**сүйрэх** 수이레흐	파괴되다
суутгах 소-트가흐	공제하다	**сүйтгэгч** 수이트-윽치	파괴자
суух 소-흐	앉다	**сүйх** 수이흐	마차
сууц 소-츠	아파트	**сүйхээ** 수이헤-	발이 넓은

сүлбэх 술베흐	찌르다	**сүрдүүлэг** 수르둘렉	위험
сүлбээ 술베-	관계	**сүрдүүлэх** 수르둘레흐	위협하다
сүлд 술드	문장	**сүрдэх** 수르데흐	겁을 먹다
сүлжих 술지흐	땋다	**сүржин** 수르징	과장한
сүлжмэл 술지멜	엮은	**сүрлэг** 수를렉	웅장한
сүлжээ 술쩨-	네트워크	**сүртэй** 수르테	장임한
сүм 숨	절	**сүрхий** 수르히-	강렬한
сүм хийд 숨 히-드	사찰	**сүрчиг** 수르칙	향수
сүмс 숨스	소스	**сүрьеэ** 수르예	결핵
сүнс 순스	영혼	**сүрэг** 수렉	무리
сүр 수르	위엄	**сүрэл** 수렐	짚
сүлд мод 술드 머드			크리스마스트리

сүсэг 수섹	신앙	**сүүмгэр** 수-움게르	희미한
сүсэглэх 수섹레흐	숭배하다	**сүх** 수흐	도끼
сүсэгтэн 수섹텡	신도	**сэв** 셉	결함
сүү 수-	우유	**сэвсгэр** 셉스게르	폭신한
сүүдэр 수-데르	그림자	**сэвх** 셉흐	주근깨
сүүдэрлэх 수-데를레흐	그늘지다	**сэвэлзэх** 세웰제흐	솔솔 불다
сүүж 수-찌	골반	**сэгсгэр** 섹스게르	텁수룩한
сүүл 수-울	꼬리	**сэгсийх** 섹시-흐	헝클어지다
сүүлд 수-울드	나중에	**сэгсрэх** 섹스레흐	흔들다
сүүлдэх 수-울데흐	뒤쳐지다	**сэдрэх** 세뜨레흐	악화하다
сүүлийн 수울링	최근	**сэдэв** 세뗍	주제
сүүлч 수울치	마지막	**сэдэх** 세떼흐	꾸미다

сэжиг 세직	의심	**сэнс** 셍스	선풍기
сэжиглэх 세직레흐	의심하다	**сэнхрэх** 셍흐레흐	깨닫다
сэжүүр 세주-르	변누리	**сэргийлэх** 세르길레흐	예방하다
сэлбэг 셀벡	부품	**сэргэлэн** 세르겔렝	명랑한
сэлгэх 셀게흐	바꾸다	**сэргэх** 세르게흐	깨다
сэлт 셀트	등등	**сэргээх** 세르게-흐	깨우다
сэлүүн 셀룽	한적한	**сэрдэх** 세르데흐	의심하다
сэлэх 셀레흐	수영하다	**сэрүүдэх** 세루-데흐	쌀쌀하다
сэм 셈	살짝	**сэрүүн** 세룽	시원한
сэмхэн 셈헹	슬그머니	**сэрүүхэн** 세루-헹	쌀쌀하다
сэнгэнэх 셍게네흐	시원하다	**сэрүүнэх** 세루-네흐	서늘해지다
сэнж 셍지	손잡이	**сэрэл** 세렐	감각

сэрэмж 세렘지	경계	**сэтгэлгээ** 세트겔게-	사고
сэрэмжлэх 세렘질레흐	경계하다	**сэтгэх** 세트게흐	생각하다
сэрэх 세레흐	깨다	**сэтгэхүй** 세트게휘	생각
сэрээх 세레-흐	깨우다	**сэтгэц** 세트게치	정신
сэтгүүл 세트구-울	잡지	**сэхэл** 세헬	회복
сэтгүүлч 세트굴치	언론인	**сэхэх** 세헤흐	정신을 차리다
сэтгэгдэл 세트겐델	인상	**сэхээ** 세헤-	의식
сэтгэгч 세트겐치	사상가	**сэхээрэх** 세헤-레흐	깨어나다
сэтгэл 세트겔	마음	**сэхээтэн** 세헤-텡	지성인
сэтгэл судлал 세트겔 소뜰랄	심리학		
сэтгэл судлаач 세트겔 소뜰라-치	심리학자		
сэтгэлчилэн 세트겔칠렝	원하는 대로		

cээр
세-르

척추

Т

та 당신
타

таавар 수수께끼
타-와르

тааз 천장
타-즈

таалагдах 마음에 들다
타-알락다흐

таалах 호감이 가다
타-알라흐

таамаг 짐작
타-막

таамаглах 짐작하다
타-막라흐

тааралдах 만나다
타-랄다흐

таарамж 어울림
타-람지

тааварлах 수수께끼를 풀다
타-와를라흐

таарах 맞다
타-라흐

тааруу 그저 그런
타-로-

тааруухан 그저 그런
타-로-항

тааруулах 맞추다
타-롤라흐

таатай 기분이 좋은
타-태

таах 풀다
타-흐

тав 다섯, 오
타우

таваар 상품
타와-르

таваг 접시
타왁

таваглах 접시에 담다
타왁라흐

тавгүй 불편한
타우구이

тавдугаар 타우도가-르	다섯번째	**таглах** 타글라흐	막다
тавигдах 타윅다흐	놓이다	**тагнах** 타그나흐	정탐하다
тавилан 타윌랑	운명	**тагнуул** 타그놀	정탐
тавилга 타윌락	가구	**тагт** 탁트	베란다
тавиур 타위오르	선반	**тагтаа** 탁타-	비둘기
тавих 타위흐	놓다	**тайван** 태왕	평화
тавлах 타울라흐	편히 있다	**тайвшрах** 탭쉬라흐	가라앉다
тавтай 타우태	편하게	**тайж** 태찌	왕자
тавь 태위	오십, 쉰	**тайз** 태쯔	무대
таг 탁	두껑, 마개	**тайлагдах** 탤락다흐	풀리다
таг 탁	완전히	**тайлан** 탤	결산
тагжгар 탁지가르	땅딸막한	**тайлах** 탤라흐	해결하다

тайлбар 탤바르	설명	**талийгаач** 탈리-가-치	고인
тайлбарлагч 탤바를락치	해성자	**таллах** 탈라흐	이등분하다
тайлбарлах 탤바를라흐	설명하다	**талх** 탈흐	빵
тайрах 태라흐	자르다	**там** 탐	지옥
такси 탁시	택시	**тамга** 타막	도장
тал 탈	쪽, 측	**тамгалах** 타막라흐	도장을 찍다
талаар 탈라-르	관해서	**тамлах** 탐라흐	고문하다
талархал 탈라흐할	감사	**тамир** 타미르	힘, 체력
талархах 탈라르흐하	감사하다	**тамирдах** 타미르다흐	지치다
талбай 탈배	광장	**тамиржих** 타미르지흐	기운을 얻다
талбар 탈바르	장소	**тамирчин** 타미르칭	운동선수
талаар болох 탈라-르 벌러흐			소용없게 되다

тамхи 타미흐	담배	**тансаг** 탕삭	풍요로운
тамхичин 타미흐칭	흡연자	**танхай** 탕해	난폭한
танай 타내	당신의	**танхим** 탕힘	강당
тангараг 탕그락	맹세	**тараах** 타라-흐	해산하다
танил 타닐	벗, 친구	**тараг** 타락	요구르트
танилцуулах 타닐촐라흐	소개하다	**тарах** 타라흐	흩어지다
таниулах 타니올라흐	알리다	**тарвага** 타르왁	타르왁
таних 타니흐	알다	**тарваган хүн** 타르와강 훙	난쟁이
танк 탕크	탱크	**тарга** 타르	뚱뚱한
танилцах 타닐차흐	만나다, 사귀다		
танхайрах 탕해라흐	불량하게 굴다		
тарваган тахал 타르와강 타할	흑사병		

таргалах 타르갈라흐	살찌다	**тарнидах** 타르니다흐	주문을 걸다
тарган 타르강	살찐	**тархай** 타르해	흩어진
тариа 타래	곡물	**тархах** 타르하흐	퍼지다
тариалан 타랠릉	경작	**тархи** 타르히	뇌
тариачин 타랭칭	농부	**тарчиг** 타르칙	가난한
тариалах 타랠라흐	경작하다	**тарчлах** 타르칠라흐	고생하다
тарилга 타릴락	접중	**тас** 타스	완전히
тариур 타리오르	주사기	**тасаг** 타삭	과
тарих 타리흐	재배하다	**тасалбар** 타살바르	입장권
тарлан 타를랑	반점이 있는	**тасалгаа** 타살가-	실
тармуур 타르모-르	갈퀴	**тасалдах** 타살다흐	바닥나다
тарин 타린	주문	**тасархай** 타사르해	조각

тасдах 타스다흐	찢다	**татгалзах** 타트갈자흐	거절하다
тасдуулах 타스돌라흐	찢기다	**татлага** 타틀락	밧줄
таслал 타슬랄	쉼표	**тах** 타흐	편자
таслах 타슬라흐	끊다	**тахал** 타할	전염병
тасрал 타스랄	중단	**тахиа** 타햐	닭
тасрах 타스라흐	끊어지다	**тахийх** 타히-흐	굽다
тасхийм 타스힘	혹한	**тахийлгах** 타힐가흐	굽히다
татагдах 타탁다흐	당겨지다	**тахил** 타힐	제물
татах 타타흐	당기다	**тахилга** 타힐락	제사
таташ 타타쉬	다진 고기	**тахилч** 타힐치	제사장
татвар 타트와르	세금	**тахим** 타힘	오금
татварлах 타트와를라흐	세금을 부과하다		

тахир 타히르	굽은	**телевиз** 텔레비즈	텔레비전
тахир дутуу 타히르 도토-	장애	**техник** 테흐닉	기술
тахих 타히흐	제물을 바치다	**тив** 티우	대륙
тахь 타흐	야생마	**тийм** 티-임	그러한
тачаангуй 타차-앙고이	섹시한	**тиймэрхүү** 티-메르후-	그러한
ташаа 타샤-	잘못된	**тийнхүү** 티-잉후-	그렇게 해서
таших 타쉬흐	박수치다	**тийш** 티-쉬	그리
ташуу 타쇼-	기울어진	**титэм** 티템	관
ташуур 타쇼-르	채찍	**товлох** 터울러흐	정하다
таяг 타약	지팡이	**товойх** 터위흐	튀어나오다
театр 띠아트르	극장	**товч** 텁치	단추
теннис 테니스	테니스	**товчлол** 텁칠럴	간추림

товчлох 텁칠러흐	간추리다	**тогтолцоо** 턱털처-	체제
товчоо 텁처-	사무소	**тогтоол** 턱털	결정
тоглолт 터글럴트	경기	**тогтоох** 턱터-흐	정하다
тоглоом 터글러-엄	놀이	**тогтох** 턱터흐	정해지다
тоглох 터글르흐	놀다	**тогтуун** 턱퉁	평온한
тоглуулах 터글로-올라흐	놀게 하다	**тод** 터뜨	분명히
тогоо 터거-	솥	**тодорхой** 터떠르헤	뚜렷한
тогооч 터거-치	요리사	**тодорхойлол** 터떠르헐럴	정의
тогоруу 터거로-	학	**тодорхойлох** 터떠르헐러흐	정의하다
тогтвор 턱트워르	안정	**тодотгох** 터떠트거흐	명확히 하다
тогтворжих 턱트워르지흐	안정되다	**тодрох** 터뜨러흐	뚜렷해지다
тогтмол 턱트멀	정기적인	**тойм** 터임	개요

тоймч 터임치	평론가	**толь** 털	거울
тойн 턴	스님	**толь бичиг** 털 비칙	사전
тойрог 터이럭	궤도	**том** 텀	큰, 대
тойрон 터이렁	일주	**томдох** 텀더흐	크다
тойрох 터이러흐	돌다	**томилолт** 터밀럴트	임무
тойруу 터이로-	돌려서	**томилох** 터밀러흐	임명하다
тойруулах 터이롤라흐	돌리다	**томоогүй** 터머-귀	어린
толбо 털버	자국	**томоожих** 터머-지흐	성숙해지다
толгод 털거드	언덕	**томоотой** 터머-터	점잖은
толгой 털거이	머리	**томоохон** 터머-헝	상당히
толгойлох 털거일러흐	이끌다	**томрох** 텀러흐	크다
толигор 털리거르	매끈한	**томуу** 터모-	독감

томшгүй 템시구이	무수한	**тоогүй** 터-귀	유감스러운
томъёо 터묘	공식, 용어	**тооллого** 터-얼럭	결산, 조사
тонгойх 텅거이흐	허리를 굽히다	**тоолол** 터-얼럴	기원
тонгорох 텅거러흐	나뛰다	**тоолох** 터-얼러흐	세다
тонилох 터닐러흐	떠나다	**тоомсоргүй** 터-엄서르구이	무관심한
тонн 턴	톤	**тооно** 턴	환기창
тоног 터넉	장식	**тоор** 터-르	복숭아
тоноглох 터넉러흐	시설하다	**тоос** 터-스	먼지
тонох 터너흐	털다	**тоосго** 터-스거	벽돌
тоо 터-	수, 숫자	**тоох** 터-흐	존경하다
тоогүй 터-귀	무수한	**тооцоо** 터-처-	계산
тоос сорогч 터-스 서럭치			진공청소기

тооцоолох 터-철러흐	산출하다	**торт** 터르트	케이크
тооцоолуур 터-철로-르	계산기	**торх** 터르흐	통
тооцох 터-처흐	세다	**тос** 터스	기름
тор 터르	그물	**тосгон** 터스겅	마을
торго 터르거	비단	**тосгуур** 터스고-르	싱크대
торгон зам 터르겅 잠	실크로드	**тослог** 터슬럭	지방질
торгох 터르거흐	벌금을 물리다	**тослох** 터슬러흐	기름을 바르다
торгууль 터르괼	벌금	**тосон түрхлэг** 터성 투르흘렉	연고
тордох 터르더흐	부양하다	**тосох** 터서흐	마중 나가다
торниун 터르니옹	발육이 좋은	**тоть** 터트	앵무새
торних 터르니흐	자라다	**тохилог** 터힐럭	쾌적한
торох 터러흐	걸리다	**тохиолдол** 터히얼덜	경우

тохиолдох 터히얼더흐	닥치다	**тохуурхах** 터호-르하흐	농담을 하다
тохиргоо 터히르거-	조절	**тохь** 터흐	편리
тохиролцоо 터히럴처-	합의	**төв** 툽	중심
тохиролцох 터히럴처흐	합의하다	**төвд** 툽드	테베트
тохиромж 터히럼지	알맞은	**төвийх** 투위-흐	부풀다
тохироо 터히러-	적당한	**төвлөрүүлэх** 투을르루-레흐	집중하다
тохирох 터히러흐	알맞다	**төвлөрөх** 투을르레흐	중심이 되다
тохогдох 터헉더흐	짊어지다	**төвөг** 투욱	폐
тохой 터허이	팔꿈치	**төвөнх** 투은흐	후두
тохох 터허흐	얹다	**төгрөг** 투그룩	투그륵
тохуу 터호-	농담	**төгс** 툭스	완전한
төгөлдөр хуур 투글두르 호-르			피아노

төгсгөл 툭스굴	끝, 결말	**төлөвлөх** 툴륍르흐	계획하다
төгсгөх 툭스구흐	끝내다	**төлөвших** 툴륍쉬흐	형성되다
төгсөлт 툭슬트	끝, 졸업	**төлөг** 툴륵	한 살짜리 양
төгсөх 툭스흐	끝나다	**төлөг** 툴륵	점
тэдий 투디-	뿐인	**төлөгч** 툴륵치	점쟁이
тэдийгүй 투디-구이	뿐만 아니라	**төлөө** 툴러-	위해
тэдийд 투디-드	그 때에	**төлөөлөгч** 툴럴럭치	대표
төл 툴	새끼	**төлөөлөх** 툴럴러흐	대표하다
төлбөр 툴부르	요금	**төлөөс** 툴러-스	값, 대금
төлөв 툴륍	가능성	**төлөх** 툴르흐	지불하다
төлөвлөлт 툴륍를트	계획	**төмөр** 투므르	쇠, 철
төлөвлөгөө 툴륍르거-	계획	**төмөр зам** 투므르 잠	철도

төмөрлөг 투므를럭	금속	төрөлхтөн 투를흐퉁	생명
төмпөн 툼풍	대야	төрөх 투르흐	태어나
төмс 툼스	감자	төрүүлэх 투룰레흐	발생시키다
төө 투-	뼘	төрх 투르흐	생김새
төөлөх 투-울르흐	뼘을 재다	төрхөм 투르흠	친정
төөнөх 투-느흐	내리쬐다	төсөв 투습	예산
төөрөг 투-륵	운수	төсөл 투슬	계획
төөрөх 투-르흐	헤매다	төсөө 투스-	비슷한 점
төр 투르	정부	төсөөгүй 투스-구이	닮지 않은
төрөл 투를	친척	төсөөтэй 투스-테	닮은
төрөлт 투를트	출산	төсөөлөх 투스-울르흐	예상하다
төрөлх 투를흐	타고난	төсөөрөх 투스-르흐	서투르게 되다

трактор 트륵터르	트랙터	**тулалдаан** 톨랄다-앙	싸움
троллейбус 트럴리보스	무궤도 전차	**тулалдах** 톨랄다흐	싸우다
туг 톡	깃발	**тулах** 톨라흐	짚다
тугал 토갈	송아지	**тулга** 톨락	삼발이
туйл 토일	극	**тулгар** 톨가르	최초의
туйлах 토일라흐	함부로 쓰다	**тулгарах** 톨가라흐	직면하다
туйлбартай 토일바르태	안정한	**тулгах** 톨가흐	강요하다
туйлдах 토일다흐	지치다	**тулгуур** 톨고-르	버팀목
туйлшрал 토일쉬랄	치우짐	**тургуурлах** 톨고-를라흐	버티다
туйпуу 토이포	벽돌	**тулд** 톨드	위해서
тул 톨	연어의 일종	**тун** 통	매우
тул 톨	위해, 위해서	**тун** 통	(약) 1회분

тунадас 톤다스	강수량	**тунхаглах** 통학라흐	선언하다
тунах 토나흐	가라앉다	**тураалтай** 토라-알태	야윈
тунгаах 톤가-흐	심사숙고하다	**тураах** 토라-흐	살을 빼다
тунгалаг 톤갈락	맑은	**туранхай** 토랑해	마른
тунгалаг 톤갈락	림프	**турах** 토라흐	마르다
тунирхал 토니르할	뻐지다	**тургих** 토르기흐	내뿜다
тунирхах 토니르하흐	토라지다	**турхирах** 토르히랄	부추기다
туних 토니흐	뿌루퉁하다	**турш** 토르쉬	동안
тунтайх 톤태흐	쭈그리다	**туршилт** 토르쉴트	실험
тунтгар 톤트가르	통통한	**туршиx** 토르쉬흐	실험하다
тунхаг 통학	선언	**туршлага** 토르쉴락	경험
тунхаг бичиг 통학 비칙	성명서	**тус** 토스	이익

тусагдахуун 토삭다호-옹	대상	**тусдаа** 토스다-	따로
тусам 토삼	수록	**туслагч** 토슬락치	조수
тусархуу 토사르호-	친절한	**тусламж** 토슬람지	도움
тусах 토사흐	비치다	**туслах** 토슬라흐	돕다
тусгаар 토스가-르	독립적으로	**тусмаа** 토스마-	수록
тусгаарлагч 토스가-를락치	절연재	**тустай** 토스태	도움이 되는
тусгаарлах 토스가-를라흐	분리하다	**тусч** 토스치	착한
тусгай 토스개	특별한	**тутам** 토탐	마다
тусгайд 토스개드	별도로	**тутарга** 토타를락	벼
тусгал 토스갈	반사	**тууж** 토-찌	이야기
тусга 토스가흐	비추다	**тууз** 토-즈	리본
тусгүй 토스구이	소용없는	**туулай** 토-올래	토끼

туулах 토-올라흐	건너다	**туухай** 토-해	저울추
туулга 토-올락	변비약	**тууш** 토-쉬	곧게
тууль 토-올	서사시	**туушгүй** 토-쉬구이	주저하는
туульч 토-올치	서사시인	**тууштай** 토-쉬태	일관된
туурай 토-래	발굽	**тухай** 토해	대하여
туурах 토-라흐	발진이 생기다	**тухай бүр** 토해 부르	그때그때
туурвил 토-르윌	작품	**тухайлах** 토핼라흐	추측하다
туурвих 토-르위흐	저술하다	**тухайлбал** 토핼발	가령
туурга 토-락	벽	**тухайн** 토행	해당
туургатан 토-락탕	민족	**тухлах** 토흘라흐	편히 쉬다
туух 토-흐	몰다	**тухтай** 토흐태	편안한
туулайчлах 토-올래칠라흐			무임승차하다

тушаа 토샤-	근처	**түвэгтэй** 투웍테	귀찮은
тушаах 토샤-흐	명령하다	**түвэгшээх** 투웍셰-흐	귀찮아하다
тушиx 토쉬흐	묶다	**түг** 툭	두근
туяа 토야	빛	**түг түм** 툭 툼	수만의
туяалах 토얄라흐	빛나다	**түг түмэн** 툭 투멩	수많은
туяарах 토야라흐	빛나다	**түгдрэх** 툭드레흐	더듬거리다
туялах 토얄라흐	노을 지다	**түгжигдэх** 툭직데흐	잠기다
туялзах 토얄자흐	흔들리다	**түгжих** 툭지흐	잠그다
туяхан 토야항	가날픈	**түгжрэл** 툭지렐	체증
түвшин 툽싱	수준, 안정된	**түгжрэх** 툭지레흐	막히다
түвэг 투웍	말썽	**түгжээ** 툭제-	자물쇠
түвэггүй 투웍구이	부담 없이	**түгших** 툭쉬흐	긴장하다

түгшүүлэх 툭슈-울레흐	긴장시키다	**түймэр** 투이메르	화재
түгшүүр 툭슈-르	경보	**түймэрдэх** 투이메르데흐	화재 나다
түгэлт 투겔트	확산	**түйтгэр** 투이트게르	장해
түгэх 투게흐	퍼지다	**түлхүү** 툴후-	주로
түгээвэр 투게-웨르	분배소	**түлхүүр** 툴후-르	열쇠
түгээмэл 투게-멜	보편적	**түлхүүр үг** 툴후-르 욱	암호
түгээх 투게-흐	퍼뜨리다	**түлхэх** 툴헤르	밀다
түдгэлзэх 투드겔제흐	삼가다	**түлхээс** 툴헤-스	밀기
түдэх 투데흐	연기되다	**түлш** 툴시	연료
түйвээн 투이웨-엔	혼란	**түлэгдэл** 툴렉델	화상
түйвээх 투이웨-흐	파괴하다	**түлэгдэх** 툴렉데흐	데다
түлхүүрдэх 툴후-르데흐			열쇠로 열다

түлэнхий 툴렝히-	화상	**түнтийх** 툰티-흐	부풀다
түлэх 툴레흐	데다	**түнх** 퉁흐	고관
түлээ 툴레-	땔감	**түнш** 툰쉬	파트너
түлээчин 툴레-칭	나무꾼	**түншлэх** 툰쉬레흐	파트너가 되다
түм 툼	만	**түр** 투르	임시적
түмбэгэр 툼베게르	둥근	**түр зуур** 투르 조-르	잠깐
түмэн олон 투멩 얼릉	대중	**түргэн** 투르겡	빠른
түмэнтээ 투멘테-	수만 번	**түргэсэх** 투르게세흐	빨라지다
түнжин 툰징	화목	**түрий** 투리-	장화의 몸통
түнтгэр 툰트게르	불룩한	**түрийвч** 투릲치	지갑
түнтийлгэх 툰틸게흐	부풀리다	**түрлэг** 투를렉	후렴
түргэн тусламж 투르겡 토슬람지			응급치료

түрлэг 투를렉	밀물	**түрэх** 투레흐	밀다
түрс 투르스	알	**түрээс** 투레-스	집세
түрүү 투루-	우승	**түрээслэгч** 투레-슬렉	임차인
түрүүлэх 투룰레흐	앞지르다	**түрээслэх** 투레-슬레흐	빌리다
түрүүлгээ 투룰게-	엎드려	**түс тас** 투스 타스	딱 잘라서
түрүү 투루-	처음	**түсхийх** 투스히-흐	갑자기
түрхлэг 투르흘렉	연고	**түүвэр** 투-웨르	모음집
түрэмгий 투렘기-	침략적인	**түүвэрлэх** 투-웨를레흐	모으다
түрэмгийлэх 투렘길레흐	침략하다	**түүдэг гал** 투-덱 갈	모닥불
түрхэх 투르헤흐	바르다	**түүнд** 툰드	그에게
түрээслүүлэгч 투레-스룰렉치			임대인
түрээслүүлэх 투레-스룰레흐			임대하다

түүний 투-니-	그의	**түүхт** 투흐트	역사적인
түүнийг 투-니-그	그를	**түүхч** 투흐치	역사가
түүнийх 투-니-흐	그의 것	**түхийх** 투히-흐	불쑥 나오다
түүнтэй 툰테	그와 같이	**түшиг** 투식	의지
түүнчлэн 툰칠렝	역시	**түших** 투시흐	기대다
түүнээс 투-네-스	그에게서	**түшин** 투신	기지
түүртэлгүй 투-르텔구이	쉽게	**түшлэг** 투실렉	등받이
түүх 투-흐	역사	**түшмэл** 투시멜	관리
түүх 투-흐	따다	**түшүүлэх** 투슈-울레흐	기대놓다
түүхий 투-히-	날, 생	**тэвдүү** 텝두-	쩔쩔매는
түүхий эд 원료	원료	**тэвдэх** 텝데흐	서두르다
түүс болох 투-스 벌러흐			간절히 바라다

тэврэлдэх 텝렐데흐	서로 껴안다	**тэгшрэх** 텍시레흐	곧아지다
тэврэх 텝레흐	안다	**тэгэх** 테게흐	그렇게 하다
тэвх 텝흐	버팀목	**тэгээд** 테게-드	그리고
тэвчих 텝치흐	참다	**тэд** 테드	그들
тэвчээр 텝체-르	참을성	**тэдгээр** 테드게-르	그들
тэвш 텝쉬	구유	**тэжээвэр** 테제-웨르	길들인
тэвэг 테웩	제기	**тэжээл** 테제-엘	사료
тэвэр 테웨르	아름	**тэжээх** 테제-흐	기르다
тэвээрэх 테웨-레흐	살이 찌다	**тэлчлэх** 텔칠레흐	발버둥치다
тэг 텍	영	**тэлэлт** 텔렐트	확장
тэгш тоо 텍쉬 터-	짝수	**тэлэх** 텔레흐	펴다
тэгшлэх 텍실레흐	고르게 하다	**тэлээ** 텔레-	허리띠

тэлээс 텔레-스	펼침	**тэмцэл** 템첼	투쟁
тэмдэг 템덱	기호	**тэмцэлдэх** 템첼데흐	싸우다
тэмдэглэгээ 템덱레게-	표시	**тэмцэх** 템체흐	다투다
тэмдэглэл 템덱렐	기록	**тэмцээн** 템첸	경기
тэмдэглэлт 템덱렐트	기념하는	**тэмээ** 테메-	낙타
тэмдэглэх 템덱레흐	기록하다	**тэмээлзгэнэ** 테멜즈겡	잠자리
тэмтрүүл 템트루-울	더듬이	**тэнгэр** 텡게르	하늘
тэмтрэх 템트레흐	더듬다	**тэнгис** 텡기스	바다
тэмтчих 템트치흐	더듬거리다	**тэнд** 텐드	거기
тэмүүлэл 테물렐	갈망	**тэнийлгэх** 테닐게흐	펴다
тэмүүлэх 테물레흐	갈망하다	**тэнийх** 테니-흐	펴지다
тэмцэгч 템첵치	전사	**тэнсэх** 텐세흐	시험하다

тэнүүлч 테눌치	나그네	**тэнэгтэх** 테넥테흐	바보같이 굴다
тэнхлүүн 텡흐룽	정정한	**тэнэгэр** 테네게르	곧은
тэнхлэг 텡흘렉	축	**тэнэмэл** 테네멜	떠도는
тэнхрэх 텡흐레흐	회복하다	**тэнэх** 테네흐	방황하다
тэнхээ 텡헤-	기운	**тэр** 테르	그, 저
тэнхээтэй 텡헤-테	힘센	**тэрбум** 테르붐	10억
тэнцвэр 텐츠웨르	균형	**тэргүүн** 테르궁	머리
тэнцүү 텐추-	동등의	**тэргүүлэгч** 테르구-울렉치	우두머리
тэнцэх 텐체흐	일치하다	**тэргүүлэх** 테르굴레흐	이끌다
тэнцүүлэх 텐출레흐	균형을 잡다	**тэрлэг** 테를렉	여름에 입는 델
тэнэг 테넥	바보	**тэрлэх** 테를레흐	형성하다
тэнэглэх 테넥레흐	바보짓을 하다	**тэрс** 테르스	반대의

тэрслэх 테르슬레흐	반대하다	**тэсрэх** 테스레흐	폭발하다
тэртээ 테르테-	건너	**тэсэх** 테세흐	참다
тэрхүү 테르후-	저, 그	**тэтгэвэр** 테트게웨르	연금
тэрчлэн 테르칠렝	또한	**тэтгэмж** 테트겜지	수당
тэрэг 테렉	수레	**тэтгэх** 테트게흐	도와주다
тэс 테스	완전히	**тэших** 테쉬흐	미끄러지다
тэсвэр 테스웨르	인내심	**тэшүүр** 테슈-르	스케이트
тэсвэрлэх 테스웨를레흐	참다	**тээвэр** 테-웨르	운송
тэсвэртэй 테스웨르테	잘 참는	**тээврийн ям** 테-웨링 얌	교통부
тэсрэг 테스렉	반대의	**тээвэрлэх** 테-웰를레흐	운송하다
тэсрэлт 테스렐트	폭발	**тээр** 테-르	걸림돌
тэсгэлгүй 테스겔구이			더할 나위 없이

тээршээх 테-르셰-흐	부담 갖다	
тээрэм 테-렘	맷돌	
тээх 테-흐	운반하다	
тээш 테-쉬	화물	

У

увдис 마법
오위디스

удвал цэцэг 국화
오뜨왈 체첵

уг 기원, 근원
옥

угаагуур 수세미
오가-고-

угаадас 구정물
오가-다스

угаалга 빨래
오갈락

угжих 젖병을 물리다
옥지흐

угаалтуур 세면대, 싱크대
오갈토-르

угаах 씻다, 빨다, 설거지하다
오가-흐

угж 젖병, 고무젖꼭지
옥지

угз 확
옥즈

угзрах 확당기다
옥즈라흐

угсаа 혈통, 출신
옥사-

угсаатан 겨레, 민족
옥사-탕

угсаатны зүй 민속학
옥사트니 주이

угсраа 연속한
옥스라-

угсрагч 조립공
옥스락치

угсралт 조립
옥스랄트

угсармал 조립식
옥사르말

угсрах 옥스라흐	조립하다	**удах** 오따흐	늦다, 오래 걸리다
угтах 옥타흐	맞이하다	**уйгур** 오이고르	(종족) 위구르
угтвар 옥트와르	접두사	**уйдах** 오이다흐	심심하다
угтвар үг 옥트와르 욱	전치사	**уйлаан** 오일랑	울부짖음
удаа 오따-	번, 회	**уйлагнах** 오일락나흐	흐느껴 울다
удаан 오땅	느리다, 느린, 오래	**уйлалдах** 오일랄다흐	울부짖다
удаашрах 오따-쉬라흐	늦어지다	**уйламтгай** 오일람트게	울보
удаашруулах 오따-쉬롤라흐	오래끌다	**уйлах** 오일라흐	울다
удалгүй 오딸귀	곧, 금방	**уйлуулах** 오일롤라흐	울리다
удахгүй 금오따흐귀	곧,	**уймраа** 오이므라	긴장한, 얼빠진
удам 오땀	혈통, 가문	**уймрах** 오이므라흐	불안해하다
удамших 오담쉬흐	유전하다	**уйтгар** 오이트가르	쓸쓸한, 외로운

ул 발바닥 올	**улаан лооль** 토마토 올랑 롤
ул мөр 흔적, 발자취 올 무르	**улаан лууван** 당근 올랑 로-왕
ул суурь 기초, 토대 올 소-르	**улаан перец** 고추 올랑 페르츠
ул үндэс 근거, 이유 올 운데스	**улаач** 마부 올라-치
улаа 역마 올라-	**улайлгах** 붉히다 올랄가흐
улаавтар 붉은 올랍타르	**улайрах** 붉어지다 올래라흐
улаан 빨간, 붉은 올	**улайх** 빨개지다 올래흐
улаан буудай 밀 올랑 보-대	**улайсах** 달구어지다 올래사흐
улаан вино 붉은 포도주 올랑 위노	**улайсгах** 달구다 올래스가흐
улаан загалмай 적십자 올랑 자갈매	**улалзах** 빨갛게 타다 올랄자흐

уйтгарлах   슬퍼지다, 쓸쓸해지다
오이트가를라흐

уйтгартай   슬픈, 쓸쓸한, 외로운
오이트가르태

улам 올람	더, 더욱	**улирал** 올리랄	계절, 학기
уламжлал 올람질랄	전통	**улс** 올스	나라, 국가
уламжлалт 올람질랄트	전통적인	**улсын их хурал** 올싱 이흐 호랄	국회
уламжлах 올람질랄호	전수받다	**умай** 오매	자궁
улангасах 올랑가사호	날뛰다	**умард** 오마르드	북, 북쪽의
улбагар 올바가르	약한	**умбах** 옴바흐	헤엄치다
улбар 올바르	빨간색	**умдаг** 옴닥	음부
улиас 올리아스	포플러	**унаа** 오나	교통수단
улиг 올릭	케케묵은	**унага** 오낙	망아지

уламжлалын нам 보수당
올람질랄링 남

улиг домог 케케묵은 전설
올릭 더먹

унагаах 넘어뜨리다, 떨어뜨리다
오나가-흐

уналт 오날트	떨어짐	**унжрах** 온지라흐	지연되다
Унгар 옹가르	헝가리	**унжлага** 온질락	늘어뜨린
унгас 온가스	털	**унжих** 온지흐	처지다
унгах 온가흐	방귀를 뀌다	**униар** 오니아르	아지랑이
унд 온드	음료	**унтах** 온타흐	자다, 잠들다
ундаа 온다-	음료	**унтлага** 온틀락	잠, 수면
ундаасах 온따샤흐	목이 마르다	**унтраах** 온트라-흐	끄다
ундарга 온드락	샘, 원천	**унтрах** 온트라흐	꺼지다
ундрах 온드라흐	솟다	**унтуулах** 온톨라흐	재우다
унжгар 온지가르	처진	**уншигч** 온식치	독자
унжийх 온지-흐	수그러지다	**унших** 온시흐	읽다, 강의하다
унах 오나흐	쓰러지다, 넘어지다, 떨어지다		

уншлага 온실락	독서	**уран** 오랑	예술적인
ура 오라	만세, 환성	**уран арга** 오랑 아락	기법
ураг 오락	친족, 태아	**уран барилга** 오랑 바릴락	건축
урагдах 오락다흐	찢어지다	**уран баримал** 오랑 바리말	조각
урагш 오락쉬	앞으로	**уран барималч** 오랑 바리말치	조각가
урагшлах 오락쉴라흐	앞으로 가다	**уран бүтээл** 오랑 부텔	예술 작품
уралдаан 오랄땅	경기	**уран бүтээлч** 오랑 부텔치	예술가
уралдах 오랄따흐	경기하다	**уран зохиол** 오랑 저헐	문학
урам 오람	보람, 격려	**уран зохиолч** 오랑 저헐치	문학가
урамших 오람시흐	격려를 받다	**уран зураг** 오랑 조락	회화
урамшил 오람실	격려, 장려	**уран илтгэгч** 오랑 일트겍치	웅변가
унь 온		(게르) 지붕의 얼개 막대기	

уран илтгэл 웅변 오랑 일트겔	**ургац** 작물 오르가치
уран мэх 기교 오랑 메흐	**ургац баян** 풍작 오르가치 바양
уран сайхан 예술적인 오랑 새항	**ургац муу** 흉작 오르가치 모-
уран уншлага 웅변 오랑 옹실락	**ургац хураах** 추수하다 오르가치 호라-흐
урах 찢다, (개)물다 오라흐	**урд** 앞의 오르뜨
урвах 배신하다 오르와흐	**урдуур** 앞으로 오르또-르
ургамал 식물, 초목 오륵말	**уржигдар** 그저께 오르직다르
ургах 자라다 오르가흐	**уриа** 표어, 구호 오리아
уран нугараач 오랑 노가라-치	연체 곡예사
уран нугаралт 오랑 노가랄트	연체 곡예
уран сайхны кино 오랑 새흐니 키노	영화
ургуулах 오르골라흐	기르다, 재배하다

уриалга 오리알락	호소, 권고	**урт эгшиг** 오르트 엑식	장모음
урилга 오릴락	초대, 초대장	**уртдах** 오르트다흐	길다
урих 오리흐	초대하다	**уртсах** 오르트사흐	길어지다
урлаг 오를락	예술	**уртраг** 오르트락	경도
урсах 오르사흐	흐르다	**уруу** 오로-	아래로
урсгал 오르스갈	흐름	**уруул** 오롤	입술
урсгах 오르스가흐	흘리다	**уруулын будаг** 오롤링 보딱	립스틱
урт 오르트	길이	**уршиг** 오르식	해
урт 오르트	긴, 길다	**урьд** 오르뜨	이전에

уриалах 오리알라흐   호소하다, 권고하다

уртасгах 오르타스가흐   길게하다, 늘리다

урьдаас 오르따-스   예전부터, 먼저, 미리

урьдаар 오르따-르	먼저, 우선, 미리	**усжих** 오쓰지흐	물이 있는
урьдчилан 오르뜨칠랑	먼저, 미리	**услах** 오쓸라흐	물을 주다
урьдчилгаа 으르뜨칠가-	가불, 선불	**усны гутал** 오쓰니 고탈	장화
урьхан 오르항	부드러운	**усны ухэр** 오쓰니 우헤르	하마
ус 오쓰	물	**устах** 오쓰타흐	사라지다, 소멸되다
усан будаг 오쌍 보딱	물감	**утаа** 오타-	연기
усан зам 오쌍 잠	수로	**утас** 오트스	실, 전화, 전선
усан онгоц 오쌍 엉거츠	배, 선박	**утасдах** 오트스다흐	전화하다
усан сан 오쌍 상	수영장	**утга** 오탁	뜻, 의
усан спорт 오쌍 스퍼르트	수상경기	**ууган** 오-강	맏이
усан эм 오쌍 엠	물약	**уугих** 오-기흐	연기 나다
усархаг 오쓰르학	물이 많은	**уугуул** 오-골	본토박이

уудам 오-담	넓은	уураг 오-락	단백질
уудлах 오-뜰라흐	옮겨 붓다	уурлах 오-를라흐	화를 내다
уужим 오-짐	넓은	уурхай 오-르해	광산
уул 올	산	ууршиx 오-르실	증발하다
уулзалдах 올잘다흐	만나다	уусах 오-싸흐	녹다
уулзалт 올잘트	만남	уусгах 오-쓰가흐	녹이다
уулзах 올자흐	만나다	уусмал 오-쓰말	용액
уулзуулах 올졸라흐	만나게 하다	уут 오-트	봉지, 봉투
уулчин 올칭	등산가	уух 오-흐	마시다
уур 오-르	김, 증기	уухилах 오-힐라흐	헐떡이다
уур 오-르	화, 성	ууц 오-츠	엉치등뼈
уужуу 오-조-		넓은, 느긋하게, 후련한	

192

уучлал 오-칠랄	용서, 사과	**учир** 오치르	원인, 이유
уучлах 오-칠라흐	용서하다	**учир зүй** 오치르 주이	논리
уушиг 오-식	폐	**учирлах** 오치를라흐	설득하다
ухаан 오항	지혜, 슬기	**учрал** 오치랄	만남
ухаантан 오항탕	현자	**учрах** 오치라흐	만나다, 닥치다
ухаарах 오하-라흐	깨닫다	**уяа** 오야	끈, 줄
ухагдахуун 오학다훙	개념	**уяач** 오야치	경주마 조련사
ухамсар 오함사르	의식	**уялдаа** 오얄다-	연결, 연계, 유기
ухах 오하흐	파다	**уялдах** 오얄다흐	연관되다
ухуулах 오홀라흐	선전하다	**уян** 오양	유연한, 부드러운
уучлашгүй 오-칠라쉬귀			용서할 수 없는
учруулах 오치롤라흐			직면시키다, 끼치다

уянга 운율적, 서정적
오양가

уянгат 서정적인
오양가트

уянгалах 서정적이 되다
오양갈라흐

уярах 감동하다
오야라흐

уяруулах 감동시키다
오야롤라흐

уярам 감동적인
오야람

уях 묶다, 매다
오야흐

уях 경마를 조련하다
오야흐

уянгалаг 아름다운, 서정적인
오양갈락

уяхан 부드러운, 정이 많은
오야항

У

үг
욱
말

үг алдах
욱 알다흐
실언하다

үгдрэх
욱드레흐
병이 재발하다

үглэх
욱레흐
잔소리하다

үглээ
욱레-
잔소리가 심한

үгүй
우귀
아니다

үгүйрэл
우구이렐
파산

үгүйрэх
우구이레흐
파산하다

үгүйсгэх
우구이스게흐
부정하다

үд
우드
낮, 정오

үдэх
우데흐
전송하다

үдэш
우데쉬
저녁

үдэшлэг
우데쉴렉
파티

үдээс
우데-스
끈

үе
우에
마디, 관절

үе
우에
세대

үер
우에르
홍수

үерлэх
우에르레흐
홍수가 나다

үерхэл
우에르헬
우정

үерхэх
우에르헤흐
우정을 나누다

үзвэр
우즈웨르
관람

үзлэг
우즐렉
검사

үзмэр 우즈메르	전시물	үзэл санаа 우젤 사나-	관점
үзмэрч 우즈메르치	점쟁이	үзэлтэн 우젤텡	사상가, 주의자
үзүүлбэр 우줄베르	공연	үзэм 우젬	건포도
үзүүлэлт 우줄렐트	지표	үзэмж 우젬지	모습
үзүүлэн 우줄렝	시각 자료	үзэсгэлэн 우제스겔렝	전시회
үзүүлэх 우줄레흐	보여주다	үзэх 우제흐	보다
үзүүр 우주-르	끝	үйл 우일	일
үзэг 우젝	만년필	үйлдвэр 우일드웨르	공장
үзэгдэл 우젝델	현상	үйлдвэржих 우일드웨르지흐	산업화
үзэгдэх 우젝데흐	보이다	үйлдвэрлэл 우일드웨를렐	생산
үзэгч 우젝치	관객	үйлдвэрлэх 우일드웨를레흐	생산하다
үзэл 우젤	사상, 주의	үйлдвэрчин 우일드웨르칭	생산자

үйлийн үр 우일링 우르	인과응보
үйлс 우일스	재수
үйлс 우일스	일, 행동
үйлчилгээ 우일칠게-	서비스
үйлчлүүлэгч 우일칠룰렉치	고객
үйлчлэгч 우일칠렉치	종업원
үйлчлэх 우일칠레흐	접대하다
үймүүлэх 우이무-울레흐	방해하다
үймээн 우이멩	혼란
үйрмэг 우이르멕	부스러기
үйрүүлэх 우이룰레흐	부수다
ул хөдлөх хөрөнгө 울 후틀루흐 후룽거	부동산
үйрэх 우이레흐	부서지다
үл 울	안, 못
үл барам 울 바람	뿐만 아니라
үлгэр 울게르	보기
үлгэр 울게르	옛이야기
үлдэгдэл 울덱델	나머지
үлдэх 울데흐	남다
үлэг гүрвэл 우렉 구르웰	공룡
үлэмж 울렘지	아주
үлээх 울레-흐	불다
үмх 움흐	한 입

үмхэх 움헤흐	한 입 먹다	**үнэг** 우넥	여우
үнгэх 운게흐	구기다	**үнэлэлт** 우넬렐트	평가
үндсэн 운드승	주된	**үнэлэх** 우넬레흐	평가하다
үндэс 운데스	뿌리, 근본	**үнэмлэх** 우넴레흐	증명서
үндэслэл 운데스렐	근거	**үнэмлэхүй** 우넴레후이	절대적
үндэслэн 운데스렝	근거하여	**үнэмших** 우넴쉬흐	믿다
үндэслэх 운데스레흐	뿌리를 두다	**үнэн** 우넹	진실
үндэсний 운데스니-	국가의	**үнэнч** 우넹치	정직한
үндэстэн 운데스텡	국가	**үнэр** 우네르	냄새
үнс 운스	재	**үнэрлэх** 우네를레흐	냄새를 맡다
үнсэх 운세흐	뽀뽀하다	**үнэртэй ус** 우네르테 오스	향수
үнэ 운	가격, 값	**үнэртэн** 우네르텡	화장품

үнэртэх 우네르테흐	냄새나다	**үргэх** 우르게흐	놀라다
үнэт 우네트	값비싼	**үржил** 우르질	생식
үнэт цаас 우네트 차-스	유가증원	**үржих** 우르지흐	번식하다
үнэтэй 운테	가격의	**үржүүлэг** 우르줄렉	사육
үнэхээр 우네헤-르	정말로	**үржүүлэгч** 우르줄렉치	사육자
үнээ 우네-	암소	**үржүүлэх** 우르줄레흐	번식시키다
үр 우르	자손	**үрс** 우르스	자손
үр 우르	씨	**үрчийх** 우르치-흐	주름을 생기다
үр тариа 우르 타리아	곡물	**үрчлээ** 우르칠레-	주름살
үргэлж 우르겔지	언제나	**үрчлэх** 우르칠레흐	입양하다
үргэлжлэх 우르겔질레흐	계속되다	**үрэвсэл** 우렙셀	염증
үргэлжлүүлэх 우르겔즈룰레흐			계속하다

үрэл 우렐	알	**үүдэн шүд** 우뎅 슈드	앞니
үрэлт 우렐트	마찰	**үүл** 우울	구름
үрэх 우레흐	낭비하다	**үүлдэр** 우울데르	종
үрээ 우레-	수말	**үүлших** 우울쉬흐	구름을 끼다
үс 우스	털	**үүлэрхэг** 우울레르헥	흐린
үсрэх 우스레흐	뛰어오르다	**үүн шиг** 웅 식	이처럼
үсчин 우스칭	이발사	**үүний** 우-니-	이것의
үсэг 우섹	글자, 문자	**үүр** 우-르	둥지
үтрэм 우트렘	탈곡장	**үүр** 우-르	새벽
үүгээр 우-게-르	이것을 가지고	**үүргэвч** 우-르겝치	배낭
үүд 우-드	문, 현관	**үүрэг** 우-렉	의무
үүднээс 우-드네-스	입장에서	**үүсгэх** 우-스게흐	시작하다

үүсэл 우-셀	시초, 기원	
үүсэх 우-세흐	일어나다	
үүц 우-치	저장 육류	
үхдэл 우흐델	시체	
үхтлээ 우흐틀레-	죽도록	
үхэл 우헬	죽음	
үхэр 우헤르	소	
үхэх 우헤흐	죽다	

ф

фабрик 파브릭	공장
факс 팍스	팩스
фашизм= 파시즘	파시즘
фашист 파시스트	파시스트
феодал 페어달	영주
ферм 페름	농장
фермент 페르멘트	효소
физик 피직	물리학
физикч 피직치	물리학자
физиологи 피질러기	생리학
филисофи 필리서피	철학
филисофич 피리서피치	철학자
фирм 피름	회사
фокус 퍼코스	초점
фонд 퐁드	자금
фондлох 퐁들러흐	적립하다
фонем 포넴	음소
фото 포터	사진
фракц 프락치	프락치
фронт 프런트	전방, 전선
фтор 프터르	불소

X

xaa 하-	어디	**xaaшaa** 하-샤-	어디로
xaaгдах 하-악다흐	닫히다	**xaaяя** 하-야	가끔
xaaлга 하-알락	문	**xaв** 하우	매우
xaaлгaч 하-알락치	문지기	**xaвaaс** 하와-스	누비
xaaлт 하-알트	칸막이	**xaвaгнaх** 하왁나흐	붓다
xaaлттaй 하-알태	비공개	**xaвaн** 하왕	부종
xaaн 하-앙	왕	**xaвaржaa** 하와르자-	봄
xaaнт 하-안트	왕이 있는, 제국	**xaвaржилт** 하와르질트	봄 나기
xaax 하-흐	닫다	**xaвaржин** 하와르징	봄 내내
xaaчих 하-치흐	어디로 가다	**xaвaх** 하와흐	누비다
		xaвдaр 합다르	종양
		xaвирaх 하위라흐	갈다

хавирга 하비락	갈비	**хавчлага** 합칠락	박해
хавсаргах 합사르가흐	첨부하다	**хавчуулах** 합출라흐	끼우다
хавсралт 합스랄트	첨부	**хавь** 하우이	근처
хавсрах 합스라흐	겸비하다	**хавьтал** 합탈	성교
хавтас 합타스	표지	**хавьтах** 합타흐	성교하다
хавтаслах 합타슬라흐	제본하다	**хаг** 학	이끼
хавх 합흐	덫	**хагалах** 하가라흐	깨다
хавхаг 합학	뚜껑	**хагалбар** 하갈바르	갈라지는 곳
хавцал 합찰	협곡	**хагалгаа** 하갈가ㅡ	경작, 수술
хавч 합치	게	**хагарал** 하가랄	분열
хавчаар 합차ㅡ르	집게	**хагарах** 하가라흐	깨지다
хавчих 합치흐	좁은	**хагас** 하가스	절반, 반

хагацал 하가찰	헤어짐
хадгалах 하뜨갈라흐	보관하다
хагацах 하가차흐	헤어지다
хадгаламж 하뜨갈람지	예금
хагдрах 학드라흐	시들다
хадгалуулах 하뜨갈롤라흐	예금하다
хагсаах 학사-흐	말리다
хадлан 하뜰랑	풀베기
хагсах 학사흐	마르다
хадуур 하또-르	낫
хад 하뜨	바위
хажуу 하조-	옆
хадаас 하따-스	못
хажуугаар 하조-가-르	옆으로
хадаастай 하따-스태	못이 박힌
хажуугийн 하조-깅	옆의
хадаг 하딱	하딱
хажууд 하조-드	옆에
хадам 하땀	처가, 시가
хажуулах 하졸라흐	옆으로 눕다
хадах 하따흐	베다
хазайлт 하잴트	경사
хагас сайн өдөр 하가스 생 우드르	토요일

хазайх 하재흐	기울다	**хайр** 해르	사랑
хазах 하자흐	깨물다	**хайран** 해랑	안타까운
хазганах 하즉나흐	절다	**хайрах** 해라흐	지지다
хайгуул 해골	탐사	**хайрлах** 해를라흐	사랑하다
хайгуулчин 해골칭	탐험가	**хайрс** 해르스	비늘
хайлах 핼래흐	녹다	**хайрт** 해르트	사랑하는
хайлмаг 핼막	녹은	**хайруул** 해롤	프라이팬
хайлуулах 핼롤라흐	녹이다	**хайрцаг** 해르착	상자
хаймар 해마르	고무	**хайх** 해흐	찾다
хайн 행	무승부	**хайхрамж** 해흐람지	주의
хайнаг 하이낙	하이낙	**хайхрах** 해흐라흐	주의하다
хайнга 행그	소홀한	**хайч** 해치	가위

хайчлах 해칠라흐	오리다	**халах** 할라흐	덥다
хал 할	고생	**халбага** 할박	숟가락
халаа 할라-	교대	**халгай** 할가이	쐐기풀
халаагуур 할라-고-르	난방기	**халгах** 할가흐	두려워하다
халаалт 할랄트	난방 장치	**халгих** 할기흐	넘치다
халаас 할라-스	주머니	**халдалт** 할달트	전염
халаах 할라-흐	데우다	**халдах** 할따흐	전염하다
халагдах 할락다흐	해고되다	**халдварт** 할뜨와르트	전염
халамж 할람지	보살핌	**халдлага** 할뜰락	침략
халамжлах 할람질라흐	보살펴주다	**халз** 할즈	정면
халамцуу 할람초-	취한	**халзан** 할장	대머리
халбагалах 할박라흐			숟가락질하다

халимаг 할리막	단발머리	**халх** 할흐	가리게
халирах 할리라흐	기가 꺾이다	**халхлах** 할흘라흐	가리다
халиу 할리오	수달	**халцлах** 할츨라흐	벗기다
халих 할리흐	범람하다	**халшрах** 할쉬라흐	꺼리다
халирах 할리라흐	미끄러지다	**хальс** 할스	껍질
халтуур 할토-르	부업	**хальт** 할트	얼핏
халуун 할로-옹	온도, 더위	**хальтгүй** 할트귀	상관없다
халуун 할로-옹	뜨거운	**хальттай** 할트태	관계 있다
халуун 할로-옹	매운	**хамаарах** 하마-라흐	관계하다
халууны эм 할로-니 엠	해열제	**хамаатан** 하마-탕	친척
халуурах 할로-라흐	열이 나다	**хамаг** 하막	모든
халууцах 할로-차흐	덥다	**хамар** 하마르	코

хамгаалагч 함갈락치	보호인	**хамтын** 함티-잉	협력의
хамгаалалт 함갈랄트	보호	**хан** 항	왕
хамгаалах 함갈라흐	지키다	**хана** 한	벽
хамгийн 함기-잉	가장	**ханагар** 항가르	넓은
хамжих 함지흐	도와주다	**хангалуун** 항갈롱	만족하다
хамрах 함라흐	포함시키다	**хангалт** 항갈트	공급
хамсах 함사흐	협력하다	**хангамж** 항감지	공급
хамт 함트	함께	**хангах** 항가흐	충족시키다
хамтарсан 함타르상	공동의	**хангинах** 항기나흐	쨍그렁거리다
хамтлаг 함틀락	그룹, 밴드	**хандах** 한다흐	대하다
хамтрах 함트라흐	협동하다	**хандгай** 한드개	엘크
хамрынханиад 하므링 하니야드			코감기

хандив 한디브	기부금	**хантааз** 한타-즈	조끼
хандивлагч 한디브락치	후원자	**ханхайх** 항해흐	텅 비다
хандлага 한들락	경향	**ханхалзах** 항할자흐	으스대다
хандлах 한들라흐	달이다	**ханцуй** 한초이	소매
хандуулах 한도-올라흐	지향하다	**ханш** 한시	환율
ханз 한즈	한자	**хань** 한	친구, 동료
ханзлах 한즐라흐	뜯다	**хар** 하르	검정, 흑색의
ханзрах 한즈라흐	찢어지다	**хар арьстан** 하르 아리스탕	흑인
ханиад 하니아드	감기	**хар гэр** 하르 게르	감옥
ханиалга 하니알락	기침	**хараа** 하라-	시력
ханиах 하니아흐	기침을 하다	**хараал** 하라-알	욕
ханилах 하닐라흐	교제하다	**хараат** 하라-트	예속된

хараах 하라-흐	욕하다	**харах** 하라흐	보다
харагдах 하락다흐	보이다	**харваа** 하르와-	활쏘기
харайлт 하랠트	도약	**харваач** 하르와-치	궁수
харайх 하래흐	점프하다	**харвалт** 하르왈트	사격
харам 하람	인색	**харвах** 하르와흐	쏘다
харамлах 하람라흐	인색하다	**харгалзах** 하르갈자흐	감시하다
харамсал 하람살	유감	**харгис** 하르기스	잔인한
харамсалтай 하람살태	안타까운	**харгислах** 하르기슬라흐	잔인하다
харамсах 하람사흐	애도하다	**хардалт** 하르달트	질투
харандаа 하릉다-	연필	**хардах** 하르다흐	질투하다
харанхуй 하랑호이	어두운	**харилцаа** 하릴차-	관계
харанхуйлах 하랑호일라흐	어두워지다		

харилцах 하릴차-흐	관계하다	**хартай** 하르태	질투하는
харин 하링	하지만, 그런데	**харуул** 하롤	보초
харин ч 하린 치	오히려	**харуулах** 하롤라흐	보여주다
харин ээ 하리네-	글쎄	**архүү** 하르후-	청년
хариу 하리오	답	**харц** 하르츠	눈길
хариулах 하리올라흐	답하다	**харш** 하르쉬	왕궁
хариулт 하리올트	답	**харшил** 하르쉴	알레르기
хариулт 하리올트	거스름돈	**харших** 하르쉬흐	부딪치다
хариуцлага 하리오출락	책임	**харших** 하르쉬흐	의심하다
хариуцах 하리오차흐	책임을 지다	**харь** 하르	타국의
харих 하리흐	집으로 돌아가다	**харь гариг** 하르 가릭	외계
харлах 하를라흐	까맣게 되다	**харьцаа** 하리차	관계

харьцангуй 하르창고이	상대적인	**хатавч** 하탑치	문짝
харьцах 하르차흐	대하다	**хатагтай** 하탁태	부인
харьцуулал 하르촐랄	비교	**хатан зөгий** 하탕 주기	여왕벌
харьцуулах 하르촐라흐	비교하다	**хатан хаан** 하탕 항	여왕
харьяа 하리야	소속	**хатах** 하타흐	마르다
харьяалах 하리얄라흐	종속하다	**хатгалга** 하트갈락	폐렴
харьят 하리야트	국적	**хатгамал** 하트가말	자수
хасах 하사흐	줄이다	**хатгах** 하트가흐	찌르다, 박다
хатаагч 하탁치	드라이어	**хатуу** 하토-	단단하다, 강한
хатаалт 하탈트	건조	**хатуужих** 하토-지흐	단단해지다
хатаах 하타-흐	말리다	**хахах** 하하흐	막히다
хатамжлах 하탐질라흐			참다, 딱딱한

хахир 하히르	거친	**хая** 하야	물건의 가장자리
хахууль 하호-올	뇌물	**хаяг** 하약	주소
хацар 하차르	뺨, 볼	**хаягдал** 하약달	쓰레기
хачин 하칭	기묘한	**хаягдах** 하약다흐	버려지다
хачир 하치르	반찬	**хаяглах** 하야글라흐	주소를 쓰다
хашаа 하샤-	울타리	**хаях** 하야흐	버리다
хашилт 하쉴트	따옴표	**хиам** 함	햄
хашин 하싱	게으른	**хивс** 힙스	카펫
хашир 하쉬르	노련한	**хий** 히-	가스
хаших 하쉬흐	울타리를 치다	**хийд** 히-드	사원
хашрах 하쉬라흐	싫증이 나다	**хийдэх** 히-데흐	방해되다
хийлдэх 힐데흐	바이올린을 켜다		

хийл 히-일	바이올린	**хийц** 히-츠	디자인
хийлгэх 힐게흐	시키다	**хил** 힐	국경
хийлцэх 힐체흐	함께 하다	**хиллэх** 힐레흐	접경하다
хийлч 힐치	바이올린 연주가	**хилс** 힐스	잘못된
хийлэх 힐레흐	부풀리다	**хилчин** 힐칭	국경 경비 군인
хийморь 히-머리	운수	**хилэн** 힐렝	분노
хиймэл 히-멜	인공의	**хилэнц** 힐렌치	죄
хийсвэр 히-스웨르	주상적인	**хими** 힘	화학
хийсэх 히-세흐	날리다	**хиншүү** 한슈-	탄내
хийх 히-흐	하다, 만들다	**хир** 히르	정도

хиймэл дагуул 히-멜 다골

인공위성

хими цэвэрлэгээ 힘 체웨를레게-

드라이클리닝

хиртэх 히르테흐	더러워지다	**ховхлох** 허우흘러흐	벗기다
хичнээн 히치넹	얼마만큼	**ховхрох** 허우흐러흐	벗겨지다
хичээл 히첼	수업	**ховч** 헙치	고자질하는
хичээллэх 히첼레흐	공부하다	**хог** 헉	쓰레기
хичээнгүй 히쳉이	열심히 하는	**хогшил** 헉쉴	세간
хичээх 히체-흐	노력하다	**ходоод** 허떠-드	위
хов 허우	험담	**хоёр** 허여르	둘, 이
ховлогдох 허울럭더흐	탐욕스럽다	**хоёр давхар** 허여르 답하르	이층
ховор 허워르	드문	**хоёр нүүр** 허여르 누-르	위선
ховордох 허워르더흐	귀해지다	**хоёрдугаар** 허여르도가-르	두번째
ховс 허우스	최면	**хоёул** 허열	둘이서
ховсдох 허우스더흐	최면을 걸다	**хожигдох** 허직더흐	지다

хожим 허짐	나중에	**хол** 헐	먼, 멀리
хожимдох 허짐더흐	늦다	**холбогдол** 헐벅덜	연관
хожих 허지흐	이기다	**холбогдох** 헐벅더흐	연결되다
хойг 허익	반도	**холбоо** 헐버-	연합
хойгуур 허고-르	북쪽으로	**холбоос** 헐버-스	접속
хойд 허이드	뒤	**холбох** 헐버흐	연결하다
хойно 허언	후	**холгох** 헐거흐	까지다
хойноос 허-너-스	뒤에서	**холдох** 헐더흐	멀어지다
хойт 허이트	뒤의, 후방의	**холигч** 헐릭치	믹서
хойш 허쉬	뒤에, 후에	**холих** 헐리흐	섞다
хойшлох 허쉴러흐	물러나다	**холилдох** 헐릴더흐	섞이다
хоккей 허케	하키	**холимог** 헐리먹	섞인

x

холтлох 헐틀러흐	벗기다	**хоног** 허넉	밤낮, 하루
холтрох 헐트러흐	벗겨지다	**хонох** 허너흐	묵다
холхих 헐히흐	느슨하다	**хонх** 헝흐	종
хольц 헐츠	혼합물	**хонхойх** 헝허이흐	움푹해지다
хомс 험스	부족한	**хонь** 헌	양
хомсдол 험스덜	결핍	**хоньчин** 헌칭	양치기
хомсдох 험스더흐	부족하다	**хообий** 헙비	취미
хомхой 험허-	뽀루지	**хоол** 허-얼	음식, 식사
хонгио 헌기어	속빈	**хоолой** 허-얼러	목
хонгор 헝거르	연한 황갈색의	**хооронд** 헐-렁드	사이
хонзон 헌전	미워함	**хоослох** 허-슬러흐	비우다
хооллох 허-얼러흐		밥을 먹다, 식사를 하다	

xoocoн 허-승	빈	**xорио** 허리어	금지
xоосрох 허-스러흐	비다	**xорих** 허리흐	금하다
xор 허르	독	**xорих анги** 허리흐 앙기	감옥
xорвоо 허르워-	세상	**xорлогдох** 허를럭더흐	독살되다
xоргодох 허르거더흐	피하다	**xорлох** 허를러흐	독살하다
xордлого 허르뜰럭	중독	**xормогч** 허르먹치	앞치마
xордох 허르떠흐	중독되다	**xормой** 허르머이	옷자락
xордуулах 허르똘라흐	중독시키다	**xорогдол** 허럭덜	감소
xориг 허릭	금지	**xорогдох** 허럭더흐	줄다
xоригдол 허릭덜	죄수	**xором** 허럼	순간
xоригдох 허릭더흐	갇히다	**xорон** 허렁	악한
xориглох 허릭러흐	금하다	**xороо** 허러-	위원회

хороолол 허럴럴	구역	**хорь** 허르	스물, 이십
хороох 허러-흐	줄이다	**хос** 허스	쌍
хорох 허러흐	줄다	**хослол** 허슬럴	한 벌
хорсох 허르서흐	미워하다	**хослох** 허슬러흐	한 쌍이 되다
хорсол 허르설	미움	**хот** 허트	도시
хортой 허르태	유독	**хотгор** 허트거르	오목한
хорхой 허르허이	벌레	**хотол** 허털	백성
хорхойтон 허르허이텅	팬	**хохирогч** 허히럭치	피해자
хоршиx 허르쉬흐	협동하다	**хохирол** 허히럴	손실
хоршоо 허르셔-	조합	**хохирох** 허히러흐	피해를 입다
хоршоолох 허르셜러흐	협력하다	**хохироох** 허히러-흐	피해를 주다
хоцрогдох 허츠럭더흐			시대에 뒤지다

хохь 허흐	손실	**хөвгүүр** 후브구-르	소년
хоцрогдмол 허츠럭드멀	낡은	**хөвд** 훕드	이끼
хоцрох 허츠러흐	늦다	**хөвөн** 후붕	솜
хоч 허츠	별명	**хөвөө** 후브-	둘레
хошигнох 허쉭너흐	농담을 하다	**хөвөх** 후브흐	뜨다
хошин 허쉰	희극적인	**хөврөл** 후브룰	태아
хошлон 허쉴렁	밧줄	**хөвсгөр** 스거르	푹신한
хошой 허셔	두 번	**хөвсхийх** 스히-흐	푹신하다
хошуу 허쇼-	부리	**хөвч** 치	침엽수림
хошуурах 허쇼-라흐	모으다	**хөг** 훅	화음
хошууч 허쇼-치	소령	**хөгжил** 훅질	발달
хошуучлах 허쇼-칠라흐	선두에 서다	**хөгжилтэй** 훅질테	발전한

x

хөгжим 훅짐	음악	**хөгшрөх** 훅시르흐	늙다
хөгжимчин 훅짐칭	음악가	**хөдлөх** 후뜰르흐	움직이다
хөгжих 훅지흐	발달하다	**хөдөлгөөн** 후뜰궁	움직임
хөгжөөн 훅중	즐거움	**хөдөлгөх** 후뜰구흐	움직이다
хөгжөөх 훅주-흐	즐겁게 하다	**хөдөлмөр** 후뜰무르	노동
хөгжүүлэх 훅줄레흐	발전시키다	**хөдөө** 후떠-	시골
хөглөрөх 훅루르흐	어수선하다	**хөл** 훌	발, 다리
хөглөх 후그루흐	조율하다	**хөл алдах** 훌 알다흐	실족하다
хөгц 훅치	곰팡이	**хөлдөх** 훌두흐	얼다
хөгшдөх 훅쉬드흐	나이가 많다	**хөлдөөгч** 훌뚝치	냉동실
хөгшин 훅싱	늙은	**хөлдөөх** 훌뚜-흐	얼리다
хөгжимдэх 훅짐더흐	악기를 연주하다		

хөлжих 훌지흐	부자가 되다	**хөндий** 훈디-	골짜기
хөллөх 훌루흐	메우다	**хөндлөн** 훈들렁	가로
хөлөг 훌룩	탈것	**хөнделдөх** 훈들드흐	가로막다
хөлрөх 훌르흐	땀을 흘리다	**хөндөх** 훈드흐	건드리다
хөлс 훌스	땀	**хөндүүр** 훈두-르	예민한
хөлслөх 훌슬러흐	나게 하다	**хөнжил** 훈질	이불
хөмрөг 훔륵	국고	**хөнөөл** 후눌	상해
хөмсөг 훔숙	눈썹	**хөнөөх** 후누-흐	죽이다
хөнгөлөлт 훈글를트	할인	**хөнтрөх** 훈트르흐	뒤엎다
хөнгөмсөг 훈금석	경박한	**хөнхөр** 훈흐르	볼록
хөнгөн 훈긍	가벼운	**хөө** 후-	그을음
хөнгөрөх 훈그르흐	가벼워지다	**хөөгдөх** 후-욱드흐	쫓기다

хөөе 후-이	어이, 야	**хөрвөх** 후르워흐	뒹굴다
хөөмий 후-미-	후두	**хөргөгч** 후르극치	냉장고
хөөр 후-르	기쁨	**хөргөх** 후르그흐	차게 하다
хөөргөх 후-르거흐	날리다	**хөрөг** 후륵	초상
хөөрөг 후-륵	코담배 병	**хөрөлт** 후를트	냉장
хөөрөх 후-루흐	날다	**хөрөнгө** 후른거	재산
хөөрхий 후-르히-	가엾은	**хөрөнгөтөн** 후른거텅	자본가
хөөрхөн 후-르헝	귀여운	**хөрөө** 후러-	톱
хөөс 후-스	거품	**хөрөөдөх** 후러-더흐	톱질하다
хөөсөнцөр 후-슨추르	스티로품	**хөрөх** 후르흐	차가워지다
хөөх 후-흐	쫓다	**хөрс** 후르스	흙
хөрөнгө оруулалт 후릉그 어롤랄트			투자

224

хөрсжих 후르스지흐	흙이 되다	**хөхөө** 후허-	뻐꾸기
хөрш 후르쉬	이웃	**хөхөх** 후흐흐	빨다
хөсөг 후슥	운수	**хөхрөх** 후흐르흐	멍들다
хөсрий 후스리-	쓰레기	**хөхтөн** 후흐텅	포유류
хөтлөгч 후틀르치	진행자	**хөхүүл** 후흐-울	젖먹이
хөтлөлт 후틀를트	진행	**хөхүүлэх** 후흐-레흐	젖먹이다
хөтлөх 후틀르흐	이끌다	**хөшиг** 후식	커튼
хөтөлбөр 후틀브르	프로그램	**хөшиглөх** 후식르흐	잘게 썰다
хөх 후흐	유방, 파란색, 멍	**хөшмх** 후시흐	걸리다
хөх толбо 후흐 털버	몽골 반점	**хөшөө** 후셔-	동상
хөхөвч 후흡치	브래지어	**хөшүүн** 후슈-웅	고집이 센
хөхүүр 후흐-르	마유주를 담는 가죽 부대		

христ 히리스트	그리스도	**хувилах** 호윌라흐	복사하다
хуанли 환리	달력	**хувин** 호윙	양동이
хуаран 화랑	주둔지, 내무반	**хувирал** 호위랄	변화
хув 홉	호박	**хувирах** 호위라흐	변하다
хуваагдагч 호왁닥치	나눔수	**хувиргах** 호위르가흐	변화시키다
хуваагдах 호왁다흐	나누어지다	**хувиргаан** 호위르강	라마승
хуваагч 호왁치	제수	**хувхай** 호위하이	창백한
хуваагдмал 호왁드말	분담	**хувцас** 홉차스	옷
хуваалцах 호왈차흐	서로 나누다	**хувцаслах** 홉차슬라흐	옷을 입다
хуваарь 호와-르	시간표	**хувь** 홉	몫
хуваах 호와-흐	나누다	**хувьд** 호위드	경우
хувийн 호위-잉	개인의	**хувьсгал** 홉스갈	진화

хувьсах 홉사흐	변형되다	**худ** 호드	사돈
хувьсгал 홉스갈	혁명	**худаг** 호딱	우물
хувьсгалт 홉스갈트	혁명의	**худал** 호딸	거짓말
хувьцаа 홉차-	주식	**худалдаа** 호딸다-	판매
хувьчлал 홉칠랄	사유화	**худалдагч** 호딸닥치	점원
хувьчлах 홉치라흐	사유화하다	**худалдах** 호딸다흐	팔다
хуга 호그	부서지게	**худалч** 호딸치	거짓말쟁이
хугалах 호갈라흐	부러뜨리다	**хужир** 호지르	암염
хугарал 호가랄	굴절	**хуй** 호이	회오리바람
хугарах 호가라흐	깨지다	**хуйв** 호입	올가미
хугас 호가스	절반	**хуйлаас** 호이라-스	두루마리
хугацаа 혹차-	기한, 기간	**хуйлах** 호이라흐	말다

x

хуйх 호이흐	두피	**хулчгар** 홀치가르	비겁한
хул 홀	사발	**хулчийх** 홀치-흐	겁먹다
хулан 홀랑	야생 나귀	**хумих** 호미흐	오므리다
хулгай 홀가이	도둑질	**хумс** 홈스	손톱
хулгайлах 홀가일라흐	도둑질하다	**хумслах** 홈슬라흐	꼬집다
хулгайч 홀가이치	도둑질	**хун** 홍	백조
хулгана 홀강	쥐	**хунгар** 혼가르	눈 더미
хулдаас 홀다-스	장판	**хундага** 혼닥	작은 술잔
хулмас 홀마스	암내	**хуниас** 호니아스	주름
хулуу 홀로-	호박	**хунтайж** 혼타이지	왕세자
хулс 홀스	대나무	**хуншгүй** 혼쉬구이	추한
хулхи 홀히	귀지	**хур** 호르	강수

몽골어	발음	뜻
хураагуур	호라-고-르	기록장치
хураагч	호라-악치	세금 징수인
хураалт	호라-알트	수확
хураамж	호라-암지	요금
хураангуй	호라-안고이	요약
хураах	호라-흐	모으다
хурал	호랄	회의
хуралдах	호랄다흐	모이다
хурандаа	호란다-	대령
хурах	호라흐	모이다
хураангуйлах	호라-안고일라흐	요약하다
хургах	호르가흐	남다
хурд	호르뜨	속도
хурдан	호르땅	빨리
хурдлах	호르뜰라흐	서두르다
хурим	호림	결혼
хуримлах	호림라흐	결혼하다
хуруу	호로-	손가락
хуруувч	호로-옵치	골무
хурц	호르츠	날카로운
хурцадмал	호르차뜨말	팽팽한
хуруудах	호로-따흐	가위 바위 보 하다

хурцдах 호르츠다흐	긴장되다	**хутгуур** 호트고-르	국자
хурцлах 호르츨라흐	날카롭게 하다	**хуудас** 호-다스	쪽
хурьцал 호르찰	성교	**хууз** 호-즈	구레나룻
хурьцах 호르차흐	성교하다	**хуулах** 호-올라흐	벗기다
хус 호스	자작나무	**хуулбар** 호-올바르	베낌
хусах 호사흐	문지르다	**хуулбарлах** 호-올바를라흐	베끼다
хутаг 호딱	운명	**хууль** 호-올	법률
хутагт 호딱트	성자	**хуульч** 호-올치	법률가
хутга 호딱	칼	**хуульчлах** 호-올칠라흐	입법화하다
хутгалах 호트갈라흐	칼로 찌르다	**хуур** 호-르	악기
хутгалдах 호트갈다흐	섞이다	**хуурай** 호-레	건조한
хутгах 호트가흐	섞다	**хуурайлах** 호-렐라흐	갈아주다

хуурамч 호-람치	가짜	**хуцах** 호차흐	짖다
хуурах 호-라흐	벗겨지다	**хучаас** 호차-스	커버
хуурга 호-락	볶음밥	**хучилт** 호칠트	포장
хуурдах 호-르따흐	연주하다	**хучих** 호치흐	덮다
хуурмаг 호-르막	거짓	**хуш** 호시	잣나무
хуурцаг 호-르착	테이프	**хушуу** 호쇼-	(새)부리, (행정) 도
хуурч 호-르치	악기의 연주자	**хуяг** 호익	갑옷
хууч 호-치	하순	**хуягт** 호익트	장갑을 한
хуучин 호-칭	낡은, 오래된	**хүдэр** 후데르	사향노루
хуучир 호-치르	호치르	**хүж** 후지	향
хуучрах 호-치라흐	낡다	**хүзүү** 후주-	목
хуушуур 호-쇼-르	호쇼르	**хүзүүвч** 후주-읍치	목걸이

хүзүүдэх 후주-데흐	목을 잡다	**хүлээх** 훌레-흐	기다리다
хүй 휘	탯줄	**хүмүүжил** 후무-질	교육
хүйс 후이스	배꼽	**хүмүүжих** 후무-지흐	교육을 받다
хүйт 후이트	추위	**хүмүүнлэг** 후뭉릭	인도적인
хүйтрэх 후이트레흐	추워지다	**хүмүүс** 후무-스	사람들
хүйтэн 후이트	추위, 차가운	**хүн** 훙	사람, 인간
хүлхэх 훌헤흐	빨아먹다	**хүний бие** 후니- 비	신체
хүлцэх 훌체흐	참다	**хүн ам** 훙 암	인구
хүлэмж 훌렘지	온실	**хүн судлал** 훙 소들랄	인류학
хүлэх 훌레흐	묶다	**хүн чулуу** 훙 촐로-	석인상
хүлээс 훌레-스	묶는 것	**хүнд** 훈드	무거운
хүлээлгэх 훌렐게흐			기다리게 하다

몽골어	한국어	몽골어	한국어
хүнд бэрх 훈드 베르흐	고난	**хүрздэх** 후르즈데흐	삽질하다
хүндлэх 훈들레흐	존경하다	**хүртэл** 후르텔	까지
хүндрэх 훈드레흐	무거워지다	**хүртэх** 후르테흐	받다
хүндэт 훈데트	존경하는	**хүрхрэх** 후르흐레흐	으르렁거리다
хүндэтгэл 훈데트겔	존경	**хүрхрээ** 후르흐레-	폭포
хүндэтгэх 훈데트게흐	존중하다	**хүрэл** 후렐	청동
хүнс 훈스	식료	**хүрэл медаль** 후렐 메달	동메달
хүргэн 후르겡	사위	**хүрэлцэх** 후렐체흐	충분하다
хүрз 후르즈	삽	**хүрэлцээ** 후렐체-	충분함
хүргэх 후르게흐		보내다, 바래다주다	
хүргүүлэх 후르굴레흐		배달하게 하다	
хүржигнэх 후르지그네흐		쾅하고 크게 울리다	

хүрэм 후렘	저고리	**хүү** 후-	아들
хүрэн 후렝	밤색	**хүү** 후-	이자
хүрэх 후레흐	도착하다	**хүүдий** 후-디-	가마니
уур хүрэх 오-르 후레흐	화를 내다	**хүүе** 후-이	이봐
хүрээ 후레-	담	**хүүлэгч** 훌렉치	대급업자
хүрээлэн 후렐릉	정원, 연구소	**хүүлэх** 훌레흐	대출하다
хүрээлэх 후렐레흐	테를 치다	**хүүр** 후-르	시체
хүснэгт 후스넥트	표	**хүүрнэх** 후-르네흐	이야기하다
хүсэл 후셀	소원	**хүүхэд** 후-헫	어린이
хүсэлт 후셀트	요청	**хүүхэлдэй** 후-헬데	인형
хүсэх 후세흐	원하다	**хүүхэмсэг** 후-헴섹	바람둥이
ханиад хүрэх 하니아드 후레흐			감기에 걸리다

хүүхэн 후-흥	아가씨	**хэв** 헵	모양
хүүхэн харaa 후-흥 하라-	눈동자	**хэвийх** 헤위-흐	기울이다
хүхэр 후헤르	유황	**хэвлэгдэх** 헤블렉데흐	인쇄하다
хүч 후치	힘	**хэвлэгч** 헤블렉치	출판인
хүчдэл 후치델	압	**хэвлэл** 헤블렐	인쇄
хүчил 후칠	산	**хэвлэх** 헤블레흐	인쇄하다
хүчилтөрөгч 후칠투르크치	산소	**хэвтүүлэх** 헵툴레흐	눕히다
хүчин 후칭	힘	**хэвтэр** 헵테르	이부자리
хүчин чадал 후칭 차들	능력	**хэвтэх** 헵테흐	눕다
хүчирхэг 후치르헥	힘센	**хэвтээ** 헵테-	쓰러진
хүчлэх 후치레흐	힘쓰다	**хэвшил** 헵실	습관
хүчээр 후체-르	힘으로	**хэвших** 헵시흐	습관이 되다

хэвэгч헤웩치	반추하는	**хэзээний**헤제-니-	벌써
хэвэл헤웰	배, 복부	**хэл**헬	혀
хэвээр헤웨-르	그대로	**хэл шинжлэл**헬 신질렐	언어학
хэд헫	얼마, 몇	**хэлбэр**헬베르	형태
хэддүгээр헫두게-르	몇번째	**хэлгүй**헬구이	무언의
хэдий헤띠-	비록 일지라도	**хлэзүй**헬주이	문법
хэдийгээр헤띠-게-르	비록	**хэллэг**헬렉	어구
хэдийд헤띠-드	언제쯤	**хэлмэгдэл**헬멕델	박해
хэдийнээ헤띠-네-	벌써	**хэлмэрч**헬메르치	통역관
хэдийнээс헤띠-네-스	언제부터	**хэлтэс**헬테스	부문, 부서
хэзээ헤제-	언제	**хэлхэх**헬헤흐	줄에 꿰다
хэзээд헤제-드	언제나	**хэлхээ**헬헤-	묶음

хэлц 헬츠	어구	**хэмнэх** 헴네흐	절약하다
хэлэлцэгч 헬렐첵치	토론자	**хэмх** 헴흐	오이
хэлэлцэх 헬렐체흐	토의하다	**хэмхрэх** 헴흐레흐	망가지다
хэлэлцээ 헬렐체-	협의	**хэмхэрхий** 헴헤르히-	망가진
хэлэлцээр 헬렐체-르	협정	**хэмээх** 헤메-흐	라는
хэлэх 헬레흐	말하다	**хэн** 헹	누구
хэм 헴	도	**хэн боловч** 헹 벌럽치	누구든지
хэмжигч 헴직치	계량기	**хэнээ** 헤네-	정신 이상
хэмжих 헴지흐	측정하다	**хэр** 헤르	얼마나
хэмжүүр 헴주-르	측정 기구	**хэрсүү** 헤르수-	신중한
хэмжээ 헴제-	치수	**хэрүүл** 헤룰	말다툼
хэмнэлт 헴넬트	절약	**хэрхэвч** 헤르헵치	결코

хэрхэн 헤르헹	어떻게	**хэрэгцээ** 헤렉체-	필요
хэрхэх 헤르헤흐	어떻게 하다	**хэрэм** 헤렘	성벽
хэрчим 헤르침	조각	**хэрэм** 헤렘	다람쥐
хэрэв 헤렙	만약	**хэрэх** 헤레흐	헤매다
хэрэг 헤렉	일, 업무	**хэрээ** 헤레-	까마귀
хэрэггүй 헤렉귀	필요 없는	**хэрээс** 헤레-스	끈
хэрэглэгч 헤렉렉치	소비자	**хэсэг** 헤섹	부분
хэрэглэл 헤렉렐	용구	**хэсэг зуур** 헤섹 조-르	잠시
хэрэглэх 헤렉레흐	쓰다	**хэсэх** 헤세흐	헤매다
хэрэгсэл 헤렉셀	수단	**хэт** 헤트	지나친
хэрэгтэй 헤렉테	필요한	**хэт авиа** 헤트 아위아	초음파
хат ягаан туяа 헤트 야강 토야			자외선

хэтрэх 헤트레흐	지나치다	**хязгаарлах** 햐즈가-를라흐	제한하다
хэтэвч 헤텝치	지갑	**хялайх** 햘래흐	흘겨보다
хэтэрхий 헤테르히-	너무	**хялар** 햘라르	사팔눈
хэц 헤츠	밧줄	**хялбар** 햘바르	쉬운
хэцүү 헤추-	어려운	**хямгадах** 햠그다흐	아끼다
хээ 헤-	무늬	**хямд** 햠드	값이 싼
хээгүй 헤-구이	무모한	**хямдрах** 햠드라흐	가격이 내리다
хээл 헤-엘	수태, 뇌물	**хаямрал** 햐므랄	위기
хээлтэх 헤엘테흐	새끼를 베다	**хямрах** 햐므라흐	쇠퇴하다
хээр 헤-르	야외	**хямсаа** 햠사-	핀셋, 족집게
хядах 햐다흐	학살하다	**хямсгар** 햠스가르	거만한
хязгаар 햐즈가-르	국경	**хянагч** 햐낙치	감독관

хяналт хяналт	검사	**хяхнах** хяхнах	삐걱거리다
хянах хянах	감독하다		
хянга хянга	산등성이		
хярах хярах	숨다		
хяргах хяргах	털을 깎다		
хярс хярс	스텝 여우		
хяруу хяруу-	서리		
хясал хясал	방해		
хясах хясах	방해하다		
хяслан хяслан	차질		
хятад хятад	중국		
хяхах хяхах	억누르다		

ц

цаа буга 차-복	순록
цаагуур 차-고-르	저쪽으로
цаад 차-드	저쪽
цааз 차-즈	법령
цаазлах 차-즐라흐	금지하다
цаана 차-안	저쪽
цаас 차-스	종이
цаашдаа 차-쉬다-	앞으로
цаашлах 차-쉴라흐	저쪽으로 가다
цав 찹	틈
цавуу 차오-	풀
цавуулаг 차올락	끈기 있는
цавчих 찹치흐	찍다
цаг 착	시간, 시계
цаг агаар 착 아가-르	날씨
цагаа 차가-	백내장
цагаалах 차갈라흐	설날을 맞다
цагаан 차강	흰, 하얀
цагаан сар 차강 사르	설날
цагаатгал 차가-트갈	복권
цагаан толгой 차강 털거이	알파벳

цагаатгах 차가-트가흐	복위시키다	**цалиг** 찰릭	옛 이야기
цагаач 차가-치	이민자	**цай** 채	차
цагаачлах 차가-칠라흐	이민하다	**цайвар** 채와르	연한
цагариг 차그릭	고리	**цайлах** 챌라흐	차를 대접하다
цаггүй 착귀	밤낮없이	**цайны газар** 채니- 가자르	식당
цагдаа 착다-	경찰	**цайр** 채르	아연
цагдах 착다흐	감시하다	**цайрах** 채라흐	세다
цагийн ажил 차깅 아질	부업	**цалгих** 찰기흐	넘쳐흐르다
цаглабар 차글바르	달력	**цалин** 찰링	월급
цагчин 착칭	시계 수리공	**цам** 참	탈춤
цадах 차다흐	배부르다	**цамнах** 참나흐	탈춤을 추다
цагийн хуваарь 차깅 호와-르			시간표

цамхаг 참학	탑	**цардах** 차르다흐	풀을 먹이다
цамц 참츠	셔츠, 상의	**цардуул** 차르돌	녹말
цан 찬	서리, 성에	**царс** 차르스	참나무
цана 찬	스키	**царцаа** 차르차-	메뚜기
цаначин 찬칭	스키어	**царцах** 차르차흐	굳다
цангаа 창가-	갈증	**цас** 차스	눈
цангах 창가흐	목마르다	**цасан хүн** 차승 훙	눈사람
цангинах 창기나흐	울리다	**цахилах** 차힐라흐	번개가 치다
цар 차르	범위	**цахилгаан** 차힐강	전기
царай 차래	안색, 얼굴	**цахих** 차히-흐	번쩍이다
царайлаг 차랠락	잘생긴	**цахлай** 차흘래	갈매기
царайчлах 차래칠라흐	의지하다	**цацаг** 차착	(장식)술

ц

цацаглах 차차글라흐	술을 달다	**цог** 척	불씨
цацал 차찰	고수레	**цоглог** 처글럭	기운찬
цацах 차차흐	흩뿌리다	**цогтой** 척터	위력 있는
цацраг 차츠락	광선	**цогц** 척츠	복합체
цацраг туяа 차츠락 토야	방사선	**цогцолбор** 척철버르	단지
цацрах 차츠라흐	빛이 나다	**цогчин** 척칭	예배
цемент 체멘트	시멘트	**цол** 철	칭호
цирк 치르크	서커스	**цолмон** 철멍	금성
циркчин 치르크칭	서커스 배우	**цом** 첨	트로피
цовоо 처워-	활발한	**цомог** 처먹	앨범
цовхрох 처브히러흐	펄쩍 뛰다	**цомхотгох** 첨허트거흐	감축하다
цацраг идэвхт 차츠락 이데흐트			방사능의

цонх 청흐	창문	**цохилох** 처힐러흐	맥이 뛰다
цоо 처-	아주	**цохих** 처히흐	치다
цоож 처-지	자물쇠	**цохох** 처허흐	결재를 하다
цоожлох 처-질러흐	잠그다	**цочир** 처치르	충격적인
цоожтой 처-지터	잠근	**цочирдох** 처치르더흐	충격을 받다
цоолох 처-얼러흐	뚫다	**цочих** 처치흐	깜짝 놀라다
цоолтуур 처-얼토-르	펀치	**цочоох** 처처-흐	충격을 주다
цооног 처-넉	시추공	**цөл** 출	사막
цоорох 처-러흐	구멍이 나다	**цөлжилт** 출질트	사막화
цоохор 처-허르	얼룩덜룩한	**цөлжих** 출지흐	사막이 되다
цорго 처럭	꼭지	**цөллөг** 출룩	유배
цох 처흐	딱정벌레	**цөлөгдөх** 출룩드흐	추방되다

цөлөх 출르흐	유배하다	**цувах** 초와흐	행하다
цөм 춤	모두	**цуврал** 초으랄	연속
цөөн 충흐	적은	**цуврах** 초으라흐	잇따르다
цөөнх 충흐	소수	**цуг** 촉	같이
цөөрөм 추-름	연못	**цуглаан** 초글라-앙	집회
цөөрөх 추-루흐	적어지다	**цугларах** 초글라라흐	모이다
цөөхөн 추-흥	적게	**цуглах** 초글라흐	모이다
цөс 추스	담	**цуглуулах** 초글로라흐	모으다
цэхрэх 추흐르흐	단념하다	**цус** 초스	피, 혈액
цөцгий 추츠기-	시큼한 크림	**цуст** 초스트	유혈의
цув 촙	비옷	**цутгах** 초트가흐	붓다
цуваа 초와-	행진	**цуу** 초-	소문

цуулах 초-올라흐	쪼개다	**цуцлах** 초츨라흐	취소하다
цуурай 초-래	메아리	**цул** 출	첨벙
цуурайтах 초-래타흐	메아리 치다	**цүнх** 충흐	가방
цуурах 초-라흐	쪼게지다	**цүүц** 추-츠	끌
цуурхал 초-르할	소문	**цэвлэг** 체울렉	언
цуут 초-트	유명한	**цэврүү** 체우루-	물집
цуутай 초-태	간장이 들어간	**цэвэр** 체웨르	깨끗한
цухардах 초하르다흐	짜증내다	**цэвэрлэгч** 체웨를렉치	청소부
цухас 초하스	간략히	**цэвэрлэгээ** 체웨를레게-	청소
цухуйх 초회흐	일부만 보이다	**цэвэрлэх** 체웨를레흐	청소하다
цуцах 초차흐	지치다	**цэвэршил** 체웨르실	폐경기
цэврүүтэх 체우루-테흐			물집이 생기다

цэвэршиx 체웨르시흐	깨끗하게 되다	**цэмбэ** 쳄베	모직
цэг 첵	지점, 점	**цэмцгэр** 쳄츠게르	깔끔한
цэглэх 체글레흐	점을 찌다	**цэнгэг** 쳉겐	맑은
цэгнэх 체그네흐	깊이 생각하다	**цэнгэлдэх** 쳉겔데흐	즐기다
цэгц 첵치	순서	**цэнгэх** 쳉게흐	즐기다
цэгцлэх 첵츨레흐	정리하다	**цэнхэр** 쳉헤르	하늘색
цэгцрэх 첵츠레흐	정리되다	**цэнэг** 체넥	전기
цэгцтэй 첵츠테	정리된	**цэнэглэгч** 체넥렉치	충전기
цэл 첼	매우	**цэнэглэх** 체넥레흐	충전하다
цэлгэр 첼게르	넓은	**цэр** 체르	가래
цэлмэг 첼멕	맑은	**цэрэг** 체렉	군대
цэлмэх 첼메흐	개다	**цэрд** 체르드	백악

цэс 체스	메뉴	**цээрлэл** 체-를렐	금기
цэх 체흐	똑바로	**цээрлэх** 체-를레흐	금기시하다
цэцгий 체츠기-	눈동자		
цэцэг 체첵	꽃		
цэцэглэх 체첵레흐	꽃이 피다		
цэцэн 체첸	지혜로운		
цэцэрлэг 체체를렉	공원		
цээж 체-즈	가슴		
цээжлэх 체-즐레흐	외우다		
цээл 체-엘	테너		
цээр 체-르	금기		
цээрлүүлэх 체-를룰레흐	처벌하다		

Ч

ч 도, 했더라도
치

чавга 대추
차욱

чавганц 노파
차우간치

чавх 고무줄 새총
찹흐

чавхдас 현
찹흐다스

чавхлах 새총을 쏘다
찹흘라흐

чагнаал 경적
차그날

чагнах 경청하다
차그나흐

чавдаграх 시간이 걸리다
찹닥라흐

чагнаалдах 경적을 올리다
차그날다흐

чадал 힘, 능력
차들

чадалгүй 약한
차들구이

чадалтай 강한
차들태

чадамгай 재능이 있는
차들개

чадах 할 수 있다
차따흐

чадвар 능력
차뜨와르

чадваргүй 능력이 없는
차뜨와르귀

чадвартай 능력이 있는
차뜨와르태

чалчаа 수다쟁이
찰차-

чалчих 수다 떨다
찰치흐

чам шиг 참 식	너처럼	**чанга** 창가	엄한, 강한
чамаар 차마-르	너로 하여금	**чангаах** 창가-흐	끌다
чамаас 차마-스	너에게서	**чангалах** 창갈라흐	죄다
чамай 차매	간신히	**чангарах** 창가라흐	엄하다
чамбай 참배	정확한	**чанд** 찬드	엄격히
чамин 차민	기괴한, 별난	**чандмань** 찬드만	보석
чамлах 참라흐	불만족스럽다	**чанх** 창흐	바로
чамтай 참태	너와 함께	**чарга** 차락	썰매
чанад 차나드	너머	**чарлах** 차를라흐	고함치다
чанар 차나르	성질	**чармаа** 차르마-	벌거벗은
чанаргүй 차나르귀	질이 안 좋은	**чармайлт** 차르맬트	노력
чанах 차나흐	삶다	**чармайх** 차르매흐	노력하다

час 차스	매우	**чиглэл** 치글렐	방향
чацга 차츠가	설사	**чиглэх** 치글레흐	향하다
чацуу 차초-	동갑	**чигчлүүр** 칙칠루-르	이쑤시개
чацуулах 차출라흐	대보다	**чигчлэх** 칙치레흐	쑤시다
чацуу 차초-태	또래	**чигээр** 치게-르	똑바로
чемодан 체모당	여행가방	**чидун** 치둥	올리브
ченж 첸지	교환인	**чийг** 치-그	습기
чи 치	너	**чийгтэй** 치-그태	축축한
чив 치우	음경	**чийглэг** 치-글렉	습도
чиг 칙	방향, 쪽	**чийглэх** 치-글레흐	축축하게 하다
чигжих 칙지흐	막다	**чийгшил** 칙실	습도
чиглүүлэх 치글루울레흐	방향을 주다	**чийдэн** 치-등	전등

чийрэг 치-렉	건강한	**чимээгүй** 치메-귀	조용하다
чийрэгжих 치-렉지흐	튼튼해지다	**чимээтэй** 치메-테	시끄럽다
чилэх 칠레흐	지치다	**чин** 칭	진심
чилээ 칠레-	피로	**чингэлэг** 친게렉	컨테이너
чимхүүр 침후-르	족집게	**чинжүү** 친주-	고추
чимхэх 침헤르	꼬집다	**чиний** 치니-	너의
чимэг 치멕	치장	**чинийх** 치니-흐	너의 것
чимэглэл 치멕렐	장식	**чинь** 친	너의, 네
чимэглэх 치메글레흐	치장하다	**чинээ** 치네-	재력
чимээ 치메-	소리	**чирэх** 치레흐	당기다
чимхүүрдэх 침후-르데흐			족집게로 잡다
чирэгдүүлэх 치렉둘레흐			끌어당기다

Ч

чих 치흐	귀	**чөлөөт** 출르-트	자유
чихмэл 치흐멜	박제	**чөмөг** 추믄	골수
чихцэлдэх 치흐첼데흐	밀다	**чөтгөр** 추트구르	귀신
чихэвч 치헵치	귀마개	**чулуу** 촐로-	돌
чихэр 치헤르	사탕, 설탕	**чулуудах** 촐로-다흐	돌을 던지다
чихэх 치헤흐	밀어 넣다	**чуулах** 초올라흐	소집하다
чоно 천	늑대	**чуулга** 초-올락	집회
чөдөр 추드르	족쇄	**чуулган** 초-올강	집회
чөдөрлөх 추드를르흐	족쇄를 채우다	**чухал** 초할	중요한
чөлөө 출루-	여가, 자유	**чухалчлах** 초할칠라흐	중요시하다
чөлөөлөлт 출루룰트	해방	**чухам** 초함	사실
чөлөөлөх 출루루흐	해방시키다	**чухамдаа** 초함다-	실제로

ЧУДЭНЗ
추덴즈

성냥

ЧУУ
추-

겨우

Ш

шаавай 샤-왜	멋있는	**шав** 샤우	샛
шаагих 샤-기흐	기민하다	**шавар** 샤와르	진흙
шаазан 샤-증	자기	**шавах** 샤와흐	회칠하다
шаазгай 샤-즈개	까치	**шавдах** 샤와다흐	서두르다
шаар 샤-르	찌꺼기	**шавилах** 샤윌라흐	제자가 되다
шаар 샤-르	풍선	**шавхай** 샤위해	수렁
шаардах 샤-르다흐	요구하다	**шавхах** 샤위하흐	퍼내다
шаардлага 샤-르들락	요구	**шавхруу** 샤우흐로	찌꺼기
шаах 샤-흐	치다	**шавших** 샵시흐	물을 꺼얹다
шаахай 샤-해	샌들	**шавь** 샤우	제자
		шавьж 샤우지	곤충
		шаг 샥	밀매

шагай 샤가이	복사뼈	**шал** 샬	완전히
шагайх 샤가이흐	엿보다	**шалавч** 샬랍치	장판
шагжамуни 샥자무니	석가모니	**шалах** 샬라흐	재촉하다
шагнагдах 샤그낙다흐	상을 받다	**шалба** 샬바	흠뻑
шагнал 샤그날	상	**шалбалах** 샬발라흐	긁다
шагналтан 샤그날탕	수상자	**шалгаах** 샬가-흐	때를 쓰다
шагнах 샤그나흐	상주다	**шалгагч** 샬각치	시험관
шагнуулах 샤그놀라흐	상을 받다	**шалгалт** 샬갈트	시험
шагших 샥시흐	칭찬하다	**шалгарах** 샬가라흐	통과하다
шад 샤뜨	줄	**шалгах** 샬가흐	시험하다
шадар 샤따르	가까운	**шалгуулах** 샬골라흐	시험을 보다
шал 샬	바닥	**шалгуур** 샬고-르	기준

шалдлах 샬뜰라흐	발가벗다	**шамдах** 샴다흐	노력하다
шалз 샬즈	진드기	**шамлах** 샴라흐	걷다
шалз 샬즈	푹	**шампань** 샴판	샴페인
шалзлах 샬즐라흐	푹 삶다	**шамрах** 샴라흐	걷어 올려지다
шалиг 샬릭	방탕한	**шамрага** 샴락	눈보라
шалиглах 샬릭라흐	타락하다	**шамшигдал** 샴식달	횡령
шалмаг 샬막	재빨리	**шамшийх** 샴시-흐	찌그러지다
шалтаг 샬탁	핑계	**шан** 샹	사례금
шалтаглах 샬탁라흐	핑계를 대다	**шанаа** 샤나-	광대뼈
шалтгаан 샬트강	원인	**шанага** 샤낙	국자
шалтгаалах 샬트갈라흐	근거하다	**шаналах** 샤날라흐	고민하다
шамбарам 샴바람	치질	**шаналгаа** 샤날가-	괴로움

шанд 샨드	샘	**шарз** 샤르즈	증류주, 코냑
шандас 샨다스	체력	**шарил** 샤릴	시체
шанз 샨즈	샨즈	**шарлага** 샤를락	일광욕
шантрах 샨트라흐	좌절하다	**шарлах** 샤를라흐	노래지다
шанх 샨흐	구레나룻	**шарх** 샤르흐	상처
шанцай 샨차이	상추	**шархлах** 샤르흘라흐	부상을 입다
шар 샤르	황색, 노란	**шархтан** 샤르흐탕	부상자
шар айраг 샤르 아이락	맥주	**шархтах** 샤르흐타흐	부상당하다
шар арьстан 샤르 아리스탕	황인종	**шат** 샤트	사다리, 계단
шарах 샤라흐	튀기다	**шатаах** 샤타-흐	태우다
шарвах 샤르와흐	흔들다	**шаталт** 샤탈트	연소
шаргуу 샤르고-	끈덕진	**шатар** 샤타르	장기

шатах 샤타흐	타다	**шиврэх** 쉬우레흐	이슬비가 내리다
шатахуун 샤타호-옹	연료	**шивүүр** 쉬우-르	송곳
шахалдах 샤할다흐	붐비다	**шившиг** 쉽식	수치
шахалт 샤할트	압력	**шившигт** 쉽식트	수치스러운
шахам 샤함	가까이	**шившиx** 쉽시흐	주문을 걸다
шахах 샤하흐	뻔하다	**шившлэг** 쉽쉬렉	주문
шахмал 샤흐말	압축한	**шивэгчин** 시웩칭	하녀
шашин 샤싱	종교	**шивэр** 시웨르	발 냄새
швейцар 스웨체르	스위스	**шивэх** 시웨흐	찌르다
швед 스웨드	스웨덴	**шивээс** 시웨-스	문신
шившэх 쉽쉐흐	속삭이다	**шиг** 식	같은, 처럼
шивнээ 쉬우네-	속상임	**шигдэх** 식데흐	빠지다

шигтгэмэл 식트게멜	세공한	**шижир** 시지르	정제된
шигүү 시구-	치밀한	**шийгуа** 시-과	수박
шигших 식시흐	선발하다	**шийдвэр** 시-뜨웨르	결정
шигшмэл 식시멜	선발한	**шийдэх** 시-떼흐	결정하다
шигшүүр 식슈-르	체	**шийтгэл** 시-트겔	벌
шид 시드	마법	**шийтгэх** 시-트게흐	벌을 주다
шидтэн 시드텡	마법사	**шил** 실	유리, 병
шилэлт 실렐트	던지기	**шилбүүр** 실부-르	채찍
шидэх 시떼흐	던지다	**шилбэ** 실베	정강이
шижгэнэх 시지게네흐	착집하다	**шилдэг** 실떽	뛰어난
шижим 시짐	실마리	**шилжилт** 실질트	전환
шилжилтийн нас 실질팅 나스			사춘기

шилжих 실지흐	옮기다	**шингэдэх** 신게떼흐	묽게 되다
шилжүүлэг 실줄렉	양도, 송금	**шингэлэх** 신겔레흐	묽게 하다
шилжүүлэх 실줄레흐	옮기다	**шингэн** 신긍	액체
шиллэх 실레흐	유리를 끼우다	**шингэн** 신긍	묽은
шилмүүс 실무-스	가시	**шингэх** 신게흐	지다
шилмэл 실멜	선발된	**шингэх** 신게흐	소화
шилэн аяга 실렝 아약	유리컵	**шингээгч** 신겍치	소화제
шилэлт 실렐트	선발	**шингээх** 신게-흐	흡수하다
шилэх 실레흐	고르다	**шинж** 신지	특징
шим 심	자양	**шинжилгээ** 신질게-	검사
шимтэй 심테	비옥한	**шинжих** 신지흐	검사하다
шимэх 시메흐	빨다	**шинжлэл** 신질렐	학

шинжлэх 신질레흐	조사하다	**ширүүн** 시룽	거친, 사나운
шинжлэх ухаан 신질레흐 오항	과학	**ширхэг** 시르헥	낱개
шинжтэй 신지테	것 같다	**ширэлдэх** 시렐데흐	헝클어지다
шинжээч 신제-치	조사인	**ширэх** 시레흐	꿰매다
шинэ 신	새로운, 새	**ширээ** 시레-	책상
шинэчлэл 신칠렐	혁신	**шиш** 시쉬	수수
шинэчлэх 신칠레흐	새롭게 하다	**шкаф** 쉬카프	장롱
шир 시르	가죽	**шовх** 셔우히	뾰족한
ширвэх 시르웨흐	채찍질하다	**шог** 셕	풍자의
ширгэх 시르게흐	마르다	**шоглол** 셔글럴	놀림
ширгээх 시르게-흐	말리다	**шоглох** 셔를러흐	놀리다
ширтэх 시르테흐	응시하다	**шодой** 셔더이	페니스

шодолт 셔떨트	제비뽑다	**шорон** 셔렁	감옥
шодох 셔떠흐	제비뽑다	**шороо** 셔러-	흙
шолбойх 셜버이흐	흠뻑 젖다	**шоу** 쇼	쇼
шоо 셔-	주사위	**шохой** 쇼호이	석회
шонхор 셩허르	매	**шохоорхол** 셔허-르헐	호기심
шоолох 셜러흐	비웃다	**шошго** 쇼식	상표
шор 셔르	꼬치	**шөвгөр** 셔우거르	고깔 모양
шорвог 셔르윅	짠	**шөвөг** 셔윅	송곳
шоргоолж 셔르골지	개미	**шөл** 슐	국, 수프
шорлог 셔를럭	꼬치구이	**шөнө** 슌	밤, 야간
шорлох 셔를러흐	꿰다	**шөнөжин** 슌징	밤새
шороон шуурга 셔러-엉 쇼-락			먼지바람

шөргөөх 슈르그-흐	비비다	**шулуутгах** 숄로트가흐	곧게 하다
шөрмес 슈르무스	힘줄	**шумбах** 숌바흐	잠수하다
шувтлах 숍트라흐	벗기다	**шумуул** 쇼물	모기
шувтрага 숍트락	끝	**шунаг** 쇼낙	음탕한
шувуу 쇼워-	새, 조류	**шунал** 쇼날	욕심
шугам 쇼감	자	**шунах** 쇼나흐	탐내다
шугамлах 쇼감라흐	선을 긋다	**шунахай** 쇼나하이	탐욕스러운
шудрага 쇼뜨락	공정한	**шургах** 쇼르가흐	침투하다
шулам 숄람	마녀	**шургуу** 쇼르고-	근면한
шулмас 숄마스	마녀	**шургуулга** 쇼르골락	서랍
шулуудах 숄로다흐	결심하다	**шуу** 쇼-	팔뚝
шулуун 숄롱	곧은, 직선의	**шуугиан** 쇼-기앙	소음

шуугих 쇼-기흐	시끄럽다	**шуух** 쇼-흐	걷어 올리다
шууд 쇼-드	곧바로, 직접	**шушмаа** 쇼시마-	철부자
шуудаг 쇼-닥	쇼닥	**шүгэл** 슈겔	호루라기
шуудай 쇼-다이	자루	**шүд** 슈드	이빨, 이
шуудан 쇼-당	우편	**шүдлэх** 슈들레흐	이빨이 나다
шууданч 쇼-단치	우체부	**шүдний оо** 슈드니- 어-	치약
шуудрах 쇼-뜨라흐	곧장 가다	**шүдний сойз** 슈드니- 서이쯔	칫솔
шуудуу 쇼-도-	도랑	**шүлс** 슐스	침
шуурах 쇼-라흐	휘몰아치다	**шүлтлэг** 슐틀렉	알칼리성
шуурга 쇼-락	돌풍	**шүлэг** 슐렉	시
шуурхай 쇼-르해	빠른	**шүлэгч** 슐렉치	시인
шүдний чигчлүүр 슈드니- 칙츨루-르			이쑤시개

шүргэх 슈르게흐	스치다	шүүгч 슈-욱치	판사
шүршигч 슈르식치	분무기	шүүгээ 슈-게-	찬장
шүрших 슈르시흐	뿌리다	шүүдэр 슈-데르	이슬
шүршүүр 슈르슈-르	샤워	шүүлт 슈-울트	판정
шүтлэг 슈틀렉	신앙	шүүлэг 슈-울렉	구두시험
шүтэлцээ 슈텔체-	상호 관계	шүүмж 슈-움지	비판
шүтээн 슈테-엥	우상	шүүмжлэгч 슈-움질렉치	비평가
шүтэх 슈테흐	믿다	шүүмжлэл 슈-움질렐	비판
шүү 슈-	초석	шүүмжлэх 슈-움질레흐	비판하다
шүү 슈-	종결어미	шүүр 슈-르	빗자루
шүүгдэгч 슈-욱덱치	피고인	шүүрдэх 슈-르데흐	비질하다
шүүгдэх 슈-욱데흐	재판을 받다	шүүрс 슈-르스	한숨

шүүрэх 슈-레흐	잡아채다	
шүүс 슈-스	액, 주스	
шүүсдэх 슈-스데흐	즙을 짜내다	
шүүх 슈-흐	법원	
шүүх 슈-흐	재판하다	
шүхэр 슈헤르	우산	
шээрэн 쉐-렝	오줌싸개	
шээс 쉐-스	오줌	
шээх 쉐-흐	오줌 누다	

Э

эв 화합
에우

эвгүй 불편함
에브구이

эвгүйдэх 곤란해지다
에브구이데흐

эвгүйтэх 불쾌하다
에브구이테흐

эвдлэх 부수다
엡들레흐

эвдрэл 파손
엡드렐

эвдрэх 고장 나다
엡드레흐

эвдрэх 절교하다
엡드레흐

эвдэгч 파괴자
엡덱치

эвдэх 파괴하다
엡데흐

эви 아유
에위

эвийлгэх 동정하다
에윌-게흐

эвлүүлэг 편집
에블룰렉

эвлүүлэх 맞추다
에블룰레흐

эвлэг 유순하다
에블렉

эвлэл 연맹
에블렐

эвлэлдэх 연합하다
에블렐데흐

эвлэрэл 화해
에브레렐

эвлэрэх 화해하다
에브레레흐

эвлэх 조화를 이루다
에블레흐

эволюц 진화
에벌료치

эврэх 마르다
에브레흐

эврээх 에브레-흐	말리다	**эгдүүцэх** 엑두-체흐	싫증나다
эвсэл 엡셀	연합	**эгзэг** 엑젝	결함
эвсэх 엡세흐	연합하다	**эгнэх** 에그네흐	줄을 짓다
эвтэй 엡테	사이좋은	**эгнээ** 에그네-	줄
эвтэйхэн 엡테헹	편안한	**эгц** 엑치	똑바로
эвхмэл 에브흐멜	접는	**эгцлэх** 엑칠레흐	똑바로 하다
энхрэх 엥흐레흐	응크리다	**эгч** 에그치	누나, 언니
эвхэх 에브헤흐	접다	**эгчмэл** 에그치멜	연상의
эвшээх 엡쉐-흐	하품하다	**эгшиг** 엑식	선율
эвэр 에웨르	뿔	**эгэл** 에겔	평범한
эгдүүтэй 엑두-테	귀여운	**эгэм** 에겜	쇄골
эгдүүцэл 엑두-첼	싫증	**эгээ** 에게-	하마터면

эд 에드	물건	**эдэлбэр** 에델베르	보유
эд нар 에드 나르	이들	**эдэлгээ** 에델게-	이용
эд эс 에드 에스	세포	**эе** 에이	평화
эдийн засаг 에디-잉 자삭	경제	**эелдэг** 에일덱	친절한
эдийн засагч 에디-잉 자삭치	경제인	**эерэг** 에이렉	긍정적인
эдгэрэх 에뜨게레흐	회복하다	**ээ** 에즈	불행
эдгэх 에뜨게흐	회복하다	**эзгүй** 에즈귀	아무도 없는
эдгээр 에뜨게-르	이들	**эзгүйрэх** 에즈귀레흐	황무지가 되디
эдгээх 에뜨게-흐	치료하다	**эзлэгч** 에즐렉치	점령자
эдлэл 에드렐	제품	**эзлэх** 에즐레흐	점령하다
эдлэх 에뜨레흐	이용하다	**эзэгнэх** 에젝네흐	점유하다
эдүгээ 에뚜게-	현재의	**эзэгтэй** 에젝테	부인

эзэмдэх 에젬데흐	사로잡다	элбэх 엘베흐	협력하다
эзэмшигч 에젬식치	소유권	элдвээр 엘드웨-르	여러가지로
эзэмшил 에젬실	소유	элдэв 엘뎁	다양한
эзэмших 에젬시흐	점유하다	элдэх 엘데흐	무두질하다
эзэн 에젱	주인	электрон 엘렉트렁	전자
эзэрхэг 에제르헥	독재적인	элемент 엘레멘트	원소
экспорт 엑스퍼르트	수출	элий балай 엘리- 발레	쓸데없는
эл 엘	모든	элс 엘스	모래
элбэг 엘벡	풍부한	элсэгч 엘섹치	입학생
элбэгдэх 엘벡데흐	풍성하다	элсэлт 엘셀트	입학
элбэгших 엘벡시흐	풍부해지다	элсэн цөл 엘승 출	모래사막
элбэнх 엘벵흐	너구리	элсэн чихэр 엘승 치헤르	설탕

элсэх 엘세흐	입학하다	**элэгтэй** 에렉테	사랑하는
элч 엘치	사신	**элэнц** 엘렌드	고조부모
элчин 엘칭	대사	**элээ** 엘레-	솔개
элчин сайд 엘칭 세드	대사	**элээх** 엘레-흐	닳게 하다
элэг 엘렉	간	**эм** 엠	여자
элэгдэл 엘렉델	부식	**эм** 엠	약
элэгдэх 엘렉데흐	닳다	**эмгэг** 엠겐	질환
элэглэл 엘렉렐	비꼼	**эмгэнэл** 엠게넬	슬픔
элэглэх 엘렉레흐	비꼬다	**эмгэнэлт** 엠게넬트	애처로운
элэгсэг 엘렉섹	다정한	**эмгэнэх** 엠게네흐	애도를 표하다
элчин сайдын яам 엘칭 세딩 얌			대사관
элэгдэл хорогдол 엘렉델 허럭덜			감가상각

эмжээр 엠제-르	끝단	**эмх цэгц** 엠흐 첵치	정리
эмзэг 엠젝	민감한	**эмхлэх** 엠흘레흐	정리하다
эмийн жор 에밍 저르	처방전	**эмхрэх** 엠흐레흐	체계 있다
эмийн сан 에밍 상	약국	**эмхтгэл** 엠흐트겔	선집
эмийн санч 에밍 산치	약국	**эмхтгэх** 엠흐트게흐	수집하다
эмийн ургамал 에밍 오르가말	약초	**эмч** 엠치	의사
эмнүүлэх 엠눌레흐	치료를 받다	**эмчилгээ** 엠칠게-	치료
эмнэлэг 에밀렉	병원	**эмчлүүлэх** 엠치룰레흐	치료받다
эмнэх 엠네흐	치료하다	**эмчлэх** 엠칠레흐	치료하다
эмтлэх 엠틀레흐	흠을 내다	**эмэг** 에멕	조모
эмтрэх 엠트레흐	흠나다	**эмэгтэй** 에멕테	여자
эмх журам 엠흐 조람	질서	**эмэгтэйчүүд** 에멕테추-드	여자들

эмэгчин 에멕칭	암컷	**эндэх** 엔데흐	실수하다
эмээ 에메-	할머니	**эндэх** 엔데흐	죽다
эмээл 에멜	안장	**энерги** 에네르기	에너지
эмээллэх 에멜레흐	안장을 얹다	**энтээ** 엔테-	이쪽에
эн 엥	같은	**энх** 엥흐	평화
энгийн 엥깅	보통의	**энхрий** 엥흐리-	사랑 받는
энгэр 엔게르	앞섶	**энэ** 엔	이
энд 엔드	여기에	**энэлэл** 에느렐	슬픔
эндүү 엔두-	실수	**энэлэх** 에느레흐	슬퍼하다
эндүүрэл 엔두-렐	착오	**энэрэл** 에느렐	자비
эндэх 엔데흐	이곳의	**энэрэнгүй** 에느렝구이	자비로운
энэрэнгүй үзэл 에느렝구이 우젤			휴머니즘

энэрэх 에네레흐	동정하다	**эргэх** 에르게흐	돌다
энэхүү 엔후-	이, 이런	**эргэцүүлэл** 에르게추-렐	반성
энэтхэг 에네트헥	인도	**эргэцүүлэх** 에르게출레흐	반성하다
эр 에르	남자	**эрдүү** 에르두-	남성적인
эрвээхэй 에르웨-헤	나비	**эрдэм** 에르뎀	교육, 교양
эргүүл 에르굴	순찰	**эрдэмтэй** 에르뎀테	교양 있는
эргүүлэх 에르굴레흐	돌리다	**эрдэмтэн** 에르뎀텡	학자
эргэлдэх 에르겔데흐	회전하다	**эрдэнэ** 에르데네	보물
эргэлзэх 에르겔제흐	망설이다	**эрдэнэ шиш** 에르데네 시쉬	옥수수
эргэлзээ 에렐제-	망설인	**эрдэс** 에르데스	광물
эргэлт 에르겔트	회전	**эрдэх** 에르데흐	자부심을 갖다
эр эмийн ёс 에르 에밍 여스			남녀 예절

эрин 에링	시대	**эруу шуулт** 에루- 슈-울트	고문
эрлийз 에를리-즈	혼혈	**эрүүлэх** 에루-레흐	고문하다
эрлэг 에를렉	원수	**эрүүл** 에루-울	건강한
эрмэлзэл 에르멜젤	열망	**эрүүл мэнд** 에룰 멘드	건강
эрмэлзэх 에르멜제흐	열망하다	**эрүүлжих** 에룰지흐	건강하게 되다
эрс 에르스	단호한	**эрх** 에르흐	권리, 자격
эрсдэх 에르스데흐	사망하다	**эрх мэдэл** 에르흐 메델	권력
эрт 에르트	일찍	**эрх тэгш** 에르흐 텍쉬	평등
эртний 에르트니-	옛날의	**эрх чөлөө** 에르흐 출러-	자유
эртхэн 에르트헹	일찍	**эрхбиш** 에르흐비쉬	모름지기
эртээр 에르테-르	지난번에	**эрхгүй** 에르흐구이	저절로
эрүү 에루-	턱	**эрхий** 에르히-	엄지

эрхлэгч 에르흘렉치	책임자	**эрчлэх** 에르칠레흐	꼬다
эрхлэх 에르흘레흐	일을 하다	**эршүүд** 에르-슈-드	강직한
эрхлэх 에르흘레흐	응석부리다	**эрэг** 에렉테	강가
эрхтэн 에르흐텡	기관	**эрэгтэй** 에렉테	남자
эрхшээл 에르흐셰-엘	통치	**эрэгчин** 에렉칭	수컷
эрхшээх 에르흐셰-흐	지배하다	**эрэл** 에렐	수색
эрхэм 에르헴	귀한	**эрэлт** 에렐트	수요
эрхэмлэх 에르헴레흐	존중하다	**эрэлхэг** 에렐헥	용감한
эрхэмсэг 에르헴섹	존경하는	**эрэмбэ** 에렘베	순서
эрч 에르치	활기	**эрэмгий** 에렘기-	용감한
эрчим 에르침	활동력	**эрэмдэг** 에렘덱	불구의
эрчим хүч 에르침 후치	에너지	**эрэх** 에레흐	찾다

эрээ 에레-	제지	**эсэргүүцэл** 에세르구-첼	저항
эрээлжлэх 에렐질레흐	얼떨떨하다	**эсэргүүцэх** 에세르구-체흐	저항하다
эрээн 에렝	알록달록한	**эсэргэнэ** 에세르겡	발진
эрээчих 에레-치흐	낙서하다	**эсэх** 에세흐	시다
эс 에스	세포	**эсээ** 에세-	에세이
эс 에스	아니, 안, 못	**этгээд** 에트게-드	즉
эсвэл 에스웰	아니면	**этгээд үг** 에트게-드 욱	은어
эсгий 에스기-	펠트	**эх** 에흐	어머니, 모
эсгүүр 에스구-르	마름질	**эх бичиг** 에흐 비칙	본문
эсгэх 에스게흐	재단하다	**эх зах** 에흐 자흐	질서
эсрэг 에스렉	반대의	**эх орон** 에흐 어렁	조국
эст 에스트	세포가 있는	**эх орончь** 에흐 어렁치	애국자

эх хэл 에흐 헬	모국어	**эцэс** 에체스	끝
эхлэл 에흘렐	시작	**эцэслэх** 에체슬레흐	끝나다
эхлэн 에흘렝	부터	**эцэх** 에체흐	지치다
эхлэх 에흘레흐	시작하다	**эчнээ** 에치네-	몰래
эхлээд 에흘레-드	먼저	**ээ** 에-	(감탄사) 에이
эхний 에흐니-	처음의	**ээ балар** 에- 발라르	아차
эхнэр 에흐네르	아내, 부인	**ээ дээ** 에- 데-	글쎄
эхэн 에헹	초, 초순	**ээ харла** 에- 하를라	저런
эцсийн 에츠시-잉	마지막	**ээ чааваас** 에-차-와-스	거참
эцэг 에첵	아버지, 부친	**ээдрэх** 에-뜨레흐	꼬이다
эцэг өвгөд 에첵 우브긍	조상	**ээдрээ** 에-뜨레-	혼란
эцэх 에체흐	피곤하다	**ээдэх** 에-데흐	엉기다

ээж 에-찌	어머니, 모	
ээл 에-엘	행복	
ээлж 에-엘지	순서	
ээлжилт 에-엘질트	정기의	
ээмэг 에-멕	귀거리	
ээрмэл 에-르멜	방적	
ээрүү 에-루-	말더듬는	
ээрүүл 에-루-울	실타래	
ээрэгч 에-렉치	방적기	
ээрэх 에-레흐	말을 더듬다	
ээх 에-흐	쬐다	

Ю

юан 원
요안

юань 원
요안

юм 것, 일
윰

юмс 만물
윰스

юмсан 었다
윰상

юу 무엇
요-

юу 요?, 까?
요-

юунд 왜?
요은드

юуны 무엇의
요-니-

юутай ч атугай 아무튼
요태 치 아토개

юуны өмнө 우선
요-니- 우믄

юутай 무엇을 가지고
요태

юутай ч 무엇보다도
요태 치

юуган 자신의
요-가-앙

юухан 별 것 아닌
요-항

юулуур 깔때기
율-루-르

юулэх 붓다
유-올레흐

Я

яв 야우	왜, 어떻게	**ялтай** 얄태	어쩌죠
явал 야왈	어쩌면	**ям** 얌	(행정)부
явач 야와치	결코	**ямай** 야매	그렇다 치고
ягаав 야가ㅡ브	왜, 무슨	**яна** 야나	어떻게 해요
ягаад 야가ㅡ드	왜	**яралтгүй** 야랄트귀	천천히
ядаг 야딱	어찌	**яаралтай** 야랄태	급한
яж 야찌	어떻게	**ярах** 야라흐	서두르다
		ярмаг 야르막	박람회
		яруу 야로ㅡ	조급한

яа яа
야 야
(감탄사) 야 야

яалаа гэж
얄라ㅡ 게
그럴 리가 없어요

яаравчлан
야랍칠랑
서둘러, 급히

яруулах 야롤라흐	재촉하다	**явдал** 야우딸	행동
яасан 야상	어떻게	**явдалтай** 야우딸태	걷는
ятуу 야토-	놈	**явуул** 야올	보행하는
ях 야흐	어떻게 하다	**явуулагч** 야올락치	발신자
яхаараа 야하-라-	왜	**явуулах** 야올라흐	보내다
яхав 야합	당연히	**явууллага** 야롤락	추진
яв цав 얍 찹	딱	**явуут** 야오-트	가자마자
яваандаа 야완다-	앞으로	**явц** 얍츠	과정
явагдах 야왁다흐	진행되다	**явцуу** 얍초-	좁은
явах 야와흐	가다	**явцуурах** 얍초라흐	치우치다
явгалах 야브갈라흐	걸어가다	**яг** 약	바로
явган 야브강	도보의	**яг таг** 약 탁	꼭 맞은

284

몽골어	한국어	몽골어	한국어
ягаан 야강	연분홍색	**ядуу** 야또-	가난
ягаарах 야가-라흐	분홍빛이 나다	**ядуурах** 야또-라흐	가난해지다
ягжгар 약지가르	땅딸막한	**ядуус** 야또-스	빈민
ягштал 약쉬탈	정확하게	**яз** 야즈	힘껏
ядаж 야다찌	적어도	**язгуур** 야즈고-르	뿌리, 근본
ядаргаа 야따르가-	피로	**язмагтах** 야즈막타흐	응고가 되다
ядаргаатай 야따르가-태	짜증나는	**язралт** 야즈랄트	찰과상
ядарсан 야따르상	피곤한	**яйрах** 야이라흐	박살나다
ядах 야따흐	꺼리다	**ял** 얄	처벌
ядахдаа 야따흐다-	하필	**ялаа** 얄라	파리
ядмаг 야뜨막	약한	**ялагдал** 얄륵달	패배
ядрах 야뜨라흐	피곤하다	**ялагдах** 얄륵다흐	지다

Я

ялагч 얄락치	승리자	**ялзрал** 얄즈랄	부패
ялалт 얄랄트	승리	**ялзрах** 얄즈라흐	썩다
ялангуяа 얄릉고야	특히	**ялимгүй** 얄름귀	사소한
ялах 얄라흐	이기다	**яллагч** 얄락치	검사
ялгаа 얄가-	차이	**яллах** 얄라흐	벌을 주다
ялгавар 얄가와르	구분	**ялтан** 얄탕	죄인
ялгагдах 얄각다흐	구분되다	**ямаа** 야마-	염소
ялгах 얄가흐	구별하다	**ямагт** 야막트	항상
ялгуун 얄공	온순한	**ямар** 야마르	어떠한, 어떤
ялдам 얄담	친절한	**ямартаа** 야마르타-	오죽하면
ялдамхан 얄담항	정중한	**ямба** 얌바	특권
ялз 얄즈	푹	**ямбалах** 얌발라흐	특혜를 누리다

янаг 야낙	애정의	**янхигар** 양히가르	수척한
янаглал 야나그랄	사랑	**янхийх** 양히-흐	여위다
янаглах 야나글라흐	사랑에 빠지다	**япон** 야퐁	일본
янгиа 양기아	가냘픈	**яр** 야르막	헌데
янгинах 양기나흐	쑤시다	**яраглах** 야락라흐	신음하다
янгир 양기르	산양	**ярах** 야라흐	젖히다
яндан 얀등	굴뚝	**ярвиг** 야르웍	부담감
янз 얀즈	형태	**ярга** 야락	도살
янзлах 얀즐라흐	수리하다	**яргачин** 야락칭	도살자
янтай 양태	벼루	**яргай** 야르가이	산사나무
янтгар 얀트가르	거만한	**яргалах** 야르갈라흐	도살하다
янхан 양항	매춘부	**ярзайх** 야르재흐	이를 드러내다

ярзгар 야르즈가르	이를 드러내는
яриа 야리아	이야기, 대화
ярилцах 야릴차흐	대화하다
ярилцлага 야릴츨락	대담, 면접
яриулах 야리올라흐	말하게 하다
ярих 야리흐	이야기하다
яруу 야로-	맑은
яруу найраг 야로- 내락	시
яруу найрагч 야로- 내락치	시인
яршиг 야르식	방해
яс үндэс 야스 운데스	국적
ясжих 야스지흐	뼈가되다
яснаасаа 야스나-사-	본질적으로
ясны 야스니-	타고난
яст мэлхий 야스트 멜히-	거북의
ястан 야스탕	민족
ятга 야탁	가야금
ятгалга 야트갈락	설득
ятгах 야트가흐	설득하다
яхир 야히르	엄한
яхирлах 야히를라흐	까다롭게 굴다

초보자를 위한
한국어-몽골어
Солонгос-Монгол

김학선 저

머 리 말

한국과 몽골이 1990년 3월 26일 정식 수교를 한 이후 몽골과 한국 간의 교류가 지속적으로 활발해져 가면서, 몽골어를 배우려는 한국인 또한 그 숫자가 날로 늘어나고 있습니다. 수교 20년이 되어가는 지금 몽골에 거주하는 한국교민은 3000명 내외로 증가하였고 해마다 사업, 교육, 선교 등 다양한 목적의 방문객이 점점 늘어나고 있는 반면 이들의 요구 수준을 충족시킬만한 몽골어 교재는 많지 않은 실정입니다. 이러한 시점에서 초급 몽골어 학습자를 위해 소지하기 간편한 한몽단어장을 기획하게 되었습니다. 가능한 몽골어 기초단어들과 숙어들, 그리고 꼭 필요한 내용의 문장들을 선별하여 게재하였습니다.

몽골어의 특징의 하나인 연어현상으로 한국어에 비해 단어들이 조금 길어지는 감이 없지 않지만 몽골어를 처음 접하는 학습자들에게 도움을 주고자 몽골어 밑에 한글로 발음을 표기해 놓았습니다. 되도록 토박이 화자의 발음에 가깝도록 노력하였습니다만 우리말 표기가 몽골어의 정확한 발음에 해당하지 않는 경우도 있을 수 있음을 밝혀둡니다. 부족하나마 몽골어 학습에 조금이라도 도움이 되기를 다시 한번 기원합니다. 공부하시다가 궁금한 점이나 의문점이 있으시면 제 메일(hakseon66@hanmail.net)로 연락을 주시거나 또는 다음까페 '몽골사랑'에 글로 남겨주세요. 성심성의껏 답변드리겠습니다. 또한 몽골에 관한 다양한 자료는 다음까페 '몽골사랑' (cafe.daum.net/mongolia2003)에 들어오시면 검색하실 수 있음을 알려드립니다. 좀 더 많은 분들이 좀 더 쉽게 몽골어를 접하실 수 있도록 계속 노력하겠습니다.

김학선

차례

머리말 ········· 3

- ㄱ ············· 5
- ㄴ ············· 53
- ㄷ ············· 70
- ㄹ ············· 95
- ㅁ ············· 97
- ㅂ ············· 131
- ㅅ ············· 158
- ㅇ ············· 196
- ㅈ ············· 270
- ㅊ ············· 311
- ㅋ ············· 324
- ㅌ ············· 329
- ㅍ ············· 334
- ㅎ ············· 342

부록 ········· 365

ㄱ

한국어	몽골어
가(명령)	яв 야우
가게	дэлгүүр 델구-르
가게주인	дэлгүүрийн эзэн 델구-리-잉 에젱
가격	үнэ 운
가격표	үнийн цаас 우니-잉 차-쓰
가곡	ая, аялгуу 아야, 아얄고-
가구	тавилга 타빌락
가기 싫어	явах дургүй 야와흐 도르구이
가까운	ойр 어이르
가까워?	ойр уу, ойрхон уу? 어이르 노-, 어이르헝 노-
가끔	хаяа 하야
가난한	ядуу 야또-

가격이 절반이다   үнийн тал
                우니-잉 탈

가격차가 크다   үнийн ялгаа их
                우니-잉 얄가- 이흐

가기 전에 작별인사를 드리고 싶습니다.
Явахынхаа өмнө салах ёс хиймээр байна.
야와히-잉하- 우문 살라흐 여쓰 히-메-르 밴

가끔 시장가다   хаяа зах явдаг
                하야 자흐 야브닥

가늘다	нарийн 나리-잉	가다.	явах 야와흐
가능	боломжтой 벌럼지테	가득 차다	дүүрэх 두-레흐
가능성	боломж 벌럼지	가련한	хөөрхийлэлтэй 후-르히-일렐테

가는 길이야.	Явж байна 야우찌 밴
가는 집마다	очсон айл болгон 어치성 애일 벌겅
가능하시면	боломжтой бол 벌럼지테 벌
가도 되나요?	Явж болох уу? 야우찌 벌러호-
가득 따라 주세요.	Дүүрэн хийж өгнө үү. 두-렝 히-찌 우그누-
가라앉다	живэх, шигдэх, суух 지웨흐, 쉭데흐, 소-흐
가려고 하다	явах гэж байна 야와흐 게찌 밴
가로질러 가다	хөндлөн гарах 훈들릉 가라흐

가렵다	загатнах 작트나흐	가벼운 사고	хөнгөн осол 훙긍 어설
가루	нунтаг 논탁	가수	дуучин 도-칭
가르치다.	заах 자-흐	가스	газ 가즈
가리다	хаах, халхлах 하-흐, 할흘라흐	가스레인지	гаазан плитка 가장 플리트카
가마(머리)	үсний эргүүлэг 우쓰니- 에르구-렉	가스를 잠그다	гааз хаах 가즈 하-흐
가면	баг 바크	가스통	газны сав 가즈니 사우
가뭄	ган 강	가슴	цээж, хөх 체-츠, 후흐
가방	цүнх 충흐	가야한다	явах хэрэгтэй 야와흐 헤렉테
가벼운	хөнгөн 료흐끼	가여워라	өрөвдөлтэй юм 우룹둘테 윰
가볍게 생각하다			хөнгөн бодох 훙긍 버떠흐
가사도우미			гэрийн үйлчлэгч 게리-잉 울칠렉치

가엾다	өрөвдөлтэй 우룹둘테	가자	явцгаая 야브츠가-이
가운데	дунд, гол 돈드, 골	가재	голын хавч 걸링 합치
가위	хайч 해치	가정	гэр бүл, айл гэр 게르 불, 애일 게르
가을	намар 나마르	가져오다	авч ирэх 압치 이레흐
가입하다	бүртгүүлэх 부르트구-레흐	가지 않다	явахгүй 야와흐구이

가장 좋아하는 시간	хамгийн дуртай цаг 함기-잉 도르태 착
가장 친한 친구	хамгийн дотны найз 함기-잉 더트니 내쯔
가장(지위)	өрхийн тэргүүн 우르히-잉 테르구-웅
가장자리	өрхийн тэргүүний байр суурь 우르히-잉 테르구-니- 배르 소-르
가정환경	гэр бүлийн байдал 게르 불리-잉 배달
가족 모두 함께 즐겁게	гэр бүлээрээ хөгжилтэй 게르 불레-레- 훅질테

가지다	авах 아와흐	각본	эх зохиол 에흐 저헐
가지세요	авна уу 아우노-	각자의	тус тусын 토쓰 토씨잉
가축	мал 말	간격	зай завсар 재 잡싸르
가치	үнэ, үнэ цэнэ 운, 운첸	간단한	хялбар энгийн 햘바르 엥기-잉
가치가 없다	үнэгүй 운구이	간부	удирдлага 오디르들락
가치가 오르다	үнэ өсөх 운 우쓰흐	간장	цуу 초-

가족관계   гэр бүлийн харилцаа
게르 불리-잉 하릴차-

가족들에게 저를 대신해서 안부 전해주세요.
Гэр бүлийхэндээ миний өмнөөс мэнд хүргээрэй.
게르 불리-흥데- 미니- 우무너-쓰 멘드 후르게-레

가족이 어떻게 되세요?   Гэр бүл хэдүүлээ вэ?
게르 불 헫두-울레- 웨

가족이 일보다 더 중요하다.
Гэр бүл бол ажлаас илүү чухал.
게르 불 벌 아질라-쓰 일루- 초할

간접적으로	шууд бусаар 쇼-드 보싸-르	간판	зарлалын самбар 자르랄링 삼바르
간주하다.	гэж үзэх 게찌 우제흐	간호사	сувилагч 소빌락치
간청하다	гуйлт, хүсэлт 고일트, 후셀트	갈망하다.	хүсэх мөрөөдөх 후쎄흐 무르-드흐

간다. 어~ 가(헤어질 때)   явах. за, яв яв
                                      야와흐자, 야우 야우

간섭하다   хөндлөнгөөс оролцох
                                   훈드룬거-쓰 어럴처흐

간식을 먹다   хөнгөн хоол идэх
                                   훙근 허얼 이데흐

간염예방주사
                 элэгний үрэвсэлээс сэргийлэх тарилга
                 엘렉니- 우렙쎼레-쓰 세르길-레흐 타릴락

간이 적당하다.   амталгаа нь таарсан
                                  암탈가- 앙 타-르상

간통   завхайрах, самуурах
                                  잡해라흐, 사모-라흐

갈 것이다   явах болно, явна
                                 야와흐 벌른, 야운

갈 길이 멀어.   явах зам хол.
                                 야와흐 잠 헐

갈색	бор өнгө 버르 웅그	감독하다	хянах 하나흐
갈아타다	сольж суух 설찌 소-흐	감명	халдвар 할드와르
갈증을 풀다.	цангаа тайлах 창가- 텔라흐	감사하게 여기다	талархах 탈라르하흐
감	илжгэн чих 일즈깅 치흐	감소되다	хорогдох 허럭더흐
감기	ханиад 하니아드	감시	хяналт 햐날트
감기약	ханиадны эм 하니아드니 엠	감염되다	халдварлах 할뜨와를라흐

감기에 걸렸을 땐	ханиад хүрсэн үед 하니아드 후르승 우이드
감기에 걸리다	ханиад хүрэх 하니아드 후레흐
감독(스포츠)	дасгалжуулагч 다스갈쪼-락치
감동이야.	Сэтгэл хөдөлсөн. 세트겔 후둘승
감동하다	сэтгэл хөдлөх 쎄트겔 후둘를

| 감자 | төмс
톰쓰 | 값을 깎다 | үнэ буулгах
우네 보-올가흐 |
|---|---|---|---|
| 감자튀김 | шарсан төмс
샤르상 톰쓰 | 값이 내리다 | үнэ буурах
운 보-라흐 |
| 감탄하다 | гайхах, шагшрах
가이하흐, 샤그쉬라흐 | 값이 비싼 | үнэтэй
운테 |
| 갑옷 | хуяг, дуулга
호약, 도-올가 | 값이 싼 | үнэ хямд
운 햠드 |
| 갑자기 | гэнэт
겐트 | 값이 오르다 | үнэ өсөх
운 우쓰흐 |
| 갑자기 말하다 | гэнэт хэлэх
겐트 헬레흐 | 강 | гол
걸 |
| 갑자기 울다 | гэнэт уйлах
겐트 오이라흐 | 강간 | хүчирхийлэл
후치르히-렐 |
| 갑작스럽게 | гэнэт
겐트 | 강도 | дээрэмчин
데-렘칭 |

감사합니다.	Баярлалаа, таларxалаа
바야르라-, 탈라르하라-
감전당하다	цахилгаан гүйдэлд цохиулах
차힐가-앙 구이델드 처횰라흐
감정	сэтгэл, сэтгэлийн хөдлөл
쎄트겔, 쎄트게리-잉 후둘르

강력한	хүчтэй 후치테	갖다	эзэмших 에젬쉬흐
강변	маргаан 마르가-앙	같이 가다	хамт явах 함트 야와흐
강사	багш, лектор 박시, 렉토르	같이 가자.	хамт явъя 함트 야위
강아지	гөлөг 굴룩	개	нохой 너허이
강의하다	хичээл заах 히체-엘 자-흐	개강하다.	хичээл эхлэх 히체-엘 에흘레흐
갖다 주다	аваачиж өгөх 아와-치찌 우그흐	개구리	мэлхий 멜히-

갔다 오는데 한 시간 안에 될까?
Нэг цагийн дотор яваад ирж болох болов уу?
네끄 차기-잉 더터르 야와-드 이르찌 벌러흐 벌러보

강조하다		онцлох, чухалчлах 언츨러흐, 초할츨라흐
강하게 누르다		хүчтэй дарах 후치테 다라흐
같이 가고 싶다		хамт явмаар байна 함트 야우마-르 밴
같이 나가 놀다		хамт гарч тоглох 함트 가르츠 터글러흐

개띠	нохой жил 너헤 질	개인적으로는	хувиар 호위아르
개막	нээлт 네-엘트	개척하다	эзэмших 에젬쉬흐
개미	шоргоох 셔르거-얼찌	개최하다	нээлт хийх 네-엘트 히-흐
개선	шинэчлэлт 신칠렐트	개혁하다.	шинэчлэлт хийх 신칠렐트
개업	бизнес шинээр хийх 비지네스 시네-르 히-흐	객체	объект 어벡트
개다	цэлмэх 첼메흐	거기	тэр 테르
개인	хувь хүн 호위 훙	거래소	арилжааны цэг 아릴짜-니 첵
개인수표	хувийн чек 호위-잉 체크	거리(도로)	гудамж 고땀지
개인재산	хувийн өмч 호위-잉 움치	거리(멀기)	зай 재

거기 재미있는 것 없어?

Тэнд сонирхолтой юм алга уу?
텐드 서니르헐테 윰 알가 우-

거기엔 상점이 많아.

Тэнд дэлгүүр их бий.
텐드 델구-르 이흐 비-

거미줄	аалзны шүлс 아-알즈니 슐스	거의	бараг 바락
거북이	яст мэлхий 야스트 멜히-	거의 매일	бараг өдөр бүр 바락 우드르 부르
거실	зочны өрөө 저치니 우러-	거의 없는	бараг байхгүй 바락 배흐구이
거울	өвөл 우월	거주	оршин суух 어르싱 소-흐
거위	галуу 갈로-	거주자	оршин суугч 어르싱 속-치

거긴 앉지 마.   Тэнд биттий суу.
텐드 비트기- 소-

거대하다   аварга, асар том
아브락, 아사르 텀

거래하다   арилжаа солилцох
아릴짜- 설릴처-흐

거스름돈 주세요.   Хариулт мөнгө өгнө үү.
하리올트 뭉그 우그누-

거스름돈이 틀려요.   Хариулт мөнгө буруу байна.
하리올트 뭉그 보로- 밴

거의 먹지 않다   бараг идэхгүй
바락 이데흐구이

한국어	몽골어	한국어	몽골어
거짓말하다	худал хэлэх 호딸 헬레흐	걱정하지마.	Санаа бүү зов. 사나- 부- 접
거품	хөөс 후-쓰	건강	эрүүл мэнд 에루-울 멘드
걱정	санаа зовох 사나- 저워흐	건강해지다.	эрүүл болох 에루-울 벌러흐
걱정스러운	санаа зовмоор 사나- 저우머-르	건국하다.	улс байгуулах 올쓰 배고-올라흐
걱정하다	санаа зовох 사나- 저워흐	건너가다	цаад талд гарах 차-뜨 탈드 가라흐

거의 모든 회사에서 바араг бүх компанид
바락 부흐 컴파니뜨

거의 속을 뻔했어. Хууртагдах шахлаа.
호-르탁다흐 샤흘라-

거의 완벽했는데 бараг бүрэн төгс байсан боловч
바락 부렝 툭쓰 배상 벌럽치

거절하다 татгалзах
타트갈짜흐

거주연장기간 оршин суух зөвшөөрлөө сунгуйлах
어르싱 소-흐 줍슈-를러- 손고이라흐

건강은 어떠세요? Бие нь ямар байна?
비 잉 야마르 밴

건너편	эсрэг тал 에쓰렉 탈	건전지 다 됐어	Зай дууссан 재 도-쓰쌍
건물	байшин барилга 배싱 바릴락	건축가	барилгачин 바릴락칭
건배하다	хундага тогтоох 혼닥 턱터-흐	걸다.	өлгөх 울그흐
건전지	зай 재	걸레	алчуур 알쵸-르

건강을 되찾다 эрүүл мэндээ эргүүлж олох.
에루-울 멘데- 에루-울쯔 얼러흐

건강을 빨리 회복하시길 바랍니다. Хурдан эдгээрэй.
호르땅 에뜨게-레

건강을 유지하다 эрүүл мэндээ санхин хамгаалах
에루-울 멘데- 상힝 함가-알라흐

건강이 안 좋아 보이네요.
Бие тааруу харагдаж байна.
비 타-로- 하락다찌 밴

건강증명서 эрүүл мэндийн тодорхойлолт
에루-울 멘디-잉 더떠르헐럴트

건강진단 эрүүл мэндийн магадлагаа
에루-울 멘디-잉 마가드라가-

건설하다 бүтээн босгох, барилга барих
부테-엥 버쓰거흐, 바릴락 바리흐

걸리다	тээглэх 데-글레흐	검역소	шалгалтын газар 샬갈팅 가자르
걸어가다	алхах 알하흐	검열	шалгалт 샬갈트
걸어가면서	алхангаа 알항가-	검열(검토)하다	шалгах 샬가흐
검	сэлэм 셀렘	검은색	хар өнгө 하르 웅그
검게 타다	түлэглэх 툴렉데흐	겉표지	гадна хавтас 가뜬 합타쓰
검사하다	шалгах 샬가흐	게	хавч 합치
검색하다	хайх 하이흐	게다가	тэгээд, дээрээс нь 테게-뜨, 데-레-쓴

걸다. / 한국 팀에 돈을 걸다.
бооцоо тавих / Солонгосын багт мөнгө тавих
버-처- 타비흐/설렁거씽 박트 뭉그 타비흐

걸어서 갈 수 있어요?   **Алхаад явж чадах уу?**
알하-뜨 야우찌 차드흐-

걸어서 약 10분 걸려요.
Алхаад явбал яг 10 мин зарцуулна.
알하-뜨 압발 약 아르왕 미노트 자르초-올른

걸을 수는 없다.   **алхах боломжгүй**
알하흐 벌럼찌구이

게임	тоглоом 터글러-엄	격차	эрс ялгаа 에르쓰 얄가-
겨냥하다.	онылох 어닐러흐	견인	таталт, чирэлт 타탈트, 치렐트
겨루다.	уралдах 오랄따흐	견적가격	үнэлгээ 우넬게-
겨울	өвөл 우월	견적서	үнэлгээний хуудас 우넬게-니- 호-따쓰
겨울에	өвөл нь 우월른	결과	үр дүн 우르 둥
격려하다	урамшуулал 오람쇼-올랄	결국	эцэст нь 에체스트

게스트 하우스 түрээсийн байр
투레-시-잉 배르

게으른 / 정말 게으르다. залхуу / үнэхээр залхуу.
잘호-/ 운헤-르 잘호-

게임에서 이기다 тоглоомонд хожих
터글러-엄언뜨 허찌흐

겨울엔 밖에 나가기가 싫다.
Өвөл гадаа гарах дургүй.
우월 가다- 가라흐 도르구이

겨울이 점점 짧아지다
өвөл бага багаар өдөр богинсох
우월 박 바가-르 우드르 버긴써흐

한국어	몽골어
결론	дүгнэлт 두그넬트
결말	эцэс төгсгөл 에체스 툭쓰글
결승	шийдвэр 시-뜨베르
결점	дутагдал 도탁달
결정적인	шийдвэрлэсэн 시-뜨베를레승
결정하다	шийдвэрлэх 시-뜨베를레흐
결합	нэгдэл, эвсэл 넥델, 엡셀
결합시키다	нэгтгэх 넥트게흐
결핵	сүрьеэ өвчин 수르예 웁칭
결혼	хурим 호림
결혼식	хурмын ёс 호리밍 여쓰
결혼하다	хурим хийх 호림 히-흐
겸손한	даруу 다로-
경감하다.	хөнгөлөх 홍글르흐

결심하다   шийд, шийдвэрлэх
시-뜨, 시-뜨베를레흐

결정짓다   шийдвэрлэх
시-뜨베를레흐 우이델

결혼하셨어요?   Хуримаа хийэн үү?
호리마 히-쓰누

결혼피로연   хурмын цайллага
호리밍 챌라그

경계(한계)	сэрэмжлэг 세렘질렉	경비실	харуулын пост 하로-올링 퍼스트
경과하다	дуусах 도-사흐	경사진	өгсүүр 욱스르
경기	уралдаан тэмцээн 오랄따-앙 템체-엥	경영하다	удирдах 오띠르따흐
경련	булчин татах 볼칭 타타흐	경우	үед, тохиолдолд 우이드, 터헐떨뜨

결혼한 지 3년 됐어요.
Хурим хийгээд 3 жил болж байна.
호림 히-게-드 고르왕 질 벌찌 밴

결혼했습니다.
Хуримаа хийсэн
호리마 히-쓴

경공업
хөнгөн аж үйлдвэр
훙긍 아찌 우일드베르

경기가 싱겁다
сонирхолгүй тэмцээн
서니르헐구이 템체-엥

경기결과
уралдаан тэмцээний үр дүн
오랄따-앙 템체-니- 우르 둥

경기장
уралдаан тэмцээний талбар
오랄따-앙 템체-니- 탈바르

경매하다
дуудлага худалдаа
도-뜰락 호딸다-

경작	тариалан 타리알랑	경찰	цагдаа 차끄다-
경쟁하다	уралдаан 오랄따-앙	경치	байгалийн байдал 배갈리-잉 배달
경제	эдийн засаг 에디-잉 자싹	경험	туршлага 토르쉴락
경제학자	эдийн засагч 에디-잉 자싹치	경험이 없는	туршлагагүй 토르쉴락구이

경비원을 부르세요.   Харуулыг дууд.
하로-올리그 도-뜨

경연대회   урлагын тэмцээн
오를라깅 템체-엥

경우에 따라서   байдлаасаа болоод
배뜰라-사- 벌러-뜨

경제학   эдийн засгийн ухаан
에디-잉 자쓰기-잉 오하-앙

경찰관   цагдаагийн ажилтан
차끄다-기-잉 아질탕

경찰에 신고하다   цагдаагийн газар мэдэгдэх
차끄다-기-잉 가짜르 메떽데흐

경축일   баяр ёслолын өдөр
바야르 여슬럴링 우드르

계급	анги, давхарга 앙기, 답하흘가	계산하다	тооцоолох 터-처-얼러흐
계단	шат 샤트	계속	үргэлж 우르겔찌
계란	өндөг 운득	계속하다	үрэглжлүүлэх 우르겔찔루-레흐
계산기	тооны машин 터-니 마싱	계승하다	үржүүлэх 우르주-울레흐
계산대	касс 카쓰	계약	гэрээ 게레-

경험이 많다   их туршлагатай
                                     이흐 토르쉴락태

경험이 없어서요. 당신이 고르세요.
                     Би туршлагагтгүй учраас чи сонго.
                     비 토르쉴락구이 오치라-쓰 치 성거

계산서 주세요.   тооцооны хуудас өгнө үү.
                     터-처-니 호-따쓰 우그누-

계산을 잘못했네.   Би буруу тооцоолсон байна.
                     비 보로- 터-철-승 밴

계산을 지금하나요?   Одоо тооцоо хийх үү?
                     어떠- 터-처- 히-후-

계산이 잘못됐어요.   Тооцоо буруу болсон байна.
                     터-처- 보로- 벌승 밴

계약서	гэрээ бичиг 게레- 비치크	계좌를 열다	данс нээх 단쓰 네-흐
계약하다	гэрээ хийх 게레- 히-흐	계획	төлөвлөгөө 툴릅르거-
계절	улирал 올리랄	고갈되다	хатах 하타흐
계정	тооцоо 터-처-	고구마	амтат төмс 암타트 툼쓰
계좌	данс 단쓰	고귀한	эрхэм 에르헴

계산해 주세요.   Тооцоолж өгнө үү.
터-처-얼찌 우그누-

계속 가   үргэлжлүүлээд яв
우르겔찔루-레드 야우

계속 말해.   Үрэглжлүүлээд ярь.
우르겔찔루-레드 야리

계속해서 가세요.   Үрэглжлүүлээд явна уу.
우르겔찔루-레드 야우노-

계약기간은 5년입니다.   Гэрээний хугацаа 5 жил.
게레-니 혹차- 타왕 질

계약을 체결할 필요가 있습니다.
     Гэрээ байгуулах хэрэгтэй.
게레- 배고-올라흐 헤렉테

고급스런	дээд зэргийн 데-드 제르기-잉	고르다	сонгох 성거흐
고기	мах 마흐	고마운	талархууштай 탈라르호-쉬태
고대의	эртний 에르트니-	고맙습니다.	баярлалаа. 바야를라
고등학교	ахлах сургууль 아흐라흐 소르고-올	고무	резин 레진
고려하다	харгалзаж үзэх 하르갈자찌 우제흐	고무줄	резинэн утас 레지닝 오타스

계좌잔액	дансан дахь мөнгө 단상 다흐 뭉그
계획대로	төлөвлөгөөний дагуу 툴릅르거-니- 다고-
계획이 다 틀어졌어.	Төлөвлөгөөнөөс хазайх. 툴릅르거너-쓰 하재흐
계획적으로	төлвөлсний дагуу 툴불쓰니-다고-
고고학	археологийн шинжлэх ухаан 아르힐러깅- 신질레흐 오하-앙
고막(신체)	чихний хэнгэрэг 치흐니- 헹게렉

고발하다	мэдэгдэх 메덱데흐	고위계층	дээд давхарга 데-드 답하르그
고사성어	хэлц өг 헬츠 욱	고의적으로	санаатайгаар 사나-태가-르
고상한	эрхэм дээд 에르헴 데-드	고장나다	эвдрэх 엡드레흐
고속도로	хурдны зам 호르뜨니 잠	고전의	эртний 에르트니-
고아	өнчин хүүхэд 운칭 후-흘	고정된	бэхлээтэй 베흘레-테
고양이	муур 모-르	고추(야채)	чинжүү 친쭈-
고요한	чимээгүй, амгалан 치메-구이, 암갈랑	고추장	чинжүүны жан 친쭈-니 짱

고무줄로 묶다　　　　резинээр боох
　　　　　　　　　　레지네-르 버-흐

고아원　　өнчин хүүхдийн асрамжийн газар
　　　　　운칭 후-흘디-잉 아쓰람지-잉 가자르

고용하다　　　　　ажилд хөлслөгдөх
　　　　　　　　　아질뜨 훌슬륵두흐

고운 피부　　　　гоё, хөөрхөн арьс
　　　　　　　　고이, 후-르훙 아리쓰

한국어	몽골어
고층빌딩	өндөр байшин 운드르 배싱
고층의	дээд давхрын 데-드 답하링
고향	төрсөн нутаг 투르승 노탁
고혈압	өндөр даралт 운드르 다랄트
곧	удахгүй 오따흐구이
곧 ~되다	удахгүй ~болно 오따흐구이~벌른
곧바로	төд удалгүй 투뜨 오딸구이
골(스포츠)	гоол 거얼
골목	нарийн гудамж 나리-잉 고땀지
골키퍼	хамгаалагч 함가-알락치

고쳐줄 수 있어요?   Янзалж өгч чадах уу?
                  얀잘찌 욱치 차뜨흐-

고통을 겪다   зовлон зүдгүүр туулах
                  저우렁 주뜨구-르 톨-라흐

고향에 돌아가다   төрсөн нутаграа буцах
                  투르승 노타끄로-가 보차흐

고향이 어디세요?   Нутаг хаана вэ?
                  노탁 하-안 웨

곧 도착 할 거야.   Удахгүй хүрнэ.
                  오따흐구이 후른

곧 볼 수 있으실 거예요.
     Удахгүй харах боломжтой болно.
     오따흐구이 하라흐 벌럼찌테 벌른

곰	баавгай 바-우개	공공재산	нийтийн өмч 니-티-잉 움치
곰팡이가 난	хөгцрөх 훅치르흐	공급하다	нийлүүлэх 니-룰-레흐
곳(장소)	газар 가자르	공기	агаар 아가-르
공	бөмбөг 붐북	공기(타이어)	хий 히-
공간	орон зай 어렁 재	공동의	хамтын, нийтийн 함틴, 니-티-잉
공개적인	нээлттэй 네-엘트테	공립학교	улсын сургууль 올씽 소르고-올
공공의	нийтийн 니-티-잉	공무	төрийн алба 투리-잉 알바

곧 시험이야.　　　　　Удахгүй шалгалттай.
　　　　　　　　　　　오따흐구이 샬갈트태

곧장 집에 간다.　　　　Шууд гэрлүүгээ явна.
　　　　　　　　　　　쇼-뜨 게를루-게- 야운

골라주세요.　　　　　　Сонгоод өгөөч.
　　　　　　　　　　　성거-뜨 우그-치

공격　　　　　　　　　довтолгоон, дайралт
　　　　　　　　　　　더우털거-엉, 대랄트

공백	хоосон зай 허-성 재	공약	албан ёсны амлалт 알방 여쓰니 암랄트
공부하다	хичээл хийх 히체-엘 히-흐	공업	аж үйлдвэр 아찌 우일드웨르
공상	зөгнөл 주그눌	공업화	аж үйлдвэржилт 아찌 우일드웨르찔트
공식(수학, 의식)	томьёо 터묘	공연	тоглолт 터글럴트
공식적인	албан ёсны 알방 여쓰니	공연하다	тоглолт хийх 터글럴트 히-흐

공무원　　　　　　　　төрийн албан хаагч
　　　　　　　　　　　투리-잉 알방 학-치

공부 하나도 안했어.　　Хичээл нэгч хийгээгүй.
　　　　　　　　　　　히체-엘 넥치 히-게-구이

공부를 열심히 하지 않았어요.
　　　　　　　　Хичээлээ хичээнгүй хийгээгүй.
　　　　　　　　히체-엘레- 히체-엥구이 히-게-구이

공부를 잘하다　　　　　хичээлээ сайн хийх
　　　　　　　　　　　히체-엘레- 셍 히-흐

공사장　　　　　　барилгын ажлын талбай
　　　　　　　　　바릴긩 아질링 탈배

공식에 따라　　　　　　томьёоны дагуу
　　　　　　　　　　　터묘니 다고-

공예	урлахуй 오를라호이	공정	тэгш шудрага 텍쉬 쇼뜨락
공원	цэцэрлэг 체체를렉	공제하다	сууттах 소-트가흐
공유하다	эзэмших 에젬쉬흐	공증인	нотариатч 너트라트치
공자(인물)	Күнз 군쯔	공채(증권)	бонд 번드
공작(동물)	тогос шувуу 터거쓰 쇼워-	공평	адил тэгш 아딜 텍쉬
공장	үйлдвэр 우일드웨르	공평하게	адил тэгш 아딜 텍쉬
공적이 있다	алдар гавьяа 알따르 가위야	공포영화	аймшгийн кино 앰쉬기-잉 키노

공식적으로 알리다   албан ёсоор мэдэгдэх
                                        알방 여써-르 메덱데흐

공식적으로 인정하다
                   албан ёсоор хүлээн зөвшөөрөх
                               알방 여써-르 훌레-엥 줍슈-르흐

공업지역   аж үйлдвэрийн бүс нутаг
                     아찌 우일드웨리-잉 부쓰 노탁

공장 노동자   үйлдвэрийн ажилчин
                     우일드웨리-잉 아찔칭

공헌하다	гавьяа байгуулах 가위야 배고-올라흐	과(책)	хичээл 히체-엘
공화(국)	бүгд найрамдах 북뜨 내람다흐	과거	өнгөрсөн 응구르쏭
공휴일	амралтын өдөр 아므랄팅 우드르	과녁	бай 배

공지사항 잠깐 들으세요.   Зарлал сонсно уу.
　　　　　　　　　　　　자르랄 선스노-

공항　　　　　　　　　нисэх онгоцны буудал
　　　　　　　　　　　　니쎄흐 엉거츠니 보-딸

공항까지 배웅해 드릴게요.
　Нисэх онгоцны буудал хүртэл гаргаж өгнө.
　니쎄흐 엉거츠니 보-딸 후르텔 가르가찌 우근

공항에 어떻게 가실 건가요?
　Нисэх онгоцны буудал хүртэл яаж явах вэ?
　니쎄흐 엉거츠니 보-딸 후르텔 야찌 야와흐 웨

공항으로 친구를 마중가려고 해.
　Нисэх онгоцны буудалруу найзыгаа тосохоор
　니쎄흐 엉거츠니 보-딸로- 내찌가- 터써허-르
　явах гэж байна.
　야와흐 게찌 밴

공황　　　　　　　　　эдийн засгийн хямрал
　　　　　　　　　　　　에디-잉 자쓰기-잉 **햠랄**

과속	хэт хурд 헤트 호르뜨	관리자	эрхлэгч 에르흘렉치
과일	жимс 짐쓰	관리하다	удирдах 오띠르다흐
과일을 먹다	жимс идэх 짐쓰 이데흐	관세	гаалийн татвар 가-알리-잉 타트와르
과자	пичень 피첸	관세를 내다	татвар төлөх 타트와르 툴르흐
과정	явц 얍치	관심을 갖다	сонирхох 서니르허흐
과학	шинжлэх ухаан 신질레흐 오하-앙	관점	хувийн үзэл бодол 호위-잉 우젤 버덜
관객	үзэгч 우젝치	관중석	үзэгчдийн суудал 우젝치디-잉 소-딸
관계	харилцаа 하릴차-	관찰하다	ажиглах 아지글라흐

과학자	шинжлэх ухааны эрдэмтэн 신질레흐 오하-니 에르뎀텡
관계를 맺다(사업)	харилцаа холбоотой болох 하릴차- 헐버-테 벌러흐
관세 세관	гаалийн татварын газар 가-알리-잉 타트와링 가자르

광고	зарлал 자를랄	교단에 서다	багш болох 박시 벌러흐
광물	эрдэс бодис 에르데쓰 버띠쓰	교류	харилцаа 하릴차-
광장	талбай 탈배	교사	багш 박시
광주리	сүлжмэл сав 술찌멜 삽	교실	анги 앙기
괜찮습니다	зүгээр 쭈게-르	교육	боловсрол 벌럽쓰럴
교과서	сурах бичиг 소라흐 비칙	교육부	боловсролын яам 벌럽쓰럴릉 얌

관세를 납부해야 하나요?
    Гаалийн татвар төлөх ёстой юу?
    가-알리-잉 타트와르 툴르흐 여쓰테 요

관절부위	үе мөчний хэсэг 우이 무치니- 헤섹
관절염	үе мөчний үрэвсэл 우이 무치니- 우렙쎌
광견병	нохойн галзуу өвчин 너헹 갈쯔-웁칭
교수	их сургуулийн багш 이흐 소르고-올리-잉 박시

교제하다	уулзалт хийх 오-올잘트 히-흐	구(숫자)	ec 유쓰
교통	зам харилцаа 잠 하릴차-	구경하다	үзэж сонирхох 우제찌 서니르허흐
교환하다	солилцох 설릴처흐	구두 한 켤레	нэг хос гутал 넥 허쓰 고탈
교회	христийн сүм 히리쓰팅 숨	구두	гутал 고탈

교통경찰   зам тээврийн цагдаа
잠 테-웨리-잉 착다-

교통법규를 어기다   зам тээврийн дүрэм зөрчих
잠 테-웨리-잉 두렘 주르치흐

교통사고   зам тээврийн осол
잠 테-웨리-잉 어썰

교통사고 당하다   зам тээврийн осолд өртөх
잠 테-웨리-잉 어썰드 우르트흐

교통사고를 내다   зам тээврийн осол гаргах
잠 테-웨리-잉 어썰 가르가흐

교통수단   тээврийн хэрэгсэл
테-웨리-잉 헤렉쎌

교환되나요?   Сольж болох уу?
설찌 벌러흐-

34

구레나룻	хууз 호-즈	구절(문장)	уттгат хэсэг 오탁트 헤쎅
구멍	нүх 누흐	구조	бүтэц 부테츠
구멍을 뚫다	нүхлэх 누흘레흐	구조하다 (응급)	аврах 아우라흐
구비하다	хангах 항가흐	구좌	данс 단쓰
구성(전산)	бүтэц 부테츠	구체적인	тодорхой 터떠르헤
구성하다	бүрдүүлэх 부르두-울레흐	국(음식)	шөл 슐
구어	аман яриа 아망 야리아	국경	улсын хил 올씽 힐
구역	бүс 부쓰	국내	улсын дотоод 올씽 더터-드
구월(9월)	9-р сар 유스 두게-르 사르	국립	улсын, төрийн 올씽, 투리-잉

구좌기록(은행) дансны гүйлгээний жагсаалт
단쓰니 구일게-니- 작사-알트

구체적으로 협상합시다.
Тодорхой хэлэлцээр хийцгээе.
터떠르헤 헬렐체르 히츠게이

국민	ард түмэн 아르뜨 투멩	국회	их хурал 이흐 호랄
국영	төрийн удирдлага 투리-잉 오띠르뜰락	군고구마	шарсан төмс 샤르상 툼쓰
국적	иргэний харьяалал 이르게니 하르얄랄	군대	цэрэг 체렉
국제	олон улсын 얼렁 올씽	굴	агуй 아고이

구충제를 먹다　　　хортон устгах бодис идэх
　　　　　　　　　허르텅 오스트가흐 버띠스 이데흐

국가를 부르다　　　төрийн дуулал дуулах
　　　　　　　　　투리-잉 돌-랄 도-올라흐

국경을 통과하다　　　хил нэвтрэх
　　　　　　　　　힐 넵트레흐

국경통과비자　　　хил нэвтрэх виз
　　　　　　　　　힐 넵트레흐 비즈

국기를 게양하다　　　төрийн далбаа мандуулах
　　　　　　　　　투리-잉 달바- 만도-올라흐

국내공항　хот хоорондын нисэх онгоцны буудал
　　　　　허트 허-런딩 니쎄흐 엉거츠니 보-딸

국을 드시겠어요?　　　Шөл уух уу?
　　　　　　　　　슐 오-호-

굵다	бүдүүн 부뚜-웅	권리를 박탈하다	булаах 볼라-흐
굽다	шарах 샤라흐	귀	чих 치흐
궁(건물)	ордон 어르떵	귀 기울이다	чих тавих 치흐 타위흐
궁금하다	мэдэхийг хүсэх 메떼히-끄 후쎄흐	귀머거리의	дүлий хүн 둘리- 훙
권력	эрх мэдэл 에르흐 메델	귀빈	хүндэт зочин 훈데트 저칭
권리	эрх, эрх ашиг 에르흐, 에르흐 아쉭	귀신	чөтгөр 추트그르

국제공항 олон улсын нисэх онгоцны буудал
얼렁 올씽 니쎄흐 엉거츠니 보-딸

국제전화 улс хоорондын телефон яриа
올쓰 허-런딩 텔레폰 야리아

군대에서 제대하다 цэргээс халагдах
체레게-쓰 할락다흐

궁금한 건 못 참아.
Мэдэхийг хүсэх юм байвал тэсэж чадалгүй.
메떼히-끄 후쎄흐 윰 배왈 테쎄찌 차따뜨구이

궁금해 죽겠네. Мэдмээр байна.
메뜨메-르 밴

귀여운	хөөрхөн 후-르홍	귤	жүрж 주르찌
귀중품	үнэт эдлэл 우네트 에뜰렐	그 남자	тэр эрэгтэй 테르 에렉태
귀찮아	яршигтай 야르식태	그밖에	түүнээс гадна 투-네-쓰 가뜬
규정하다	дүрэм тогтоох 두렘 턱터-흐	그 부인	тэр эхнэр 테르 에흐네르
균형	тэнцвэр 텐츠웨르	그 후에	түүний дараа 투-니 다라-

권 / 세권	номын ширхэг/ гурван ширхэг 너밍 쉬르헥/ 고르왕 쉬르헥
귀국준비	эх орондоо буцах бэлтгэл 에흐 어런더- 보차흐 빌트겔
귀국하다	эх орондоо буцах 에흐 어런더- 보차흐
귀여워요.	Өхөөрдөм байна. 우허르덤 밴
귀중품보관함	үнэт эдлэл хадгалах газар 우네트 에뜰렐 하뜨갈라흐 가자르
규정	тогтоосон дүрэм журам 턱터-성 두렘 조람

한국어	몽골어	한국어	몽골어
그건 그렇고	тэр ч яахав 테르 치 야합	그날	тэр өдөр 테르 우드르
그것	тэр 테르	그네	савлуур 사울로-르

규정을 초과하다 хэтжээнээс хэтрүүлэх
헴제-네-쓰 헤트루-울레흐

그 동안 тэр хугацааны турш
테르 혹차-니 토르쉬

그 소식을 들었어요? Тэр мэдээг дуулсан уу?
테르 메떼-끄 도-올스노-

그거 필요 없어 тэр хэрэггүй
테르 헤렉구이

그걸로 됐습니다. тэгээд болсон.
테게-뜨 벌성

그것뿐이야? тэгээд л болоо юу?
테게-뜰 벌러- 요

그게 내 전문인걸요.
Тэр чинь миний мэргэжил шүү дээ.
테르 친 미니- 메르게질 슈- 데-

그게 바로 나야. Тэр чинь би байна.
테르 친 비 밴

그냥 구경하는 거예요. Зүгээр л үзсэн юм.
쭈게-를 우쯔승 윰

그녀	тэр эмэгтэй 테르 에멕테	그래서	тийм учраас 티-임 오치라-쓰
그들	тэдгээр 테뜨게-르	그래프	график 그라휘크
그때	тэр үед 테르 우이드	그러나	гэвч 겝치
그래	тийм 티-임	그러면	тэгвэл 테그웰

그냥 날 좀 내버려 둬. **Намайг зүгээр л орхиод өг.**
나매끄 쭈게-를 어르혀뜨 우끄

그냥 보통이지. **зүгээр л байдаг зүйл.**
쭈게-를 배탁 주일

그냥 운동중인데요. **зүгээр л дасгал хийж байна.**
쭈게-를 다쓰갈 히-찌 밴

그동안 **тэр хугацааны турш**
테르 혹차-니 토르쉬

그들이 몇 시에 도착하지요?
Тэд нар хэдэн цагт хүрж очих вз?
테뜨 나르 헽등 착트 후르찌 어치흐 웨

그때 오토바이 타고 있었어.
Тэр үед мотоцикл унаж байсан.
테르 우이드 모터치클 오나찌 배쌍

그러지마.	биттий тэг.	그럼	тэгвэл
	비트기- 텍		테그웰
그런 후에	тэгсний дараа	그렇게	тэгэж
	텍쓰니 다라-		테게찌
그런데	гэвч	그렇게 하면	тэгэж хийвэл
	겝치		테게찌 히-웰

그래 뭔가 이상해. Тиймээ нэг л сонин байна.
티-메- 네글 서닝 밴

그래도 안 되면 항의하자.
Тэгээд ч болохгүй бол эсэргүүцье.
테게-뜨 치 벌러흐구이 벌 에쎄르구-치

그래도 정말 다행이야. Тэгсэн ч гэсэндээ азны юм.
텍승 치 게슨데- 아쯔니 윰

그러는 바람에 тэгсны уршгаар
텍쓰니 오르쉬가-르

그러려고 한건 아녜요. тэгэх гэсэн юм биш.
테게흐 게쓍 윰 비쉬

그런데 전화를 꺼버리고 받질 않아.
Гэвч утсаа унтраачихаад авахгүй байна.
치 오트사- 온트라-치하-뜨 아와흐구이 밴

그런데요, 전 지금 가봐야 할 것 같아요.
Гэхдээ би явах хэрэгтэй юм шиг байна.
게흐데- 비 야와흐 헤렉테 윰 식 밴

그렇군요	тийм үү 티-무-	그만, 그만.	боль, боль. 벌 벌
그룹(가수)	хамтлаг 함틀락	그물	тор 터르
그릇	таваг 타왁	그을리다	гандах 간다흐
그리다	зурах 조라흐	그저께	уржигдар 오르찍다르
그림	зураг 조락	그처럼	тэрэн шиг 데렌 쉭
그만 가자.	явахаа больё. 야와하- 벌리흐	(비가)그치다	(бороо)зогсох 버러- 적서흐
그만 하자.	хийхээ больё. 히-헤- 벌리	극(연극)	жүжиг 주찍

그럼, 모레는 어때?　　Тэгвэл нөгөөдөр уулзья
테그웰 누그-드르 오-올지

그렇게는 안 돼.　　Тэгэж болохгүй.
테게찌 벌러흐구이

그렇다면 좋아요.　　тэгвэл тэгье.
테그웰 티기

그릇/국수 3그릇
таваг/гоймонтой шөл гурван таваг
타왁, 고이먼터이 슐 고르왕 타왁

극복하다	давж гарах 답찌 가라흐	근처에	ойр хавь 어이르 합
극장	театр 띠아트르	금	алт 알트
극히	туйлын 토이링	금고	төмөр авдар, цеф 투므르 압다르, 체프
근거하다	учир шалтгаан 오치이르 샬트가앙	금메달	алтан медаль. 알탕 메달
근로자	ажилчин 아질칭	금붕어	алтан загас 알탕 자가쓰
근면한	ажилсаг 아질싹	금요일	баасан гариг 바-승 가릭
근본	эх үндэс 에흐 운데쓰	금지하다	хориглох 허릭러흐
근심	зовнил, санаашрал 저우닐, 사나-쉬랄	급료를 깎다	цалин хасах 찰링 하싸흐
근원	ундарга 온드라그	급한 성질	түргэн ааш 투르긍 아-쉬
근접한	ойрхон 어이르헝	기(국기)	төрийн далбаа 투리-잉 달바-
금방 그칠거야.		Удахгүй зогсоно. 오따흐구이 적선	

기간	хугацаа 혹차-	기능	ажиллагаа 아질라가-
기계	машин 마신	기능하다	ажиллах 아질라흐
기관지	мөгөөрсөн хоолой 무구-르승 헐러이	기다리다	хүлээх 홀레-흐
기념하다	дурсах 도르싸흐	기대하다	найдах 내-따흐

금지표지판   хориглох самбар
                               허릭러흐 삼바르

금지품을 소지하고 있습니까?
                       Хориглосон бараа авч яваа юу?
                           허릭러승 바라- 압치 야와- 요

급하다/나 지금 급해. яаралтай/Би одоо яарч байна.
                        야랄태/비 어떠- 야르치 밴

급한 일이 생겼어.   Яаралтай ажил гарсан.
                           야랄태 아질 가르승

긍정하다   хүлээн зөвшөөрөх
                           홀레-엥 줍슈-르흐

기계 고장 난 것 같아요. 한번 봐주실래요?
Энэ машин эвдэрсэн юм шиг байна.
     엔 마싱 엡들승 움 식 밴
Нэг үзээд өгөөч.
     넥 우제-뜨 우그-치

한국어	몽골어	한국어	몽골어
기둥	багана 바간나	기본적인	үндсэн, гол 운드쓩, 걸
기록	тэмдэглэл 템데글렐	기분	сэтгэл санаа 세트겔 사나-
기록하다	тэмдэглэх 템데글레흐	기쁘다	баярлах 바야를라흐
기르다	тэжээх 테제-흐	기쁨	баяр, баясгалан 바야르, 바야스갈랑
기름	өөх, тос 우-흐, 터쓰	기사(신문)	нийтлэл 니-틀렐
기름기가 많은	тостой 터쓰테	기숙사	оюутны байр 어요트니 배르
기반을 잡다	хөлөө олох 훌러- 얼러흐	기술	ур чадвар 오르 차드와르
기본요금	суурь төлбөр 소-르 툴부르	기술자	техникч 테흐닉치

기관   цогц эрхтэн, байгууллага
척츠 에르흐텡, 배고-올락

기내소지품   онгоцонд авч орж болох зүйлс
엉거천드 아우치 어르지 벌러흐 주일스

기분이 더 좋아지다 сэтгэл санаа илүү сайхан болох
세트겔 사나- 일루- 새항 벌러흐

한국어	몽골어
기어오르다	авирах 아위라흐
기억	ой тогтоолт 어- 턱터-얼트
기억력	ой тогтоомж 어- 턱터-엄지
기억해내다	санах 사나흐
기원	х үсэлт, гуйлт 후셀트, 고일트
기일	тогтсон өдөр 턱트성 우드르
기입하다	бөглөх 부글르흐
기자	сурвалжлагч 소르왈찔락치
기준가격	стандартын үнэ 스탄다르팅 운
기질	тэнхээ тамир 텡헤 타미르

기분이 어때?   Сэтгэл санаа ямар байна?
세트겔 사나- 야마르 밴

기분이 좋은   Сэтгэл санаа сайхан
세트겔 사나- 새항

기사 다 읽었어요? Нийтлэлийг бүгдийг уншсан уу?
니-틀렐리-ㄲ 북디-ㄲ 온쉬스노-

기억이 나지 않다   санахгүй байна
사나흐구이 밴

기억이 잘 안나요.   Сайн санадаггүй.
생 사나딱구이

기여하다   хувь нэмэр оруулах
홉 네메르 어로-올라흐

기차	галт тэрэг 갈트 테렉	기회	боломж 벌럼지
기찻길	галт тэрэгний зам 갈트 테레그니- 잠	기후	уур амьсгал 오-르 앰스갈
기체	хийн төлөв 히-잉 툴릅	긴 머리	урт үс 오르트 우쓰
기초	эх үндэс, суурь 에흐 운데쓰, 소-르	긴 생머리	урт шулуун үс 오르트 숄로-옹 우쓰
기침	ханиад 하니아드	긴급한	яаралтай 야랄태
기타(악기)	гитар 기타르	긴장하지 않았다	тү гшээгүй 툭쉐-구이
기호	дохио тэмдэг 더효 템덱	길	зам 잠

기차가 더 싸겠지만 더 느릴 것이다.
Галт тэрэг илүү хямд боловч илүү удаан.
갈트 테렉 일루 햠드 벌럽치 일루 오따-앙

기차역   галт тэрэгний буудал
                          갈트 테레그니- 보-딸

기초적인   суурь, анхан шатны
                          소르, 앙항 샤트니

기한을 늘리다   цаг хугацааг уртасгах
                          착 혹차-끄 오르타쓰가흐

길 건너편 замын эсрэг тал 자밍 에쓰렉 탈	길을 건너다 зам гарах 잠 가라흐
길다 урт 오르트	길을 떠나다 замд гарах 잠드 가라흐
길어지다 уртсах 오르트싸흐	길을 안내하다 замчилах 잠칠라흐

기호(취미)   сонирхол, таашаал
    서니르헐, 타-샤-알

기회가 되면 또 뵙길 바랍니다.
Боломж гарвал дахин уулзана гэж найдаж байна.
벌럼지 가르왈 다힝 오-올즌 게찌 내-다찌 밴

기회가 있었다   боломж байсан
    벌럼지 배쌍

기회를 놓치다   боломжоо алдсан
    벌럼저- 알뜨쌍

기회를 잡다   боломж ашиглах
    벌럼지 아쉭라흐

긴장을 풀다   түгшихээ болих
    툭쉬헤- 벌리흐

길 끝 사거리까지 가세요.
Замын төгсгөлд дөрвөн замын уулзвар
자밍 툭스글드 두르웅 자밍 오-올즈와르
хүртэл яваарай.
후르텔 야와-래

길을 잃다	төөрөх 투-르흐	까마귀	хар хэрээ 하르 헤레-
길이 막히다	зам бөглөрөх 잠 부글러르흐	깔때기	юүлүүр 율루-르
길이	урт 오르트	깜박하다	таг мартах 탁 마르타흐
김치를 만들다	кимчи хийх 김치 히-흐	깜짝 놀란	дав хийн цочсон 답 히-잉 처치성
깃대	тугны иш 톡니- 이시	깨(곡물)	гүнжид 군지드
깃발	туг далбаа 톡 달바-	깨끗이	цэвэр 체웨르
깊이	гүн 궁	깨닫다	ухаарах 오하-라흐

길 좀 비켜주세요.
Зам тавиад өгнө үү.
잠 타위아드 우그누-

김치 만들어 줄께.
Кимчи хийж өгье.
김치 히-찌 우기

김치 먹어본 적 있어요?
Кимчи идэж үзсэн үү?
김치 이데찌 우쯔스누-

김치는 발효 식품이다.
Кимчи нь исгэж хийдэг хүнсний бүтээгдэхүүн.
김친- 이스게찌 히-덱 훈스니 부텍-데흐웅-

깨뜨리다	хагалах 하갈라흐	껴안다	тэврэх 테우레흐
껌	бохь 버흐	꽂다 (플러그)	зоох 저-흐
껍질	хальс 할쓰	꽂아. (플러그)	зоо. 저-
껍질을 깎다	хальслах 할쓸라흐	꽃	цэцэг 체첵

깎아주세요.   хямдруулж өгнө үү.
함드로-올찌 우그누-

깎아주세요. 아줌마   хямдруулж өгөөч. Эгчээ
함드로-올찌 우거-치 에그체-

깜짝 놀라다   дэв дав хийн цочих
뎁 답 히-잉 처치흐

깨워주세요.   сэрээж өгнө үү.
세레-찌 우그누-

깨지기 쉽다   амархан хагардаг
아마르항 하가르닥

꺾어지다 (방향)   чиг өөрчлөгдөх
칙 우-르치룩드흐

꼭 일찍 일어나셔야 해요.

     Заавал өглөө эрт босох ёстой.
자-왈 우글러- 에르트 버써흐 여스터

50

꽃가게	цэцгийн дэлгүүр
	체츠기-잉 델구-르
꽃가루	цэцгийн хөрс
	체츠기-잉 후르쓰
꽃무늬	цэцгэн хээ
	체츠겡 헤-
꽃병	цэцгийн сав
	체츠기-잉 삽
꽃을 따다	цэцэг түүх
	체첵 투-흐
꽃이 피다	цэцэг дэлгэрэх
	체첵 델게레흐
꾸짖다	загнах
	자그나흐

꿀	зөгийн бал
	주기-잉 발
꿈	зүүд
	주-드
꿈꾸다	зүүдлэх
	주-들레흐
끄다 (기계)	унтраах
	온트라-흐
끄덕이다	дохих
	더히흐
끈	үдээс, уяа
	우데-쓰, 오야
끊다 (술, 담배)	хаях
	하야흐

꼭 한번 봐요.   заавал нэг удаа үзээрэй.
자-왈 넥 오따- 우제-레

꽃이 그려져 있다.   цэцэг зурсан байна.
체첵 조르쌍 밴

꿈에서 미리 알려주다
Мөрөөдлөөсөө урьдчилаад ярьж өгөх
무르-들러-써- 오르뜨칠라-드 야리찌 우그흐

끈적거리지 않는   нойтон оргидгүй
너-텅 어르기뜨구이

끓는 물	буцалж буй ус	끝	үзүүр, төгсгөл
	보찰찌 보이 오쓰		우주-르, 툭스걸
끓이다	буцалгах	끝없는	төгсгөлгүй
	보찰가흐		툭스글구이

끓지 말고 잠깐 기다려봐. Таслалгүй хүлээж бай.
  타슬랄구이 훌레-찌 배

끓이다/여덟 시간 동안 끓이다
  буцалгах/Найман цагийн турш буцалгах
  보찰가흐/내-망 차기-잉 토르쉬 보찰가흐

끝나다/다 끝났어. дуусах/Бүгд дууссан.
  도-싸흐/북드 도쓰쌍

끼다 (반지, 안경) бөгж, шил зүүх
  북찌, 실 주-흐

ㄴ

한국어	몽골어
나	би 비
나 어때?	би ямар байна? 비 야마르 밴
나날이	өдөр алгасалгүй 우드르 알락살구이
나누다	хуваах 호와-흐
나대신	миний оронд 미니- 어런드
나라	улс 올쓰
나르다	зөөх 주-흐
나무	мод 머뜨

나대신 대답하다 Миний оронд хариулах
미니- 어런드 하리올라흐

나도 그렇게 생각해. Би ч гэсэн тэгэж бодож байна.
비 치 게쑝 텍찌 버떠찌 밴

나도 그렇기를 바랍니다.
Би ч гэсэн тэгээсэй гэж хүсэж байна.
비 치 게쑝 테게-쎄이 게찌 후쎄찌 밴

나도 기뻐. Би ч гэсэн баяртай байна.
비 치 게쑝 바야르태 밴

나라를 세우다 улс гүрэн байгуулах
올쓰 구렝 배고-올라흐

나라에서 배분하다 улсаас хувиарлах
올싸-쓰 호위를라흐

나뭇가지	мөчир 무치르	나이	нас 나쓰
나뭇잎	модны навч 머뜨니 납치	나이프	хутга 호탁
나쁘다	муу 모-	나중에	дараа 다라-
나서다	гарах 가라흐	나침반	луужин 로-찡
나았어요	эдгэсэн 에뜨게쑹	나타나다	гарч ирэх 가르치 이레흐
나오다	гарч ирэх 가르치 이레흐	나팔	бүрээ 부레-

나만 빼놓고 간 거예요?
Намайг орихоод явчихсан юм уу?
나매그 어리허-드 얍치흐승 유모-

나무 밑에 숨다
модны доор нуугдах
머뜨니 도-르 노-옥따흐

나무에 새기다
модон дээр сийлэх
머떵 데-르 시-레흐

나이가 많은 사람들이 그녀를 좋아해.
Настай хүмүүс тэр эмэгтэйд дуртай.
나쓰태 후무-쓰 테르 에멕테드 도르태

나중에 다시 전화해라.   Дараа дахиж яриарай.
다라- 다히찌 야리아래

낙담하다	шантрах 샨트라흐	낚시하다	загасчлах 자가쓰칠라흐
낙제하다	шалгалтанд унах 샬갈탄뜨 오나흐	날 믿어.	надад иттэ. 나따드 이트게
낙타	тэмээ 테메-	날다	нисэх 니쎄흐
낙태하다	үр хөндөх 우르 훈드흐	날씨	цаг агаар 착 아가-르
낙후된	хоцрогдсон 허치럭드썽	날씬하다	гоолиг нарийн 거-얼릭 나리-잉

낙관하다	өөдрөгөөр харах 우-드르거-르 하라흐
낙선하다	сонгуульд ялагдах 성고-올뜨 얄락다흐
난 항상 혼자야.	Би үргэлж ганцаараа. 비 우르겔찌 간차-라-
날씨 좋네요.	Цаг агаар сайхан байна шүү. 착 아가-르 새항 밴 슈-
날씨가 좋다.	Цаг агаар сайхан байна. 착 아가-르 새항 밴
날씨가 답답하다.	Цаг агаар бөхчим байна. 착 아가-르 부흐침 밴

날씬한	гоолиг нарийн 거-얼릭 나리-잉	날조	зохиомол 저히어멀
날아가다	нисэх 니쎄흐	날짜	сар өдөр 사르 우드르

날씨가 덥다.   Цаг агаар халуун байна.
착 아가-르 할로-옹 밴

날씨가 따뜻하고 햇살이 좋다.
Цаг агаар дулаахан нарны туяа ээгээд
착 아가-르 돌라-항 나르니 토야 에-게-드
сайхан байна.
새항 밴

날씨가 따뜻하다.   Цаг агаар дулаахан байна.
착 아가-르 돌라-항 밴

날씨가 맑은   цаг агаар цэлмэг
착 아가-르 첼멕

날씨가 시원하다.   Цаг агаар сэрүүхэн байна.
착 아가-르 세루-흥 밴

날씨가 좋은   цаг агаар сайхан
착 아가-르 새항

날씨가 춥다.   Цаг агаар хүйтэн байна.
착 아가-르 휘탱 밴

날씬해 보여요.   Туранхай харагдаж байна.
토랑하이 하락다찌 밴

낡은	хуучин 호-칭	남다	үлдэх 울데흐
남성	эр хүйс 에르 후이쓰	남동생	эрэгтэй дүү 에렉테 두-
남극	өмнөд туйл 우믄드 토일	남북	урд хойд 오르뜨 허이드
남기다	үлдээх 울데-흐	남자	эрэгтэй хүн 에렉테 훙
남녀	эрэгтэй эмэгтэй хүн 에렉테 에멕테 훙	남쪽	өмнө зүг, урд зүг 우믄 죽, 오르뜨 죽

날이 갈수록 өдөр өнгөрөх тусам
우드르 웅그르흐 토쌈

날이 갈수록 발전하다
өдөр өнгөрөх тусам хөгжиж байна
우드르 웅그르흐 토쌈 훅지찌 밴

날이 갈수록 좋아지다
өдөр өнгөрөх тусам сайхан болж байна
우드르 웅그르흐 토쌈 새항 벌찌 밴

남부사람의 말을 하나도 이해 못하겠어.
өмнөд нутгийн хүний яриаг огт ойлгохгүй байна.
움누드 노트기-잉 후니- 야리악 억트 어일거흐구이 밴

남부지역 өмнөд хэсгийн нутаг
움누드 헤쓰기-잉 노탁

남편	нөхөр 누흐르	낮	өдөр 우드르
납세하다	татвар төлөх 타트와르 툴르흐	낮은	намхан 남항
낭만적인	романтик 로만티끄	낮잠 자다	өдөр унтах 우드르 온타흐
낭비야	үрэгдэл 우렉델	낳다	төрүүлэх 투루-올레흐
낭비하다	дэмий үрэх 데미- 우레흐	내 생각에	миний бодлоор 미니- 벌뜨러-르

남의 충고를 듣다   бусдын зөвлөгөөг сонсох
                          보쓰딩 주울거-끄 선서흐

남자친구 / 그녀의 남자친구는 어떤 일을 해?
Эрэгтэй найз/Тэр эмэгтэйн найз залуу нь
    에렉테 내쯔/테르 에멕텡 내쯔 잘로- 은
ямар ажил хийдэг вэ?
  야마르 아질 히-덱 웨

내 소개가 늦었네.
  Өөрийгөө оройтож танилцуулсан уучлаарай.
    우-르이구- 어래터지 타닐초-올산드 오-칠라-래

내가 말하려는 건   миний хэлэх гэсэн зүйл бол
                  미니- 헬레흐 게쓩 주일 벌

내가 말했잖아.   Би хэлсэн биздээ.
                            비 헬쓩 비즈데-

내구력이 있는	бат бөх 바트 부흐	내려가다	уруудах 오로-따흐
내기하다	мөрий тавих 무리- 타비흐	내리다	буух 보-흐
내내	турш 토르쉬	내부	дотоод тал 더-터-뜨 탈
내년	ирэх жил 이레흐 질	내 생각엔	миний бодлоор 미니- 버뜰러-르

내가 뭐라고 말했어?　　Би юу гэж хэлсэн бэ?
비 유- 게찌 헬쏭 베

내가 뭘 잘못 했어요?　　Би юу буруу хийсэн бэ?
비 유- 보로- 헬쏭 베

내가 알기로는　　миний мэддэгээр
미니- 메뜨뜨게-르

내가 알았을 때　　Намайг мэдэхэд
나매끄 메떼헤뜨

내가 이상한 거예요?　　Би хачин байна уу?
비 하칭 배노-

내건 내가 고를 거야.
Өөрийхийгөө би өөрөө сонгоно.
어-리-잉히-거- 비 어-러- 성거너

내기 할래요?　　Мөрий тавих уу?
무리- 타비호-

59

내용	агуулга 아고-올락	냄비	түмпэн сав 툼풍 삽
내일	маргааш 마르가-쉬	냄새 맡다	үнэртэх 우네르테흐
내일 아침	маргааш өглөө 마르가-쉬 우글러-	냉수	хүйтэн ус 휘텡 오쓰

내수 진작(경제용어)
    дотоодын бүтээгдэхүүнийг нэмэгдүүлэх
    더터-디-잉 부테-엑데후닉- 네멕둘-레흐

내일 보는 거다 응?   Марааш харна шүү За?
    마르가-쉬 하른 슈- 자

내일 오후   маргааш үдээш хойш
    마르가-쉬 우데-쉬 허쉬

내일 이 시간에 다시 올게요.
    Маргааш энэ цагт ирье.
    마르가-쉬 엔 착트 이리

내조   эхнэрийн тусламж
    에흐네리-잉 토쓸람지

냄새가 안 좋은   муухай үнэртэй
    모-해 우네르테

냄새를 제거하다   үнэргүй болгох
    우네르구이 벌거흐

냄새를 풍기다   үнэр ханхлуулах
    우네르 항흘로-올라흐

냉장고	хөргөгч 후르크치	넘치다	бялхах, халгих 발하흐, 할기흐
너	чи 치	넣다	хийх 히-흐
너무 예쁜	их хөөрхөн 이흐 후-르홍	네 번째	дөрөвдүгээр 두릅두게-르
넓다	өргөн, уудам 우르긍, 오-땀	네(대답)	за, тийм 자, 티-임
넘다	хэтрэх, давах 헤트레흐, 다와흐	네덜란드	Нидерланд 니데를란드
넘어지다	унах 오나흐	네모진	дөрвөлжин 두르블찡

너무 애쓰지 마.	Битгий их санаа зов. 비트기- 이흐 사나- 접
너무 적게 먹네.	Их жоохон иддэг юм байна. 이흐 쩌-헝 이드떽 윰 밴
네, 그렇게 해주세요.	Тийм, тэгээд хийж өгнө үү. 티-임, 테게-드 히-찌 우그누-
네, 제가 박민수입니다.	Тийм, би Пак Мин Сү. 티-임, 비 박민수
네가 원하는 대로	чиний хүслийн дагуу 치니- 후쓸리-잉 다고-

네트워크	с үлжээ 슐쩨-	노동시간	ажиллах цаг 아질라흐 착
넥타이	зангиа 장갸	노동자	ажилчин 아질칭
넷(숫자)	дөрөв 두릅	노란색	шар өнгө 샤르 웅그
년/5년	жил, таван жил 질, 타왕 질	노래	дуу 도-
노동	хөдөлмөр 후뜰므르	노래방	караоке 카라오케

년전/일년전　　жилийн өмнө/нэг жилийн өмнө
　　　　　　　　질리-잉 우믄/넥 질리-잉 우믄

년후/일년후　　жилийн дараа/нэг жилийн дараа
　　　　　　　　질리-잉 다라-/넥 질리-잉 다라-

노동력　　　　　　　хөдөлмөрийн чадвар
　　　　　　　　　　후뜰므리-잉 차뜨와르

노동력을 낭비하다

　　Ажиллах хүчийг хий дэмий үрэх
　　아질라흐 후치-끄 히- 데미- 우레흐

노래 잘하다　　　　дуу сайн дуулдаг
　　　　　　　　　　도- 생 도-올닥

노래 좀 그만 불러.　　Дуулахаа боль.
　　　　　　　　　　　도-올라하- 볼

62

노래하다	дуулах 도-올라흐	노선	чиг шугам 칙 쇼감
노력	хичээл зүтгэл 히체-엘 주트겔	노인	настай хүн 나스테 훙
노력하다	хичээх 히체-흐	노크하다	хаалга тогших 하-알락 턱쉬흐
노를 젓다	сэлүүрдэх 셀루-르데흐	노트	дэвтэр 뎁테르
노벨상	новелийн шагнал 노벨링 샤그날	노파	эмгэн 엠긍

노래도 좋지요.	Дуу ч гэсэн зүгээр шүү. 도- 치 게씅 쭈게-르 슈-
노래방에서 노래하다	Караокед дуу дуулах 카라오케뜨 도- 도-올라흐
노래방을 싫어하다	Караокед дургүй 카라오케뜨 도르구이
노래와 음악	дуу ба хөгжим 도- 바 훅짐
노름하다	мөрийтэй тоглох 무리-테 터글러흐
노트북	зөөврийн компьютер 주-브리-잉 컴퓨테르

녹음하다	дуу хураах 도- 호라-흐	농구	сагсан бөмбөг 삭상 붐북
녹차	ногоон цай 너거-엉 채	농담이야	тоголсон юм 터글성 윰
논문	диссертаци 디쎄르타치	농담하다	тоглож хэлэх 터글러찌 헬레흐
놀다	тоглох 터글러흐	농민	тариачин 타리아칭
놀라다	цочих, айх 처치흐, 애흐	농업	газар тариалан 가자르 타리알랑
놀러 나가다	зочлох 저철러흐	농촌	тариачны тосгон 타리아치니 터쓰겅
놀러오다	зочилж ирсэн 저칠찌 이르쑹	높은	өндөр 운드르

노트북은 누구 거예요?   Энэ ноте бүүк хэнийх вэ?
엔 너트북 헤니-흐 웨

논쟁하지 말자.   Мэтгэлцэхээ больцгооё.
메트겔치헤- 벌치거이

놀랄까봐 걱정하다   цочих вий гэж санаа зовох
처히흐 위- 게찌 사나- 저워흐

농림부   хөдөө аж ахуйн яам
후떠- 아찌 아호잉 얌

높은 가격	өндөр үнэ 운드르 운	누구	хэн 헹
높이	өндөр 운드르	누구나	хэн нь ч 헹 는 치
놓다	тавих 타위흐	누구세요?	хэн бэ? 헹 베

농업세   газар тариалангын татвар
가자르 타리알랑깅 타트와르

높은 성적을 거두다   өндөр оноо цуглуулах
운드르 어너- 초글로-올라흐

높은 위치   өндөр газар
운드르 가자르

누가 더 나이가 많아요?   Хэн илүү ахимаг настай вэ?
헹 일루- 아히막 나스테 웨

누가 시켰어?   Хэн захиалсан бэ?
헹 자햘승 베

누가 알고 싶은데?   Хэн мэдмээр байна?
헹 메뜨메-르 밴

누구 배고파?   Хэний гэдэс өлсөж байна?
헤니- 게떼스 울스찌 밴

누구 차례예요?   Хэний ээлж вэ?
헤니- 엘찌 웨

누군데?	Хэн юм бэ? 헹 윰 베	눈동자	хүүхэн хараа 후-헹 하라-
누르다	дарах 다라흐	눈물	нулимс 놀림쓰
누설하다	алдах 알따흐	눈병	нүдний өвчин 누드니- 웁칭
눅눅해지다	чийг даах 치-끄 다-흐	눈보라	цасан шуурга 차쌍 쇼-락
눈(기후)	цас 차쓰	눈사람	цасан хүн 차쌍 훙
눈(신체)	нүд 누드	눈썹	хөмсөг 훔쑥

누구를 찾으세요? Хэнийг хайж байна вэ?
헤니-끄 헤지 밴 웨

누구의 집에 가시는데요?
Хэний гэрлүү явж байгаа юм бэ?
헤니- 게를루- 야우찌 배가- 윰 베

누군가와 통화하다 Хэн нэгэнтэй холбоо барьсан
헹 네근테 헐버- 배리쌍

누룽지 агшаасан будааны хусам
악샤-상 보따-니 호쌈

눈사람을 만들다 цасан хүн хийх
차쌍 훙 히-

한국어	몽골어	한국어	몽골어
눈앞	нүдний өмнө 누드니- 우믄	뉘앙스	ярианы өнгө 야리아니 웅그
눈을 뜨다	нүдээ нээх 누데- 네-흐	뉴스	мэдээ 메데-
눈이 내리다	цас орох 차쓰 어러흐	뉴스를 듣다	мэдээ сонсох 메데- 선서흐
눈이 부시다	нүд гялбах 누드 걀바흐	느긋한	сэтгэл амар байх 세트길 아마르 배흐
눈이 아프다	нүд өвдөх 누드 웁드흐	느끼다	мэдрэх 메뜨레흐
눈이 오다	цас орох 차쓰 어러흐	느끼해 (맛)	тослог, хурц 터슬럭, 호르츠

눈싸움하다   цасаар байлдаж тоглох
차싸르 배앨따찌 터글러흐

눈에 거슬리는   сэтгэлд үл нийцэх
세트겔드 울 니-체흐

눈이 나빠서 안경을 써야해.
Нүд чинь муу байгаа учраас нүдний шил
   누드 친 모- 배가- 오치라-쓰 누드니- 쉴

зүүх хэрэгтэй.
 주-흐 헤렉테

눈치보다   бусдын ая талыг харах
보쓰딩 아야 탈리끄 하라흐

느리다	удаан 오따-앙	늙은 여성	хөгшин эмэгтэй 훅싱 에멕테
늘어나다	уртсах 오르트사흐	능동적인	санаачлагатай 사나-칠락태
늙다	хөгшрөх 훅쉬르흐	능력	авьяас чадвар 아위야스 차뜨와르
늙은	хөгшин 훅싱	능숙한	гарамгай 가람가이

능(왕의 무덤)   хаад ноёдын булш
하-드 녀디-잉 볼시

능숙해지다   гарамгай болох
가람가이 벌러흐

늦게 도착하다   оройтож хүрэх
어러이터찌 후레흐

늦게 와서 미안해요.   Оройтож ирсэнд уучлаарай.
어러이터찌 일승드 오-칠라-래

늦게 일어나다   оройтож сэрэх
어러이터찌 세레흐

늦게 잠자리에 들다   орой унтах
어러이 온타흐

늦잠을 자주 자요.   Байнга орой болтол унтдаг.
밴가 어러이 벌털 온트닥

늦었다	хоцорсон 허처르성	늦잠자다	орой босох 어러이 버써흐
늦은	хоцорсон 허처르성		

다가가다	дөхөж очих
	두흐찌 어치흐

다른	өөр
	어-르

다 팔렸어. Бүгд зарагдсан.
북드 자락드상

다른 것들	өөр зүйлсийг
	어-르 주일시-끄

다 먹다 / 다 먹었어요.
  Бүгдийн идэх / бүгдийг нь идсэн.
  북디-인 이데흐 / 북디-끈 이드승

다 알아.   Бүгдийг нь мэднэ.
              북디-끈 메든

다 알아듣다   бүгдийг нь сонсоод ойлгох
               북디-끈 선서-뜨 어일거흐

다가오다 (시기)   ойртож ирэх
                       어러이터찌 이레흐

다른 것 좀 보여 주세요.   Өөрийг үзүүлж өгөөч.
                       어-리-끄 우주-울찌 우거-치

다른 도시보다 오토바이가 많다.
    Өөр хотуудыг бодвол мотоцикл их юм.
    어-르 호토-디끄 버드월 모토치클 이흐 윰

다른 것으로 바꾸다   Өөрөөр солих
                       어-러-르 설리흐

다른 면	өөр тал 어-르 탈	다리(건축)	гүүр 구-르
다른 방법	өөр арга 어-르 아륵	다리미	индүү 인두-

다른 말은 안 해?   Өөр хэлэх зүйл байхгүй юу?
어-르 헬레흐 주일 배흐구이 요

다른 방법으로 하자.   Өөр аргаар хийе.
어-르 아르가-르 히-

다른 사람으로 착각했어요.
    Өөр хүнтэй андуурчихлаа.
어-르 훈테 안도-르치흘라-

다른 색도 있어요?   Өөр өнгө бий юу?
어-르 옹그 비- 요

다른 선택권이 없어.   Өөр сонгох эрх байхгүй.
어-르 성거흐 에리흐 배흐구이

다른 음식으로 바꿔도 되요?
    Өөр хоолоор сольж болох уу?
어-르 허-얼러-르 설찌 벌러흐-

다른 일을 없습니까?   Өөр ажил байхгүй юу?
어-르 아질 배흐구이 요

다리를 다치다   хөлөө гэмтээх
훌러- 겜테-흐

다리와 도로	гүүр ба зам 구-르 바 잠	다섯	тав 타우
다림질하다	индүүдэх 인두-데흐	다소간	их бага хугацаа 이흐 박 혹차-
다만	зөвхөн, ганц 즙흥, 간츠	다수의	олон тооны 얼렁 터-니
다사다난한	хүндрэлтэй 훈드렐테	다시 느려지다	дахиад удах 다햐드 오따흐
다섯 번째	тав дугаар 탑 도가-르	다시 전화하다	дахиж ярих 다히찌 야리흐

다발 / 장미꽃 한 다발　　баглаа/сарнай нэг боодол
　　　　　　　　　　　바글라-/사르내 넥 버-떨

다시 가져가다　　　　　　　дахин авч явах
　　　　　　　　　　　　다힝 압치 야와흐

다시 개최되다　　　　　　　дахин нээх
　　　　　　　　　　　　다힝 네-흐

다시 돌려줘야해.　Дахиж буцааж өгөх хэрэгтэй.
　　　　　　　다히찌 보차-찌 우그흐 헤렉테

다시 말씀해 주세요.　　Дахиад хэлж өгнө үү.
　　　　　　　　　다햐드 헬찌 우그누-

다시 오셨으면 좋겠네요.
　　　　　　　　Дахиад ирвэл зүгээр байна.
　　　　　　　다햐드 이르웰 쭈게-르 밴

다운되다 (전산)	гацах 가차흐	다음달	дараа сар 다라- 사르
다음날	дараа өдөр 다라- 우드르	다음번	дараагийн удаа 다라-기-잉 오따-

다시 전화할게.   дахиж ярина аа.
다히찌 야리나-

다시 한 번   дахин нэг удаа
다힝 넥 오따

다시 한 번 잘 찾아봐. Дахиад нэг сайн хайгаад үз.
다햐드 넥 생 해가-뜨 우즈

다시 한번하다   Дахин нэг удаа хийх
다힝 넥 오따 히-흐

다음 아시아게임은 어디서 열려?
     Дараагийн азийн тоглолт хаана болох вэ?
     다라-기-잉 아지-잉 터글럴트 하-안 벌러흐 웨

다음 아시안게임   Дараагийн Азийн тэмцээн
     다라-기-잉 아지-잉 템체-엥

다음 역에 내리다   Дараагийн буудал дээр бууна
     다라-기-잉 보-딸 데-르 보-온

다음 일요일은 괜찮아?
     Дараагийн ням гариг зүгээр үү?
     다라-기-잉 냠 가릭 쭈게-루-

다음에 올게요.	дараа ирье 다라- 이리	다큐멘터리	баримтат кино 바림타트 키노
다음으로	дараа 다라-	다행이다	азтай, ашгүй дээ 아쯔태, 아식구이 데-
다음주	дараа долоо хоног 다라- 덜러- 허넉	닦다	арчих 아르치흐
다지다	татах 타타흐	단결하다	эв нэгдэл 에브 넥델
다치다	гэмтэх 겜테흐	단계	үе шат 우예 샤트

다음부터는　　　　　　　　　　　дараагийн удаагаас
　　　　　　　　　　　　　　　　다라-기-잉 오따-가쓰

다음에 다시 전화할게.　　Дараа дахин утсаар ярья.
　　　　　　　　　　　　다라- 다힝 오트사-르 야리

다음에 무슨 일이 생겼는데요?
　　　　　　　Дараа нь ямар юм тохиолдсон гэнэ?
　　　　　　　다라-안 야마르 윰 터헐뜨성 겐

다음에 사용하다　　　　　　　　　дараа хэрэглэх
　　　　　　　　　　　　　　　　다라- 헤렉레흐

다음에 얘기해 줄게요.　　　　　Дараа хэлж өгье.
　　　　　　　　　　　　다라- 헬찌 우기

다이어트하다　　　　　　хоолны дэглэм барих
　　　　　　　　　　　 허-얼르니 덱렘 바리흐

단독의	ганцаар 간차-르	단장	байгууллагын дарга 배고-올라긍 다락
단발머리	тайрмал үс 태르말 우쓰	단지	ганцхан 간츠항
단백질	уураг 오-락	단체	байгууллага 배고-올락
단식	хоол сойлт 허-얼 설트	단체손님	олон зочид 얼렁 저치드
단어	үг 욱	단추	товч 텁치
단어 넣기	үг оруулах 욱 어롤라흐	닫다	хаах 하-흐
단언하다	батлан хэлэх 바틀랑 헬레흐	달(시간)	сар 사르
단위	нэгж 넥찌	달(천체)	сар 사르

단거 많이 먹지 마.
　　　　Чихэрлэг юм биттгий их идээрэй.
　　　　치헤를렉 윰 비트기- 이흐 이데-레

단식투쟁하다　　өлсгөлөн зарлан тэмцэх
　　　　울스글릉 자를랑 템체흐

단체 여행객　　багаараа явж байгаа жуулчид
　　　　바가-라- 야우찌 배가- 조-올치드

달다 (맛)	чихэртэй 치헤르테	달아나다	зугатаах 족타-흐
달라붙다	нэгж 넥찌	달아요	чихэрлэг нялуун 치헤를렉 날로-옹
달러	доллар 덜라르	달팽이	эмгэн хумс 엠겡 홈스
달리다	гүйх 구이흐	닭	тахиа 타햐
달력	хуанли 환리	닭고기	тахианы мах 타햐니 마흐
달성하다	биелүүлэх 빌루-울레흐	닭날개	тахианы далавч 타햐니 달랍치

달라붙다 (옷이 젖어서)   нааладах
날-라다흐

달리기 경주를 하다.   гүйлтийн тэмцээнд орох
구일티-잉 템체-엔드 어러흐

달면서 맛있다.   Чихэрлэг мөртлөө амттай.
치헤를렉 무르틀러- 암트태

달팽이처럼 느린   эмгэн хумс шиг удаан
엠겡 홈스 쉭 오따-앙

닭 머리랑 다리 좀 잘라주세요.
Тахианы толгой гуйыг нь салгаад өгөөч.
타햐니 털거- 고이끈 살가-드 우거-치

한국어	몽골어	한국어	몽골어
닭띠	тахиа жил 타하 질	담보대출	барьцаат зээл 배르차-트 제-엘
닮은	дуурайсан 도-래쌍	담요	сүлжмэл хөнжил 술찌멜 훈질
담당하다	хариуцах 하리오차흐	담임하다	хариуцах 하리오차흐
담배	тамхи 타미흐	답례하다	хариу ёслох 하리오 여슬러흐
담배를 피우다	тамхи татах 타미흐 타타흐	답변하다	хариулах 하리올라흐
담보	барьцаа 배르차-	당근	лууван 로-왕

담배를 끊다　　　　　　　　　　тамхинаас гарах
　　　　　　　　　　　　　　　　타미흐나-쓰 가라흐

담배를 피워도 될까요?　　Тамхи татаж болох уу?
　　　　　　　　　　　　타미흐 타타찌 벌러흐-

담배 피우지마.　　　　　　　　　Тамхи бүү тат.
　　　　　　　　　　　　　　　　타미흐 부- 타트

당신 뜻대로 하세요.　Чи өөрийнхөө хүслээр хий.
　　　　　　　　　　치 어-리-잉허- 후쓸레-르 히-

당신 말씀이 맞아요.　　　Чиний хэлсэн үг зөв.
　　　　　　　　　　　　치니- 헬승 욱 줍

당부하다	захих 자히호	당연하다	мэдээж 메데-찌

당연하지 мэдээж шүү дээ
메데-찌 슈-데-

당신께 행운이 있기를 빕니다. Танд аз хүсьe.
탄드 아쯔 후쓰이

당신도 그녀를 아세요?
Та ч гэсэн тэр эмэгтэйг мэдэх үү?
타 치 게쎙 테르 에멕테끄 메데후-

당신말을 못 알아듣겠어요.
Таны ярьж байгааг ойлгохгүй байна.
타니 야리찌 배가-끄 어일거흐구이 밴

당신을 알게 되어서 매우 기뻐요.
Тантай танилцсандаа маш их баяртай байна.
탄테 타닐츠산다- 마쉬 이흐 바야르태 밴

당신을 위한 거예요. Танд зориулсан юм.
탄드 저리올승 움

당신이 승자예요. Та зорчигч.
타 저리칙츠

당신이 원하는 대로요. Таны хүслийн дагуу.
타니 후슬링 다고-

당좌예금 хугацаагүй хадгаламж
혹차-구이 하뜨갈람찌

당황하다	сандрах 산드라흐	대답하다	хариулах 하리올라흐
대(나무)	хулс 홀스	대량의	их хэмжээний 이흐 헴제-니-
대규모의	их хэмжээний 이흐 헴제-니-	대령	хурандаа 호란다-
대극장	том театр 텀 띠아트르	대륙	эх газар 에흐 가자르
대기(권)	агаар мандал 아가-르 만달	대리점	салбар 살바르
대단하시군요.	агуу юм аа. 아고- 유마-	대명사	төлөөний үг 툴루-니- 욱
대단한	мундаг 몬닥	대변	баас, өтгөн 바-쓰, 우트궁

대 / 선풍기 3대　　　　　ширхэг, сэнс 3 ширхэг
　　　　　　　　　　　쉬르헥, 센쓰 고르왕 쉬르헥

대 / 택시 1대　　　　　　ширхэг, такси 1 ширхэг
　　　　　　　　　　　쉬르헥, 탁시 넥 쉬르헥

대강 얼마나 걸려?　Ерөнхийдөө хэр зарцуулах вэ?
　　　　　　　　유릉히-더- 헤르 자르초-올라흐 웨

대담하게 말을 하다　　　　　　　зоригтой ярих
　　　　　　　　　　　　　　저릭태 야리흐

대변보다	өтгөн гаргах 우트궁 가르가흐	대의(원대한 뜻)	шударга ёс 쇼뜨락 여쓰
대본	эх зохиол 에흐 저헐	대접하다	дайлах 댈라흐
대사	элчин сайд 엘칭 새드	대중	олон нийт 얼렁 니-트
대사관	элчин сайдын яам 엘칭 새딩 얌	대중교통	нийтийн тээвэр 니-티-잉 테-웨르
대신하다	орлох 어를러흐	대체로	ерөнхийдөө 유릉히-더-

대부분 너무 놀라한다 ихэнх хүмүүс их гайхдаг
이헹흐 후무스 개흐닥

대사관 가는 길이에요.   Элчин явж байна.
엘칭 야우찌 밴

칭기스 호텔 건너편
Чингис зочид буудлын эсрэг тал
칭기스 저치드 보-딸링 에쓰렉 탈

칭기스 호텔은 어디에 있어요?
Чингис зочид буудал хаана байдаг вэ?
칭기스 저치드 보-딸 하-안 배따끄 웨

대중식당   нийтийн хоолний газар
니-티-잉 허-얼르니- 가자르

대체하다	орлуулах 어로-올라흐	대표자	төлөөлөгч 툴루-울룩치
대출하다	зээлэх 제-엘레흐	대표팀	төлөөлөгч баг 툴루-울룩치 박
대통령	ерөнхийлөгч 유릉힐-룩치	대학교	дээд сургууль 데-드 소르고-올
대표(회사)	төлөөлөгч 툴루-울룩치	대합실	хүлээх өрөө 훌레-흐 우러-

대처하다   арга хэмжээ авах
               아락 헴제- 아와흐

대출기한은 얼마인가요?
         Зээл олгох хугацаа нь хэд вэ?
         제-엘 얼거흐 혹차- 안 헫드 웨

대통령을 뽑다   ерөнхийлөгчөө сонгох
               유릉힐-룩쳐- 성거흐

대표단   төлөөлөгчдийн баг
           툴루-울룩치디-잉 박

대학에서 강의를 맡고 있습니다.
         Дээд сургуульд хичээл заадаг.
         데-드 소르고-올드 히체-엘 자-닥

대학원   магистранд, докторантын сургууль
          마기스트란드, 덕터란팅 소르고-올

대항하다	өрсөлдөх 우르술드흐	더 늦다	илүү хоцрох 일루- 허츠러흐
대화	ярилцлага 야릴출락	더 많이	өшөө их 우슈- 이흐
대회	их чуулган 이흐 초-올강	더 많이 있다	өшөө их бий 우슈- 이흐 비-
댄스	бүжиг 부직	더 있어	дахиад байгаа 다햐드 배가-
더	илүү 일루-	더 큰	илүү том 일루- 텀
더 쉽다	илүү амархан н 일루- 아마르항	더럽히다	бохирлох 버히를러흐
더 높은	илүү өндөр 일루- 운드르	더불어	хамтрах 함트라흐

대학원에서 공부중인	магистарт сурч байгаа 마기스타르트 소르치 배가-
더 나가서는	илүү цаашлаад 일루- 차-쉴라-드
더 드시겠어요?	Нэмж идэх үү? 넴지 이드후-
더 작은 것은 없나요?	Илүү жижиг байхгүй юу? 일루- 찌찌끄 배흐구이 요

더블룸	давхар өрөө 답하르 우러-	덕담	ерөөлтэй үг 유러-얼테 욱
더운	халуун 할로-옹	던져버리다	шидэх 쉬떼흐
덕	буян, ач 보양, 아치	덫	хавх 합흐

더럽군 정말. Бохир юм үнэхээр.
버히르 윰 운헤-르

더 큰 것은 없나요? Илүү том байхгүй юу?
일루- 텀 배흐구이 요

더 필요한 거 없어요./충분해요
Өөр хэрэгтэй юм байхгүй./хангалттай.
어-르 헤렉테 윰 배흐구이 / 한갈트태

더빙하다 кинонд дуу оруулах
키논드 도- 어로-올라흐

더치페이하다 тус тусдаа мөнгө төлөх
토쓰 토쓰다- 뭉그 툴르흐

더치페이해도 될까요?
Тус тусдаа мөнгө төлж болох уу?
토쓰 토쓰다- 뭉그 툴찌 벌러호-

덜 심심하게 하다 бага уйдах
박 오이다흐

한국어	몽골어
덮다 (담요)	хучих 호치흐
덮다 (책)	хаах 하-흐
데다 (불에)	түлэгдэх 툴렉데흐
데리고 오다	дагуулж ирэх 다고-올찌 이레흐
데스크톱	дэлгэц 델게츠
데이트	болзоо 벌저-
데이트를 약속하다	болзох 벌저흐
데치다	орлуулах 어를로-올라흐
데이터베이스	мэдээллийн сан 메델링 상
도 / 40도	хэм/градус 40 хэм 헴, 그라도스/ 두칭 헴
도매로 팔다	бөөнөөр худалдах 버-누-르 호딸다흐
도구	багаж 바가찌
도기	шаазан ваар 샤-장 와-르
도달하다	хүрэх 후레흐
도덕	ёс суртахуун 여쓰 소르타호-옹
도둑	хулгайч 홀가치
도를 넘다	хэтрүүлэх 헤트룰-레흐
도망가다	зугтах 족타흐
도서관	номын сан 너밍 상

한국어	몽골어	발음	한국어	몽골어	발음
도시	хот	허트	독신	ганц бие	간츠 비예
도움이 되는	тус болох	토쓰 벌러흐	독일	Герман	게르망
도자기	ваар	와르	독자(가족)	айлын ганц хүү	애일링 간츠 후-
도착하다	хүрэх	후레흐	독자(구독)	уншигч	온쉭치
도착할거야.	хүрнэ	후렌	독창적	бүтээлч	부테-엘치
독립하다	бие даах	비예 다-흐	독특한	өвөрмөц	우브르무치
독수리	хар тас	하르 타쓰	돈	мөнгө	뭉그

도와줄 수 있어요? Туслаж чадах уу?
토쌀찌 차뜨흐-

도움이 필요한 일이 있으면, 말씀만 해주세요.
Туслалцаа хэрэгтэй ажил байвал хэлээрэй.
토쓸랄차- 헤렉테 아질 배왈 헬레-레

돈 많이 벌고 복 받으세요.
Мөнгө их олж ивээл их аваарай.
뭉그 이흐 얼찌 이웨-엘 이흐 아와-래

돈을 받다	Мөнгө авах	돌다 (방향)	эргэх
	뭉그 아와흐		에르게흐
돈을 벌다	Мөнгө олох	돌려주다	эргүүлж өгөх
	뭉그 얼러흐		에르구-울찌 우그흐

돈 충전해주세요. Мөнгөөр цэнэглээд өгнө үү.
뭉거-르 체네글레-드 우그누-

돈을 계산하다 мөнгө тооцоолох
뭉그 터-처-얼러흐

돈을 많이 쓰지 않다 Мөнгө их үрэхгүй байх
뭉그 이흐 후레흐구이 배흐

돈을 모으다 / 오토바이를 사기 위해 돈을 모으다
Мөнгө цуглуулах/
뭉그 초글로-올라흐/
Мотоцикл авахын тулд мөнгө цуглуулах
머터치글 아와힝톨드 뭉그 초글로-올라흐

돈을 빌려주실 수 있으세요?
Мөнгө зээлдүүлж чадах уу?
뭉그 제-엘두-울찌 차뜨흐-

돈을 송금하다 Мөнгө шилжүүлэх
뭉그 쉴쭈-울레흐

돈을 인출하다 Банкнаас мөнгө авах
방크나-쓰 뭉그 아와흐

돌려드리러 왔어요. Эргүүлж өгөхөөр ирлээ.
에르구-울찌 우그허-르 이를레-

돌보다	асрах 아쓰라흐	동남아	Зүүн өмнөд Ази 주-웅 움누드 아지
돌아오다	эргэж ирэх 에르게찌 이레흐	동료	хамт ажилладаг хүн 함트 아질닥 훙
돌연히	гэнэтийн 겐티-잉	동메달	хүрэл медаль 후렐 메달
돕다	туслах 토슬라흐	동물	амьтан 암탕
돕다	дэмжих 뎀지흐	동물원	амьтны хүрээлэн 암트니 후레-엘렝
동(방향)	зүүн 주-웅	동반자	замын хань 자밍 하니
동갑 맞아요.	нас чацуу. 나쓰 차초ᄂ	동반하다	хамтрах 함트라흐
동갑인	нас чацуу 나쓰 차초	동사(문법)	үйл үг 우일 욱
동굴	агуй 아고이	동생	дүү 두-

동료의 집을 방문하다

Ажлынхаа хүний гэрт зочлох
아질링하- 후니- 게르트 저칠러흐

동반자 관계

замын ханийн харилцаа
자밍 하니-잉 하릴차-

동시에	нэг зэрэг 넥 제렉	돼지띠	гахай жил 가해 질
동업자	хамтран эрхлэгч 함트랑 에르흐렉치	되나요?	Болж байна уу? 벌찌 배노-
동유럽	Зүүн Европ 주-웅 유럽	되다	болох 벌러흐
동의하다	зөвшөөрөх 줍슈-르흐	되풀이하다	давтах 답타흐
동포	нэг үндэстэн 넥 운데쓰텡	두 번째	хоёр дох 허여르 더흐
돛을 달다	далбаа дэлгэх 달바 델게흐	두개로 자르다	хоёр хуваах 허여르 호와-흐
돼지	гахай 가해	두고 가다	орихоод явах 어리허-드 야와흐

동안 / 8시간 동안　турш/найман цагийн турш
토르쉬/ 내망 차기-잉 토르쉬

됐다 안됐다 해요.

Нэг болоод нэг болохгүй байна.
넥 벌러-드 넥 벌러흐구이 밴

두 번 했어.　Хоёр удаа хийсэн.
허여르 오따- 히-쏭

두 팀이 비겼어.　Хоёр баг тэнцчихсэн.
허여르 박 텐츠치흐승

한국어	몽골어
두근거리다	догдлох 덕들러흐
두꺼비	бах 바흐
두다	тавих 타비흐
두려운	аймар 애이마르
두려워하다	айх 애흐
두부	дүпү 두푸
두통이 있는	толгой өвдөх 털거- 웁드흐
둑	далан 달랑
두고 잊어버리다	орихоод мартчихсан 어리허-드 마르트치흐상
둔화(경제용어)	хөгжлийн удаашралт 훅질링 오다-시랄트
둘러싸다	тойрох, хүрээлэх 터-러흐, 후레-엘레흐
둘 다	хоёулангийн 허열랑기-인
둘(숫자)	хоёр 허여르
둘러보다	эргүүлж харах 에르구-울찌 하라흐
둘레(원주)	тойрог 터이럭
둥근	дугуй дүрс 도고이 두르스
뒤꿈치	өсгий 우쓰기-
뒤죽박죽인	замбараагүй 잠바라-구이
뒤쪽	ар тал 아르 탈

뒤쫓다	араас хөөх 아라-쓰 후-흐	드리다	өгөх 우그흐
뒷담화	араар мууалах 아라-르 모-올라흐	드세요(어른에게)	иднэ үү 이드누-
뒷면	ар тал 아르 탈	듣기로는	сонсохнээ 선서흐네-
드라이어	хатаагч 하타-악치	듣다	сонсох 선서흐
드라이하다 (머리)	сэнсдэх 쎈스데흐	들다(손에)	барих 바리흐
드럼(악기)	бөмбөр 붐부르	들다(역기를)	өргөх 우르구흐

뒤에 있는 사람들　　　ард байгаа хүм үүс
　　　　　　　　　　아르뜨 배가- 후무-쓰

뒤집다(안을 밖으로)　　өнгийг нь эргүүлэх
　　　　　　　　　　웅기-끄 은 에르구-울레흐

드라이브하다　　　　　автомашинаар зугаалах
　　　　　　　　　　아우터마쉬나-르 조가-알라흐

득점이 나질 않았어요.　Авсан оноо гарахгүй байна.
　　　　　　　　　　압상 어너- 가라흐구이 밴

듣기 좋은　　　　　　　сонсоход сайхан
　　　　　　　　　　선서허드 새항

들르다	дайраад гарах 대라-드 가라흐	등대	гэрэлт цамхаг 게렐트 참학
들어가다	орох 어러흐	등록하다	бүртгүүлэх 부르트구-울레흐
들판	тал газар 탈 가자르	디스크(전산)	диск 디스크
등(인체)	нуруу 노로-	디자인하다	дизайн 디자인
등급	зэрэг дэв 제렉 뎁	디지털	дижитал 디지털
등급에 도달하다	зэрэг дэв 제렉 뎁	따다(과일)	таслах 토슬라흐

들어가도 돼?   Орж болох уу?
어르찌 벌러호-

등기우편   баталгаат шуудан
바탈가-트 쇼-당

등기우편으로 보내려고요.
Баталгаат шуудангаар явуулах гэж байна.
바탈가-트 쇼-당가-르 야올라흐 게찌 밴

등록증   бүртгэлийн гэрчилгээ
부르트겔리-잉 게르칠게-

디지털카메라   дижитал аппарат
디지털 아파라트

한국어	몽골어	한국어	몽골어
따뜻하게 하다(난방)	халаах 할라-흐	딸기	гүзээлзгэнэ 구제-엘즈겐
따뜻하다	дулаахан 돌라-항	딸꾹질	зогисох 저기서흐
따라가다	дагаж явах 다가찌 야와흐	땀을 흘리다	хөлс урсгах 홀스 오르스가흐
따로	тусдаа 토쓰다-	땅	газар 가자르
따르다(명령)	дагах 다가흐	땅을 갈다	газар хагалах 가자르 하갈라흐
따르다 (액체)	аягалах 아야글라흐	땅을 밟다	газар гишгэх 가자르 기쉬게흐
따르지 않다	дагахгүй 다가흐구이	땅콩	газрын самар 가자링 사마르
따지다	ялгаж салгах 알가찌 살가흐	때때로	заримдаа 자림다-
딱딱한	хатуу 하토-	때리다	цохих 처히흐
딸	охин 어힝	떠나다	орхиж явах 어르히찌 야와흐

때문에 / 나 때문이라고 생각해.
учраас/Надаас болсон гэж бодож байна.
오치라-쓰/나따-쓰 벌성 게찌 버떠찌 밴

떨어지다	унах 오나흐	뚱뚱하다	бүдүүн 부뚜-웅
떼(무리)	сүрэг 수렉	뛰다	гүйх 구이흐
또는	бас 바쓰	뜨거운	халуун 할로-옹
또한	дахиад 다햐드	뜨거워	халуун 할로-옹
똑같다	адилхан 아딜항	뜨다(물에서)	хөвөх 후부흐
똑바로 가다	Цэх явах 체흐 야와흐	뜨다(연예인)	тодрох 토뜨러흐
뚜껑	таглаа 타글라-	뜯다	задлах 자뜰라흐

떠올리다 / 그녀를 떠올리곤 했다.
санаанд орох/Тэр эмэгтэй санаанд орлоо.
사나-안드 어러흐/테르 에메테 사나-안드 어를러-

또 까먹었어요?   Дахиад мартчихсан уу?
다햐드 마르트치흐스노-

똑같이 예쁘다   адилхан хөөрхөн
아딜항 후-르흥

똑똑히 말하다   тодорхой хэлэх
터떠르허 헬레흐

뜯어봐.	Задлаад үз.	뜻대로	хүссэнчлэн
	자뜰라-뜨 우즈		후쓰승치릉
뜻(의미)	утга		
	오탁		

뜨거운 물 조금만 더 주세요.
Халуун ус ахиад жоохон өгнө үү.
할로-옹 오쓰 아히아드 쩌-헝 우그누-

한국어	몽골어	발음
라디오	радио	라디어
라면	гоймон	고이멍
라이터	асаагуур	아싸고-르
러시아	Орос	어러쓰
러시아어	Орос хэл	어러쓰 헬
레드카드	улаан карт	올라-앙 카르트
레몬주스	лемонны шүүс	레모니 슈-스
레벨	түвшин	툽싱
레스토랑	зоогийн газар	저-기-잉 가자르
로그인(전산)	нэвтрэх	넵트레흐
로맨틱한	романтик	러만티끄
로비	лоби	로비

라디오 방송국 радио нэвтрүүлэг
라디어 넵트루-울레끄

렌터카회사 машин түрээслүүлдэг компани
마싱 투레-스루-울덱 컴파니

로딩 용량(전산) хадгалах багтаамж
하트갈라흐 박타-암지

로마에 가면 로마법을 따라야지.
Ромд очвол Ромын хуулийг дагах хэрэгтэй.
롬드 어치월 러밍 호-올리-끄 다가흐 헤렉테

루마니아	Румын 로미–잉	리셉션	хүлээн авалт 훌레-엥 아왈트
리더	удирдагч 오띠르탁치	리스트	жагсаалт 작사–알트
리듬	хэмнэл 헴넬	립스틱	уруулын будаг 오로-올링 보딱

롤 / 휴지 3롤   боодол/нойлын цаас 3 боодол
버-덜/너얼링 차–쓰 고르왕 버-덜

룸서비스   өрөөний үйлчилгээ
우러-니- 울칠게-

리모컨   телевизийн удирдлага
텔레비지-잉 오띠르들락

리터 / 물 1리터   литр/Ус 1 литр
리트르/오쓰 넥 리트르

ㅁ

한국어	몽골어	발음
마스크	маск	마스크
마시다	уух	오-흐
마늘	сармис	사르미스
마실 것	уух юм	오-흐 윰
마르다	хатах	하타흐
마약	хар тамхи	하르 타미흐
마른(건조)	хатсан, хуурай	하트상, 호-래
마우스(전산)	маус	마우스
마술	илбэ	일베
마을	тосгон	터쓰겅

마땅히 ~ 해야 한다 хийх нь зохистой хийх ёстой
히-흔 저히스터 히-흐 여쓰터

마리 / 닭 3마리
амьтны ширхэг/тахиа гурван ширхэг
암트니 쉬르헥/ 타햐 고르왕 쉬르헥

마약을 하다 хар тамхи хэрэглэх
하르 타미흐 헤렉레흐

마우스 오른쪽 클릭하다
Мауснынхаа баруун товчийг дарах
마우스니하- 바로-옹 텁치-그 다라흐

마을 입구 тосгоны төв хаалга
터쓰거니 툽 하-알락

마음	сэтгэл 세트겔	마음이 평온한	сэтгэл амар 세트겔 아마르
마음대로	өөрийн дураар 어-리-잉 도라-르	마이너스의	хасах 하싸흐
마음이 아파	сэтгэл өвдөх 세트겔 웁드흐	마지막	сүүлийн 수-울리-잉
마음이 아픈	сэтгэл өвдсөн 세트겔 웁드승	마찬가지로	адил, ижил 아딜, 이질

마음에 드는　　　　сэтгэлд нийцсэн
　　　　　　　　　세트겔드 니-츠승

마음에 드는 물건　　сэтгэлд нийцсэн юм
　　　　　　　　　세트겔드 니-츠승 움

마음에 드십니까?　Сэтгэлд чинь нийцэж байна уу?
　　　　　　　　세트겔드 친 니-체찌 배노-

마음에 안 들어요.　Сэтгэлд нийцэхгүй байна.
　　　　　　　　세트겔드 니-체흐구이 밴

마음을 다해서　　　бүх сэтгэлээсээ
　　　　　　　　　부흐 세트겔레-쎄-

마음이 따뜻한　　　сэтгэл дүүрэн
　　　　　　　　　세트겔 두-렝

마중 나가다　　　　тосохоор гарсан
　　　　　　　　　터써허-르 가르상

한국어	몽골어	한국어	몽골어
마취하다	мансуурах 만소-라흐	막내	отгон хүүхэд 어트겅 후-헽
마치다	дуусгах 도-쓰가흐	막다	бөглөх, таглах 부글르흐, 타글라흐
마침표를 찍다	Цэг тавих 첵 타위흐	만(바다)	далайн булан 달랭 볼랑
막 뛰어가다	хамаагүй гүйх 하마-구이 구이흐	만나다	уулзах 오-올자흐
막(연극)	сүүлчийн 수-울치-잉	만두	банш 반쉬

마천루   тэнгэр баганадсан барилга
텡게르 바가나뜨승 바릴락

막 ~하려하다   яг хийх гэж байсан
약 히-흐 게찌 배상

막 2년 되었어요.   Яг 2 жил болсон.
약 허여르 질 벌성

막 일어났어요.   Сая яг боссон.
사이 약 버쓰성

만기가 되다   хугацаа дуусах
혹착가- 도싸흐

만나고 싶다/ 바트씨를 만나고 싶어요.
уулзмаар байна / Баттай уулзмаар байна.
오-올즈마-르 밴 바트태 오-올즈마-르 밴

만들다	хийх 히-흐	만족하는	сэтгэл хангалуун 세트겔 항갈로-옹
만들어 내다	хийж гаргах 히-찌 가르가흐	많은	олон, их 얼렁, 이흐
만약	хэрвээ 헤르웨-	많은 곳	олон газар 얼렁 가자르

만약 그렇다면   хэрвээ тэгвэл
    헤르웨- 테그웰

만약 그렇지 않다면   хэрвээ тэгэхгүй бол
    헤르웨- 테게흐구이 벌

만약 바쁘지 않으시면, 같이 가요.
    Хэрвээ ажил их биш бол хамт явья.
    헤르웨- 아질 이흐 비쉬 벌 함트 야위

만약 필요하다면   хэрвээ хэрэгтэй бол
    헤르웨- 헤렉테 벌

만족스러워   сэтгэл хангалуун
    세트겔 항갈로-옹

만족시키다   сэтгэл хангалуун болгох
    세트겔 항갈로-옹 벌거흐

만족해요   сэтгэл хангалуун байна
    세트겔 항갈로-옹 밴

만화영화   хүүхэлдэйн кино
    후-헬뎅 키노

많은 사람	их хүн 이흐 홍	말(언어)	хэл 헬
많이	их 이흐	말 자르지마	үг битгий таст 욱 비트기- 타스트
많이 먹다	их идэх 이흐 이데흐	말(동물)	морь 머르
많이 먹었어.	Их идсэн. 이흐 이드승	말도 안돼	Арай ч дээ 아래 치 데-
맏아들	ууган хүү 오-강 후-	말띠	морь жил 머르 질

많이 돌봐주시기 바랍니다.
　　　　Их харж хандаж байгаарай.
　　　　이흐 하르찌 한다찌 배가-래

많이 들어도 하나도 이해하지 못한다.
　　　　Олон сонссон ч нэгч ойлгохгүй байна.
　　　　얼렁 선스성 치 넥치 어일거흐구이 밴

많이 먹고 많이 커라.　Их идэж их том болоорой.
　　　　이흐 이데찌 이흐 텀 벌러-래

많이 바쁘지 않아.　　　　　　Их хасагдахгүй.
　　　　이흐 하싹다흐구이

말라보여요.　　　　Туранхай харагдаж байна.
　　　　토랑해 하락다찌 밴

말라지다(체중)	турах 토라흐	말자하면	юу гэвэл 요 게웰
말레이시아인	Малайз 말래즈	말하기를	хэлэхийг 헬레히-끄
말리다(건조)	хатаах 하타-흐	말하다	хэлэх 헬레흐
말씀	үг хэл 욱 헬	말해봐	хэлээд үз 헬레-드 우즈
말을 타다	морь унах 머르 오나흐	맑은(날씨)	цэлмэг 첼멕

말씀하실 것이 있으면, 제가 전해 드릴게요.
Хэлэх зүйл байвал би дамжуулаад өгье.
헬레흐 주일 배왈 비 담조-올라-드 우기

말씀해 주실 수 있나요? **Хэлж өгч болох уу?**
헬찌 욱치 벌러호-

말을 자르다   **хэлэх үгийг тасдах**
헬레흐 욱 타스다흐

말하고 싶은 기분이 아니야.   **Сэтгэл санаа муу**
세트겔 사나- 모-
байгаа учраас хэлмээргүй байна.
배가- 오치라-쓰 헬메-르구이 밴

말할 필요가 없다   **хэлэх шаардлаггүй**
헬레흐 샤-르들락구이

102

맛	амт 암트	맛이 좋은	амттай 암트구이
맛보다	амтлах 암틀라흐	맛있어?	амттай байна уу? 암트태 배노-
맛보세요.	амсаад үз 암싸-드 우즈	망가뜨리다	эвдлэх 에위들레흐
맛없다	амтгүй 암트구이	맞나요?	Зөв үү? 주부-

말했잖아요. Хэлсэн шүү дээ.
헬승 슈- 데-

맛없어 보여. Амтгүй харагдаж байна.
암트구이 하락다찌 밴

맛있게 먹어. Сайхан хоололоорой.
새항 허-얼러-래

맛있겠다 Их амттай байхдаа
이흐 암트태 배흐다-

망치다 /다 망쳐 버렸잖아.
алх/Бүгдийг нь алхаар цохьчихсон.
알흐/북디-끈 알하-르 처흐치흐성

맞는 길로 가고 있나요? Зөв замаар явж байна уу?
줍 자마-르 야우찌 배노-

맞은편	эсрэг тал 에쓰렉 탈	매다	уях, боох 오야흐, 버-흐
맞추다	таарулах 타-로-올라흐	매력 있는	сэтгэл татдаг 세트겔 타트닥
맡기다	даатгах 다-트가흐	매우	маш, их 마쉬, 이흐
매너	байдал төрх 배딸 투르흐	매우 조금	маш жоохон 마쉬 쩌-헝
매년	жил бүр 질 부르	매일	өдөр бүр 우드르 부르

맞는지 보려고 입어봤어.
Таарч байна уу үгүй юу гэдгийг үзэх
타-르치 배노 우구이 요- 게뜨기-끄 우제흐
гээд өмссөн.
게-뜨 움스승

맡아서 해나가다	хариуцаад хийх 하리오차-드 히-흐
매니큐어 칠하다	хумсаа будаж янзлах 홉싸- 보따찌 얀즐라흐
매력	сэтгэл татам, дур булаам 세트겔 타탐, 도르 볼라-암
매우 당황하다	их гайхаж самгардах 이흐 가이하찌 삼가르다흐

매진	зүтгэл 주트겔	맥박	судасны цохилт 소따스니 처힐트
매트	дэвжээ 뎁제-	맥주	пиво 피워
매트리스	матрасс 마트라쓰	맥주 4병	пиво 4 шил 피워 두르붕 쉴
매혹	сэтгэл булаам 세트겔 볼라-암	맵다	халуун ногооны амт 할로-옹 너거-니 암트
매화	тэргүүлэгч цэцэг 테르구-울렉치 체첵	맺다	тогтоох 턱터-흐

매일 2알씩   өдөр бүр 2 ширхэг
우드르 부르 허여르 쉬르헥

매일 몇 시부터 몇 시까지 일해요?
өдөр бүр хэдэн цагаас хэд хүртэл
우드르 부르 헤등 차가-쓰 헫 후르텔
ажил хийх вэ?
아질 히-흐 웨?

매표소   тасалбар түгээгүүрийн газар
타살바르 투게-구-리-잉 가자르

맥주 많이 마시면 배 나올 거야.
Пиво их уувал гүзээ сууна.
피워 이흐 오-왈 구제- 소-온

맥주나 술을 드시겠어요? Пиво юм уу архи уух уу?
피워 유모- 아리흐 오-흐-

머리	толгой 털거이	머리를 묶다	үсээ боох 우쎄- 버-흐
머리가 나쁜	толгой муу 털거이 모-	머리카락	үс 우쓰
머리가 좋다	толгой сайн 털거이 생	머물다	буудаллах 보-달라흐
머리를 감다	толгой угаах 털거이 오가-흐	먹고싶다	идмээр байна 이드메-르 밴

머리가 벗겨지다	халзан болох 할짱 벌러흐
머리가 아프다	толгой өвдөх 털거이 웁드흐
머리를 가로 젓다(거절)	толгой сэгсрэх 털거이 섹스레흐
머리를 기르다	үсээ ургуулах 우쎄- 오르고-올라흐
머리를 숙이다	толгой бөхийлгөх 털거이 부히-일그흐
머리를 스타일링하다	үсээ стилний болгох 우쎄 스틸니- 벌거흐
머리를 풀다	үсээ задгай тавих 우쎄- 자뜨게 타비흐

먼(거리)	хол 헐	멀리뛰기	хол гүйх 헐 구이흐
먼가요?	хол уу? 헐로-	멀미하다	дотор муухайрах 더터르 모-해라흐
먼저	эхлээд 에흘레-드	멀지?	хол уу? 헐로-
먼지	тоос 터-쓰	멈추다	зогсоох 적서-흐

먹다 / 다 먹어.	идэх/бүгдийг нь ид 이데흐/부디-끈 이드
먹어봐도 되요?	Идэж үзэж болох уу? 이데찌 우제찌 벌러호-
먼저 가도 되지?	Түрүүлээд явж болно биз дээ? 투루-울레-드 야우찌 벌른 비즈 데-
먼저 가도 될까요?	Түрүүлээд явж болох уу? 투루-울레-드 야우찌 벌러호-
먼저 간다.	Түрүүлээд явлаа. 투루-울레-드 야울라-
먼저 도착하다	түрүүлж хүрж очих 투루-울찌 하르찌 어치흐
멀미를 멈추게 하다	дотор муухайрахыг зогсоох 더터르 모-해라히-끄 적서-흐

멈칫하다	түр намдах 투르 남다흐	메뚜기	царцаа 차르차-
멋진	гоё, сайхан 고이, 새항	메모	тэмдэглэл, зурвас 템데글렐, 조르와스
멍청하지 않다	тэнэг биш 테넥 비쉬	메모리(전산)	санах ой 사나흐 어이
메뉴판	меню 메뉴	메스꺼운	дотор муухайрах 더터르 모-해라흐
메다	үүрэх 우-레흐	멜로디	мелоди 메로디
메달	медаль 메달	멜로영화	уяангын кино 오양깅- 키노
메달을 따다	медаль авах 메달 아와흐	멤버	гишүүн 기슈-웅

메뉴판을 보여주세요.　　　Менюгээ өгөөч.
　　　　　　　　　　　　　메뉴게- 우거-치

메달을 수여하다　　　　　медаль олгох
　　　　　　　　　　　　　메달 얼거흐

메모를 남기다　　　　　　тэмдэглэл үлдээх
　　　　　　　　　　　　　템데글렐 울데-흐

메시지를 보내다　　　　　мессеж илгээх
　　　　　　　　　　　　　메시지 일게-흐

며느리	бэр 베르	면도칼	сахлын хутга 사할링 호탁
며칠	хэдэн өдөр 헤등 우드르	면도하다	сахлаа хусах 사흘라- 호싸흐
며칠에?	Хэдний өдөр? 헤뜨니- 우드르	면적	талбай 탈배
면도기	сахлын машин 사할링 마싱	면접	ярилцлага 야릴출락
면도용 크림	сахлын тос 사할링 터쓰	명/10명	хүн/10 хүн 훙/아르왕 훙

며칠 표를 사려고 하나요?
Хэдний өдрийн тасалбар авах вэ?
헤뜨니- 우드리-잉 타살바르 아와흐 웨

면밀히 검토하다　　　　　　　нарийн шалгах
　　　　　　　　　　　　　　나리-잉 샬가흐

면세점　　　　татваргүй барааны дэлгүүр
　　　　　　타트와르구이 바라-니 델구-르

명령체계　　　　　тушаалын тогтолцоо
　　　　　　　　토샤-알링 턱털처-

명승고적　　байгаль түүхийн дурсгалт газар
　　　　　　배갈 투-히-잉 도르스갈트 가자르

명승지　　　　　алдартай дурсгалт газар
　　　　　　　알다르태 도르스갈트 가자르

명령	тушаал 토샤-알	명절을 새다	баярлах 바야를라흐
명부	анкет 앙케트	명중하다	онох 어너흐
명사	нэр үг 네르 욱	명확한	нарийн нягт 나리-잉 냑트
명성	алдар нэр 알따르 네르	몇 가지	хэдэн төрөл 헤뜽 투를
명절	баяр ёслол 바야르 여슬럴	몇 개 있는	хэдэн ширхэг 헤뜽 쉬르헥

명예와 지위   нэр алдар ба зэрэг дэв
네르 알따르 바 제렉 뎁

명절에 가족모두 모여서 즐겁게 보낸다.
Баяр ёслолоор гэр бүлийхэн цуглаж
바야르 여슬러-르 게르 불링흥 초글라찌
хөгжилтэй цаг өнгрүүлдэг.
훅질테 착 옹그르-울덱

명절에 몽골사람들은 전통음식을 먹는다.
Баяр ёслолын өдөр Монголчууд үндэсний
바야르 여슬럴잉 우두르 멍걸초-드 운데스니
хоолоо иддэг.
허-얼러- 이떽

명함이 있다   Нэрийн хуудас байгаа
니리-잉 호-따스 배가-

110

몇 년	хэдэн жил 헤뜽 질	몇 번	Хэдэн номер 헤뜽 너메르
몇 년도에?	Хэдэн онд вэ? 헤뜽 온드 웨	몇 살이야?	Хэдтэй вэ? 헤드테 웨

몇 가지 소개 좀 해주세요.
Хэдэн зүйлээ танилцуулж өгнө үү.
헤뜽 주일레- 타닐초-올찌 우그누-

몇 가지 의견   хэдэн төрлийн санал
                           헤뜽 투를리-잉 사날

몇 곳을 소개해 주세요.
Хэдэн газар танилцуулж өгнө үү.
헤뜽 가자르 타닐초-올찌 우그누-

몇 년 후 다시 열려요?
Хэдэн жилийн дараа дахиж нээгдэх вэ?
헤뜽 질리-잉 다라- 다히찌 네-끄데흐 웨

몇 년 후에   хэдэн жилийн дараа
                          헤뜽 질리-잉 다라-

몇 살이세요?   Хэдэн настай вэ?
                          헤뜽 나스태 웨

몇 시 비행기인데?   Хэдэн цагийн онгоц вэ?
                          헤뜽 차기-잉 엉거츠 웨

몇 시에 도착해요?   Хэдэн цагт хүрэх вэ?
                          헤뜽 착트 후레흐 웨

몇 시에?	Хэдэн цагт?	몇몇의	хэд хэдэн
	헤뜽 착트		헤드 헤뜽

몇 층?	Хэдэн давхар вэ?	모계제도	аргын тогтолцоо
	헤뜽 답하르 웨		아르기-잉 턱털처

몇 컵	хэдэн аяга	모기가 물다	шумуул хазах
	헤뜽 아약		쇼모-올 하자흐

몇 시에 떠나요?　　　Хэдэн цагт явах вэ?
　　　　　　　　　　헤뜽 착트 야와흐 웨

몇 시에 시작하나요?　　Хэдэн цагт эхлэх вэ?
　　　　　　　　　　헤뜽 착트 에흘레흐 웨

몇 시에 우리 가요?　　Бид хэдэн цагт явах вэ?
　　　　　　　　　　비드 헤뜽 착트 야와흐 웨

몇 시에 일어나요?　　Хэдэн цагт босох вэ?
　　　　　　　　　　헤뜽 착트 버서흐 웨

몇 일전에　　　　　　Хэд хоногийн өмнө
　　　　　　　　　　헤뜨 허너기-잉 우믄

몇 장씩 현상하시겠어요?
　　　　　　　　　　Хэдэн ширхэгийг угаалгах вэ?
　　　　　　　　　　헤뜽 쉬르헤게-끄 오가-알가흐 웨

몇 주　　　　　　　　хэдэн долоо хоног
　　　　　　　　　　헤뜽 덜러- 허넉

모기에 물리다　　　　шумуулaнд хазуулах
　　　　　　　　　　쇼모-올란드 하조-올라흐

모기장	шумуулны тор 쇼모-올니 터르	모델(사람)	модель 머델
모니터	монитор 머니터르	모두	бүгд 북드
모니터하다	хянах 햐나흐	모두 같다	бүгд хамт 북드 함트

모기에 물린 자국　шумууланд хазуулсан ул мөр
쇼모-올란드 하조-올상 올 무르

모두 당신을 위한 거라고요.　Бүгд таны төлөө.
북드 타니 툴러-

모두 뜻대로 이루어지길 바랍니다.
Бүгд биелээсэй гэж хүсэж байна.
북드 비옐레-세 게찌 후쎄찌 밴

모두 얼마예요?　Бүгд хэд вэ?
북드 헤뜨 웨

모든 가게가 문을 닫다　Бүх дэлгүүр хаана
부흐 델구-르 하-안

모든 것을 포함하다　Бүгдийг хамруулна
북디-끄 하므로-올른

모든 여자들은 흰 피부를 가지고 싶어 한다.
Бүх эмэгтэйчүүд цагаан арьстай болохыг хүсдэг.
부흐 에메그테추-드 차가-앙 아리스태 벌러히끄 후스덱

모두 앉으세요.	Бүгд суу. 북드 비쉬	모으다	цуглуулах 초글로-올라흐
모두들 가요	Бүгд явья. 북드 야위	모이다	цуглах 초글라흐
모래	элс 엘스	모자	малгай 말개
모레	нөгөөдөр 누그-드르	모자라는	дутсан 도트상
모르는 사람	мэдэхгүй хүн 메데흐구이 훙	모자를 쓰다	малгай өмсөх 말개 움스흐
모방하다	дуурайх 도-래흐	모조품	хиймэл эд 히-멜 에드

모르겠는데, 거기까지는 생각해보질 않았어.
Мэдэхгүй, Тэрийг бодож үзсэнгүй.
메데흐구이, 테리-끄 버더찌 우쯔승구이

모르다 / 잘 모르다   мэдэхгүй/сайн мэдэхгүй
메데흐구이/생 메데흐구이

모자 쓰세요.   Малгай өмснө үү.
말개 움스누-

모자가 끼다   малгай багадах
말게 박다흐

모자가 좀 커야 할 것 같아요.
Малгай нь жоохон том байх хэрэгтэй юм шиг.
말갠 쩌-헝 텀 배흐 헤렉테 윰 식

모퉁이	булан өнцөг 볼랑 운측	목마른	хоолой хатах 허-얼러- 하타흐
목(구멍)	хоолой 허-얼러-	목소리	дуу авиа 도- 아위아
목걸이	зүүлт 주-울트	목수	мужаан 모자-앙
목걸이를 차다	зүүлт зүүх 주-울트 주-흐	목요일	Пүрэв гариг 푸럽 가릭
목격자	гэрч 게르치	목욕하다	биеэ угаах 비에 오가-흐
목격하다	гэрчлэх 게르칠레흐	목욕하다	угаалга хийх 오갈락 히-흐
목도리를 하다	ороолт зүүх 어러-얼트 주-흐	목이 쉬다	хоолой сөөх 허-얼 수-흐
목록	каталог 카탈로그	목재	мод 머드

목소리가 왜 그래요?	Дуу чинь яагаав? 도- 칭 야가-우?
목의 염증	хоолойн үрэвсэл 허-얼렁 우렙셀
목적을 달성하다	зорилгоо биелүүлэх 저릴거 빌루-올레흐

목적	зорилго 저릴럭	몸	бие 비
목표	зорилт 저릴트	몸매	бие галбир 비 갈비르
몰두하다	махран зүтгэх 마흐랑 주트게흐	못(도구)	хадаас 하다-쓰
몰라.	мэдэхгүй. 메데흐구이	못생기다	царай муутай 차래 모-태
몰래	нууцаар 노-차-르	못생긴	царай муутай 차래 모-태
몰래 먹다	нууцаар идэх 노-차-르 이데흐	몽골	Монгол 멍걸

몰래 도망 오다
нууцаар зугтах
노-차-르 족타흐

몰래 훔치다
нууцаар хулгайлах
노-차-르 홀갈라흐

몸무게가 얼마야?
Биеийн жин хэд вэ?
비이-잉 징 헤뜨 웨

못 참겠어
тэсэж чадахгүй нь
테세찌 차다흐구인

몽골 가수 중에 누굴 제일 좋아해요?
Монгол дуучид дундаас хэнд нь илүү дуртай вэ?
멍걸 도-치드 돈다-쓰 헨든 일루- 도르태 웨

116

몽골사람	Монгол хүн 멍걸 훙	몽골에서는	Монголд 멍걸드
몽골어	Монгол хэл 멍걸 헬	묘비	бунхны хөшөө 봉흐니 후셔-

몽골 사람은 은행을 싫어해.
Монгол хүн банкинд дургүй.
멍걸 훙 방킨드 도르구이

몽골 요리가 아주 맛있다고 들었어.
Монгол хоол их амттай гэж дуулсан.
멍걸 허-얼 이흐 암트태 게찌 도-올상

몽골 겨울은 길다
Монголын өвөл нь урт
멍걸링 우월른 오르트

몽골 이름은 토야이다.
Монгол нэр нь Туяа.
멍걸 네른 토야

몽골 친구가 없어.
Монгол найз байхгүй.
멍걸 내쯔 배흐구이

몽골 친구한테 부탁해야겠어
Монгол найзаасаа гуйхаас
멍걸 내짜-싸- 고이하-쓰

몽골 화폐
Монголын мөнгөн дэвсгэрт
멍걸링 뭉궁 뎁스게르트

몽골가수는 잘 몰라.
Монгол дуучин сайн мэдэхгүй.
멍걸 도-칭 생 메데흐구이

몽골국민 모두 몬гол ард түмэн бүгд
 멍걸 아르드 투멩 북드

몽골군대의 가장 높은 계급은 뭐야?
 Монголын цэргийн хамгийн дээд цол юу вэ?
 멍걸링 체르기-잉 함기-잉 데-드 철 요- 웨

몽골도 살기 좋아요.
 Монголд ч гэсэн амьдрах сайхан.
 멍걸드 치 게쎙 암드라흐 새항

몽골사람은 힘이 세다. Монгол хүн хүчтэй.
 멍걸 훙 후치태

몽골어 공부 그만 할래.
 Монгол хэл сурах аа болилоо.
 멍걸 헬 소라하- 벌릴러-

몽골어 공부하느라 바빠.
 Монгол хэл сурах гээд завгүй байна.
 멍걸 헬 소라흐 게-드 자우구이 밴

몽골어 공부할 시간을 내고 있어.
 Монгол хэл сурах цаг гаргаж байна.
 멍걸 헬 소라흐 착 가르가찌 밴

몽골어 더 공부하지 않을 거야.
 Монгол хэл дахиж сурахгүй.
 멍걸 헬 다히찌 소라흐구이

몽골어 발음이 어려워요.
 Монгол хэлний дуудлага хэцүү.
 멍걸 헬르니- 도-뜰락 헤추-

몽골어 자막 있는 시디
> Монгол хэл дээр үг нь гардаг сиди
> 멍걸 헬 데-르 욱은 가르닥 시디

몽골어 잘 못합니다.
> Монголоор сайн ярьж чадахгүй.
> 멍걸러-르 생 야리찌 차다흐구이

몽골어 좀 가르쳐 주세요.
> Монгол хэл жоохон зааж өгөөч.
> 멍걸 헬 쩌-헝 자-찌 우거-치

몽골어로 번역하는 능력이 아직 부족합니다.
> Монгол хэлээр бичгийн орчуулга хийх чадвар
> 멍걸 헬레-르 비치기-잉 어르초-올락 히-흐 차드와르
> арай дутмаг.
> 아래 도트막

몽골어로 설명 못하겠어요.
> Монголоор тайлбарлаж чадахгүй байна.
> 멍걸러-르 탤바를라찌 차다흐구이 밴

몽골어로 이야기하다
> Монголоор ярих
> 멍걸러-르 야리흐

몽골어로 key가 뭐예요?
> Монголоор түлхүүрийг юу гэдэг вэ?
> 멍걸러-르 툴후-리-그 요- 게떽 웨

몽골어를 공부하러 왔어.
> Монгол хэл сурахаар ирсэн.
> 멍걸 헬 소라하-르 이르승

몽골어를 능숙하게 한다.
>> Монголоор гарамгай ярьдаг.
멍걸러-르 가람가이 야리닥

몽골어를 모른다. Монгол хэл мэдэхгүй.
멍걸 헬 메데흐구이

몽골어를 잘 하시네요.
>> Монголоор сайн ярьдаг юм байна шүү.
멍걸러-르 생 야리닥 윰 밴 슈-

몽골에 더 머물고 싶어.
>> Монголд дахиад хэд хономоор байна.
멍걸드 다햐드 헫 허너머-르 밴

몽골에 온지 얼마 안돼요. Монголд ирээд удаагүй.
멍걸드 이레-드 오따-구이

몽골에 온지 얼마나 되었어요?
>> Монголд ирээд хэр удсан бэ?
멍걸드 이레-드 헤르 오뜨상 베

몽골에 왔을 때 Монголд ирэх үед
멍걸드 이레흐 우이드

몽골에서 어디가 제일 아름다워요?
>> Монголын хаана хамгийн үзэсгэлэнтэй вэ?
멍걸링 하-안 함기-잉 우제스겔렝테 웨

몽골에선 이것을 뭐라고 부르는지 몰라요.
>> Монголд энийг юу гэж дуудадгийг мэдэхгүй.
멍걸드 에니-끄 요- 게찌 도-닫기-그 메데흐구이

120

묘사하다	дүрслэл 두르쓸렐	무너지다	нурах 노라흐
무거워	хүнд 훈드	무대(연극)	тайз 태즈
무겁다	хүнд 훈드	무덤	булш 볼쉬
무게가 나가다	жинтэй 진테	무력한	хүчгүй 후치구이
무관심하다	үл тоох 울 터-흐	무료	үнэгүй 운구이

몽골은 매우 달라요.   Монголд огт өөр.
멍걸드 옥트 어-르

몽골음식 많이 먹었어.   Монгол хоол их идсэн.
멍걸 허-얼 이흐 이드승

몽골이 살기 좋습니까? Монголд амьдрах сайхан уу?
멍걸드 암드라흐 새호노-

몽골전쟁이 언제 끝났는지 아세요?
    Монголд дайн хэзээ дуусасныг мэдэх үү?
멍걸드 댄 헤제- 도-쓰쓰니그 메데호-

몽한사전   Монгол/Солонгос толь бичиг
멍걸/설렁거스 톨 비칙

무단횡단하다   гарцгүй газраар явах
가르츠구이 가즈라-르 야와흐

무선	утасгүй 오타쓰구이	무슨 일	ямар ажил 야마르 아질
무설탕	чихэргүй 치헤르구이	무슨 일이야?	Юу болов? 요- 벌럽?

무슨 급한 일이 있어요?
Ямар нэгэн яралтай хэрэг гараа юу?
야마르 네근 야랄태 헤렉 가라- 요-

무슨 노랜지 아세요?
Энэ ямар дуу болохыг мэдэх үү?
엔 야마르 도- 벌러흐-익 메데흐 우-

무슨 말인지 모르겠어
Юу гэсэн үг юм мэдэхгүй байна
요- 게쓴 욱 윰 메데흐구이 밴

무슨 얘기 중이야? Юу ярьж байгаан?
요- 야리찌 배가-안

무슨 언어로? Ямар хэлээр?
야마르 헬레-르

무슨 얘기를 하시는 거예요? Юу гэж хэлсэн бэ?
요- 게찌 헬승 베

무슨 일로 오셨어요? Ямар ажлаар ирсэн бэ?
야마르 아질라-르 이르승 베

무슨 일이건 Ямар ч ажил байсан
야마르 치 아질 배상

무엇	юу 요-	묶다	боох 버-흐
무역	худалдаа 호딸다-	문	хаалга 하-알락
무역법	худалдааны хууль 호딸다-니 호-올	문맹의	бичиг мэдэхгүй 비칙 메데흐구이
무역부	худалдааны яам 호딸다-니 얌	문명	соёл иргэншил 서열 이르겐쉴
무역하다	худалдаа хийх 호딸다- 히-흐	문법	дүрэм 두렘
무죄	нүгэлгүй 누겔구이	문서	бичиг баримт 비칙 바림트
무한한	хязгааргүй 햐즈가-르구이	문을 닫다	хаалга хаах 하-알락 하-흐
묶다	буудаллах 보-달라흐	문을 열다	хаалга нээх 하-알락 네-흐

무슨 책 출판해요?   Ямар ном хэвлэх вэ?
                  야마르 넘 헤울레흐 웨

무엇을 드시고 싶으세요?   Юу идмээр байна вэ?
                        요- 이드메-르 밴 웨

문 좀 열어줘요.   Хаалга онгойлгож өгөөч.
                하-알락 엉걸거찌 우거-치

한국어	몽골어
문자	үсэг бичиг 우섹 비칙
문장	өгүүлбэр 우구-울베르
문제	асуулт 아소-올트
문제가 있다	асуудалтай 아소-달태
문학	уран зохиол 오랑 저혈
문화	соёл 서열
문화원	соёлын хүрээлэн 서열링 후레-엘렝
문화유산	соёлын өв 서열링 웁
묻다(땅에)	булах 볼라흐
묻다(질문)	асуух 아소-흐

문을 두드리다	хаалга тогших 하-알락 턱쉬흐
문을 잠갔어요?	Хаалгаа цоожилсон уу? 하-알라가 처-질스노-
문자 보내줘.	Мессеж илгээж өгөөч. 메세지 일게-찌 어거-치
문자를 보내다	мессеж явуулах 메시지 야올라흐
문제가 되질 않다	асуудал болохгүй 아소-달 벌러흐구이
문제를 풀다	асуултыг тайлах 아소-올티끄 탤라흐

물	ус 오쓰	물고기	загас 자가쓰
물가	барааны үнэ 바라-니 운	물고기를 잡다	загас барих 자가쓰 바리흐

물 더 주세요. Ус дахиад өгөөч.
오쓰 다햐드 우거-치

물가가 갑자기 올랐어. Барааны үнэ гэнэт өссөн.
바라-니 운 겐트 우쓰승

물가가 많이 오르다 барааны үнэ их өссөн
바라-니 운 이흐 우쓰승

물가도 올랐으니 수고비도 올라야죠.
Барааны үнэ өссөн юм чинь ажлын хүлсийг
바라-니 운 우쓰승 윰 친 아질링 훌씨-끄

ч эсэн нэмэх хэрэгтэй.
치 게쏭 네메흐 헤렉테

물가를 모르니 비싸게 사게 돼.
Барааны үнэ сайн мэдэхгүй болохоор үнэтэй
바라-니 운 생 메데흐구이 벌러허-르 운테

юм авчихдаг.
윰 압치흐닥

물건을 모두 정리하셨어요?
Бараагаа бүгдийг нь янзалсан уу?
바라-가- 북디-끈 얀잘스노-

물다(곤충)	хазах 하자흐	물소	усны үхэр 오쓰니 우헤르
물들이다	будах 보따흐	물약	шингэн эм 싱겡 엠
물러서!	ухар 오하르	물어볼 것이다	асуух болно 아소-흐 벌른
물리	физик 피직	물이 맑다	цэнгэг ус 쳉게그 오쓰
물리다(곤충)	хазуулах 하조-올라흐	물이 얼다	ус хөддөх 오쓰 홀드흐

물리학   физикийн шинжлэх ухаан
피지키-잉 신질레흐 오하-앙

물리학자 физикийн шинжлэх ухааны эрдэмтэн
피지키-잉 신질레흐 오하-니 에르뎀텡

뭐 더 마실래?   Өшөө юу уух вэ?
우셔- 요 오-흐 웨

뭐 드시겠어요?   Та юу идэх вэ?
타 요- 이데흐 웨

뭐 이상한 거 못 느끼겠어?
Сонин мэдрэмж төрөөгүй юу?
서닝 메드렘지 투루-구이 요

뭐 좀 드셨어요?   Юм идсэн үү?
윰 이드스누-

물질	에드 욤스	물체	비트
	эд юмс		биет

뮈 필요해?   Юу хэрэгтэй вэ?
요- 헤렉테 웨

뭐 하나만 도와 줬으면 좋겠어요.
Нэг юм хийхэд туслаад өгвөл сайн байна.
넥 윰 히-헤드 토슬라뜨 우그월 생 밴

뭐 하느라 신경도 안 쓴 거야?
Юу хийгээд тоохгүй байгаа юм бэ?
요- 히-게-드 터-흐구이 배가-윰 배

뭐 하려고?   Юу хийх гэж байгаан?
요- 히-흐 게찌 배가-앙

뭐가 과학적이예요.   Юун шинжлэх ухаан.
용 신젤레흐 오하-앙

뭐더라? 뭐지?   Юу байлаа? Юу билээ?
요- 뺄라-? 요- 빌레-

뭐에 대해 말하지? Юуны тухай ярьдаг юм билээ?
요-니 토해 야리닥 윰 빌레-

뭐하고 계세요?   Юу хийж байна вэ?
요- 히-찌 밴 웨

뭐하느라 바빴어요?
Юу хийгээд завгүй байгаа юм бэ?
요- 히-게-드 자우구이 배가- 윰 베

물품	эд юм 에드 욤스	미국	америк 아메리크
뭐 먹어요?	Юу идэх вэ? 요- 이데흐 웨	미국인	америк хүн 아메리크 훙
뭐야?	Юу вэ? 요- 웨	미끄러지다	хальтрах 할트라흐
뭐해?	Юу хийж байгаан? 요- 히-찌 배가-앙	미끄럼틀	гулсуур 골소-르
뭘 먹어?	юу идэх вэ? 요- 이데흐 웨?	미남	царайлаг эрэгтэй 차랠락 에렉테

뭔가 수상해.   нэг л сэжигтэй.
                                      네글 세찍테

뭘 먹는 것을 제일 좋아하세요?
                     Юу хамгийн их идэх дуртай вэ?
                     요- 함기-잉 이흐 이데흐 도르태 웨

뭘 탈건데?   Юугаар явах вэ?
                                    요-가-르 야와흐 웨

미식축구   америк хөл бөмбөг
                                    아메리크 훌 붐북

미리 말하다   урьдчилаад хэлэх
                                    오릇칠라-드 헬레흐

미래	ирээдүй 이레-두이	미치겠네.	галзуурахнээ. 갈조-라흐네-
미소	инээмсэглэл 이네-엠쎄글렐	미친	галзуу 갈조-
미술	урлаг 오를락	믹서	холигч 헐릭치
미술관	урлагийн галерей 오를라기-잉 갈레페	민간	иргэн 이르겡
미용실	гоо сайхны газар 고- 새흐니 가자르	민요	ардын дуу 아르딩 도-
미원(조미료)	амтлагч 암틀락치	민족	үндэстэн 운데쓰텡
미지근한	бүлээн 불레-엥	민주	ардчилал 아르드칠랄

미안해 할 필요는 없어요.
    Уулчлалт гуйх шаардлага байхгүй.
    오-칠랄트 구이흐 샤-르들락 배흐구이

미원 넣지 마세요.   Амтлагч биттий хийгээрэй.
                    암틀락치 비트기- 히-게-래

미터 / 30 미터   митер/гучин
                                             미테르/ 고칭 미테르

믿을 수 없어.   итгэж чадахгүй.
                                             이트게찌 차다흐구이

민중	нийтийн 니-티-잉	믿지 마.	биттгий иттгэ. 비트기- 이트게
믿다	иттгэх 이트게흐	밀도(비중)	нягтшил 냑트실
믿어봐.	иттгээд үз. 이트게-드 우즈		

밀수하다   нууцаар хил давуулах
                노-차-르 힐 다오-올라흐

밉다   муухай, дургүй хүрэм
          모해, 도르구이 후렘

밑줄 긋다   доогуур нь зурах
             더-고-르 은 조라흐

ㅂ

한국어	몽골어
바(술집)	баар 바-르
바깥	гадна 가뜬
바깥쪽	гадна тал 가뜬 탈
바꾸다	солих 설리흐
바나나	банана 바나나
바늘	зүү 주-
바다	далай 달래
바닷게	далайн наймалж 달랭 내말찌
바디클린져	бие угаагч 비 오가-악치
바라다	хүсэх 후쎄흐
바라보다	ширтэх 쉬르테흐
바람(기후)	салхи 살히
바람개비	цаасан сэнс 차-상 센스
바람둥이	завхай 자우해

바꿀 수 없다
солих боломжгүй
설리흐 벌럼지구이

바뀌었으면 좋겠어.
Соливол сайн байна
설리월 생 밴

바나나 한 다발
банана нэг багц
바나나 넥 박치

바람이 그치다	салхи зогсох 살리흐 적서흐	바로 위에	яг дээр нь 약 데-른
바로 가	шууд яв 쇼-뜨 야우	바쁘다	завгүй 자우구이
바로 옆에	яг урд 약 오르뜨	바쁘지 않다	завгүй биш 자우구이 비쉬

바람이 불다 салхи салхилах
살리흐 살힐라흐

바람이 세게 불다 салхи хүчтэй салхилах
살리흐 후치테 살힐라흐

바람이 시원하네. сэрүүн салхи.
세르-웅 살리흐

바람이 자주 불다 салхи байнга салхилах
살리흐 밴가 살힐라흐

바로 이해 할 수 있었어.
шууд ойлгож чадахаар байсан.
쇼-뜨 얼거찌 차다하-르 배상

바로 정면에 있는 яг урд нь байсан
약 오르뜬 배상

바쁘신 와중에도 배웅해주시니, 대단히 감사합니다.
Завгүй хэрнээ гаргаж өгсөнд маш их баярлалаа.
자우구이 헤르네- 가르가찌 욱승드 마쉬 이흐 바야를라

바쁜	завгүй 자우구이	박수	алга таших 알락 타쉬흐
바이러스	вирус 비로스	밖	гадна 가뜬
바지	өмд 움드	밖에	гадна тал 가뜬 탈
박람회	үзэсгэлэн яармаг 우제스겔렝 야르막	반	хагас 하가쓰
박물관	музей 모제	반가운	баяртай 바야르테
박사(학위)	докторын зэрэг 덕트링 제렉	반대로	эсрэгээр 에쎄르게-르

바쁨에도 불구하고   завгүй байгаад зогсохгүй
자우구이 배가-드 적서흐구이

바이러스 걸린 것 같아.
       Вирустчихсан юм шиг байна.
       비로스트치흐상 윰 식 밴

바이러스를 퍼뜨리다   вирус тараах
       비로스 타라-흐

바이러스에 감염되다   вирус халдах
       비로스 할다흐

반 / 한시 반   хагас/нэг хагас
       하가쓰/넥 하가쓰

반대하다	эсэрг үүцэх 에쎄르구-울체흐	반지	бөгж 북찌
반드시	заавал 자-왈	반지를 끼다	бөгж зүүх 북찌 주-흐
반복하다	давтах 답타흐	반품하다	бараа буцаах 바라- 보차-흐
반영하다	тусах 토싸흐	반하다	дур булаах 도르 볼라-흐
반응	хариу үйлдэл 하료 우일델	받다	авах 아와흐
반장(학급)	ангийн дарга 앙기-잉 다락	받아들이다	авч өгөх 아우치 우그흐

반만 주세요.
    талыг нь л өгнө үү.
    탈리근 를 우그누-

반말로 얘기하다
    хар яриагаар ярих
    하르 야랴가-르 야리흐

반으로 나누다
    таллаж хуваах
    탈라찌 호와-흐

반지를 끼면 손이 답답해요.
    Бөгж зүүхээр гарт төвөгтэй санагддаг.
    북찌 주-헤-르 가르트 투욱테 사낙뜨닥

받는 사람이 없네.
    Авах хүн байхгүй.
    아와흐 훙 배흐구이

한국어	몽골어	한국어	몽골어
받아쓰기	цээж бичиг 체-찌 비칙	발생하다	үүдэн гарах 우-뎅 가라흐
받았을 걸요.	авсан байхаа. 압상 배하-	발음	авиа дуудлага 아위아 도-뜰락
발가락	хөлийн хуруу 홀리-잉 호로-	발자국	хөлийн мөр 홀리-잉 무르
발견하다	олж нээх 얼찌 네-흐	발진	хөөрөх 후-르흐
발달하다	хөгжих 훅지흐	발톱	хөлийн хумс 홀리-잉 홈스
발등	хөлийн гануу 홀리-잉 가노-	발표하다	илтгэл тавих 일트겔 타위흐
발명하다	нээлт хийх 네-엘트 히-흐	발행하다	хэвлэх 헤블레흐

발견하다(역사, 과학적으로)   нээлт хийх
네-엘트 히-흐

발을 들이다   ажил шинээр эхлэх
아질 시네-르 에흘레흐

발전하다   хөгжин дэлгэрэх
훅징 델게레흐

발효식품   исгэж болгосон хүсний бүтээгдэхүүн
이쓰게찌 벌거성 훈스니- 부텍테후-웅

ㅂ

발효하다	исэх 이쎄흐	밤늦게	шөнө орой 슝 어러
밝은	гэгээтэй 게게-테	밥	хоол 허-얼
밝히다(밝게)	гэрэлт үүлэх 게렐트 우-레흐	밥 먹어.	хоолоо ид. 허-얼러 이드
밟다	гишгэх 기쉬게흐	밥이 타다	хоол түлэгдэх 허-얼 툴렉데흐
밤(때)	шөнө 슝	밥하다	хоол хийх 허-얼 히-흐

발휘하다   үзүүлэх, харуулах
     우주-울레흐, 하로-올라흐

밝히다(입장)   тодорхой болгох
     터떠르허 벌거흐

밤 새지마.   Шөнө нойргүй хонохоо боль.
     슝 너르구이 허너허- 벌

밥 먹었어요?   хоолоо идсэн үү?
     허-얼러 이드스누-

밥 사주고 싶어.   Хоол авч өгмөөр байна.
     허-얼 압치 우그무-르 밴

밥이나 먹으러 가자.   Хоол ч юм уу идэхээр явья.
     허-얼 치 유모 이데헤-르 야위

방	өрөө 우러-	방법	арга 아락
방 번호	өрөөний дугаар 우러-니- 도가-르	방송국	нэвтрүүлэг станц 넵트루-울렉 스탄츠
방귀뀌다	унгас алдах 옹가스 알다흐	방송하다	нэвтрүүлэх 넵트루-울레흐
방금 전	дөнгөж сая 둥그찌 사이	방을 빌리다	өрөө зээлэх 우러- 제-엘레흐
방문하다	айлчлах, зочлох 애일칠라흐, 저칠러흐	방이 답답하다	өрөө давчуу 우러- 답초-

방 번호가 어떻게 되는데?
Өрөөний дугаар нь хэд вэ?
우러-니- 도가-르 은 헤드 웨

방문하다 / 바트동생 방문하러가.
Батын дүү зочлохоор явна.
바팅 두- 저칠러허-르 야운

방부제 (의학)   **муудахаас хамгаалах**
모-다하-쓰 함가-알라흐

방영   **зурагтын нэвтрүүлэг**
조락팅 넵트루-울렉

방안에 에어컨이 있나요?
Өрөөнд агааржуулагч байгаа юу?
우러-언드 아가-르조-올락치 배가- 요

방콕	Банког 방코끄	배가 고파지다	гэдэс өлсөх 게떼쓰 울스흐
방향	чиглэл 치글렐	배가 아프다	гэдэс өвдөх 게떼쓰 웁드흐
배 나온	гэдэс гарсан 게떼쓰 가르상	배고파	өлсөж байна 울스찌 밴
배(과일)	лийр 리-르	배고프다	гэдэс өлсөх 게떼쓰 울스흐
배(교통)	завь 잡	배구	волейбол 왈레벌
배(인체)	гэдэс 게떼쓰	배낭	үүргэвч 우-르겝치

방이 몇 개 있나요? хэдэн өрөөтэй вэ?
헤등 우러-테 웨?

방이 엉망하다 өрөө замбараагүй
우러- 잠바라-구이

배고파 죽겠다. Гэдэс өлсөөд үхлээ.
게떼쓰 울스-드 우흘레-

배고픔을 참다 гэдэс өлсөхөө тэсэх
게떼쓰 울스흐- 테쎄흐

배구경기 волейболын тэмцээн
왈레벌링 템체-엥

한국어	몽골어	한국어	몽골어
배를 젓다	сэлүүрдэх 셀루-르데흐	배우	жүжигчин 주찍칭
배를 타다	завинд суух 자윈드 소-흐	배웅하다	үдэж өгөх 우데찌 우그흐
배반자	урвагч 오르왁치	배추	хятад байцаа 햐타드 배차-
배부르다	гэдэс цадах 게떼쓰 차다흐	배터리	зай 재
배불러	цадах 차다흐	백(100)	зуу 조-
배영(수영법)	араар сэлэлт 아라-르 셀렐트	백금	цагаан алт 차가-앙 알트

배달해주실수 있나요?
Хаягаар хүргэж өгч болох уу?
하야가-르 후르게찌 욱치 벌러흐-

배불러서 더 못 먹겠어요.
Цадсан учраас нэмж идэж чадахгүй.
차드상 오치라-쓰 넴찌 이데찌 차다흐구이

배웅 나오지 마세요. 돌아가세요.
Үдэж өгөх хэрэггүй. Цаашаа ор.
우데찌 우그흐 헤렉구이 차-샤- 어르

배은망덕한 일이야.
Ач хариулахгүй байх.
아치 하리올라흐구이 배흐

백년	зуун жил 조-옹 질	뱀띠	могой жил 머거이 질
백만	сая 사이	버려	хая 하야
백만(숫자)	сая 사이	버리다	хаях 하야흐
백만장자	саятан 사이탕	버섯	мөөг 무-그
백합	сараана 사라-나	버섯을 따다	мөөг түүх 무-그 투-흐
백화점	их дэлгүүр 이흐 델구-르	버스	автобус 아우터보스
뱀	могой 머거이	번 / 세번째	гуравдугаар 고랍도가-르

백번은 얘기했겠다. зуун удаа ч хэлсэн байх шүү.
조-옹 오다- 치 헬승 배흐 슈-

백혈구   цусны цагаан бөөм
                        초스니 차가-앙 부-움

버스 39번   39 номерийн автобус
                        고칭유스 너메리-잉 아우터보스

버스는 거의 타질 않아요.

          Автобусанд бараг суудаггүй.
          아우터보산드 바락 소-닥구이

번 / 한번	нэг удаа 넥 오따-	벌 받다	шийтгүүлэх 시-트구-울레흐
번개	аянга 아얀가	범위	хүрээ 후레-
번식하다	үржих 우르지흐	범죄	гэмт хэрэг 겜트 헤렉
번역하다	орчуулах 어르초-올라흐	법(방법)	арга 아락

버스를 타고 갈 수 있나요?
Автобусаар явж болох уу?
아우터보사-르 야우찌 벌러흐-

버스를 타다
Автобусанд суух
아우터보산드 소-흐

버스정류장
Автобусны буудал
아우터보스니 보-달

번 / 세 번 해야 해.
удаа/гурван удаа хийх хэрэгтэй.
오따-/고르왕 오따- 히-흐 헤렉테

벌 / 옷 한벌
хос/хувцас нэг хос
허쓰/홉차스 넥 허쓰

벌써 3월 말이다.
Аль хэдийн 3/р сарын сүүл болж.
알 헤디-잉 고르왕 사링 수-울 벌찌

법률	хууль 호-올	벽돌	тоосго 터-스거
벗겨지다(머리)	тайлагдах 탤락다흐	벽시계	ханын цаг 하닝 착
벗기다(사과등)	тайлах 탤라흐	벽에 걸다	хананд өлгөх 하난드 울그흐
베다	дэрлэх 데를레흐	변색하다	өнгө алдах 웅그 알다흐
베란다	саравчит тагт 사랍치트 탁트	변호사	өмгөөлөгч 움거-얼럭치
벨소리	хонхны дуу 헝흐니 도-	변화하다	өөрчлөгдөх 어-르칠륵드흐
벨트	бүс 부쓰	별장	зуслангийн байшин 조슬랑기-잉 배싱
벽	муу зуршил 모- 조르쉴	병(질병)	өвчин 웁칭
벽(집)	хана 한	병맥주	шилтэй пиво 쉴태 피버

법적공휴일

хуулиар тогтоосон албан ёсны амралтын өдөр
호-올리아르 턱터-성 알방 여쓰니 아므랄팅 우드르

별말씀을요.   тэгэж хэлээд яах нь вэ?
테게찌 헬레-드 야흔 웨

병에 걸리다	өвчин тусах	보고하다	илтгэх
	웁칭 토싸흐		일트게흐
병원	эмнэлэг	보내다	илгээх
	에밀렉		일게-흐

병 / 맥주 3병   шил/Пиво гурван шил
쉴/피버 고르왕 쉴

병마개(코르크)   лонхны бөглөө
렁흐니 부글러-

병원에 가야해.   Эмнэлэг явах хэрэгтэй
에밀렉 야와흐 헤렉테

병의 원인   өвчний эх үүсвэр
웁치니- 에흐 우-스웨르

병이 차도가 있다.   Өвчин эдгэрч байна.
웁칭 에드게르치 밴

보건소   эрүүлийг хамгаалах газар
에루-울리-끄 함가-알라흐 가자르

보고서 번역을 도와달라고 하려고요.
Тайлан орчуулах ажилд туслаач гэж
탤랑 어르초-올라흐 아질드 토슬라-치 게찌
хэлэх гэсэн юм.
헬레흐 게쏜 윰

보고서를 작성하고 있어요.   Тайлан бичиж байна.
탤랑 비치찌 밴

보너스	бонус 버노스	보리	арвай 아르웨
보너스를 주다	бонус өгөх 버노스 우그흐	보리밭	арвайн тариг 아르웬 타릭
보다(비교)	бодвол 버뜨월	보리차	арвайн цай 아르웬 채
보다	харах 하라흐	보살피다	асрах 아스라흐
보라색	ягаан өнгө 야가앙 웅그	보상하다	хариу барих 하료 바리흐
보름달	арван тавны сар 아르왕 타우니 사르	보어	туслах үг 토슬라흐 욱

보고서를 작성했어요? тайлангаа бичсэн үү?
태란가- 비치스누-

보관하다 / 잘 보관하다 хадгалах/сайн хадгалах
하뜨갈라흐/생 하뜨갈라흐

보관했다가 다음에 쓴다.
Хадгалж байгаад дараа хэрэглэнэ.
하뜨갈찌 배가-드 다라- 헤렉른

보름동안 계속 비가 오지 않았어.
Арван тав хоногийн турш бороо ороогүй.
아르왕 탑 허너기-잉 토르쉬 버러- 어러-구이

보여줘.	үз үүлж үг.	보통 키	дундаж өндөр
	우주-울찌 우그		돈다즈 운두르
보장하다	батлах	보통이 아닌	хэвийн биш
	바틀라흐		헤위-인 비쉬
보조하다	туслалцаа	보편적이다	түгээмэл
	토슬랄차-		투게-멜
보존하다	хадгалалт	보행자	явган зорчигч
	하뜨갈랄트		야우강 저르치(ㄱ)
보증금	баталгааны мөнгө	보험	даатгал
	바탈가-니 뭉그		다-트갈
보지 않다	харахгүй	보호하다	хамгаалах
	하라흐구이		함가-알라흐
보충하다	нөхөх	복권	сугалаа
	누후흐		소갈라-

보조개   хацрын хонхорхой
하츠링 헝허르허

보증기간   баталгаат хугацаа
바탈가-트 혹차-

보통 9시 부터 6시 까지
ер нь бол 9 цагаас 6 цаг хүртэл
유른 벌 유승 착가-쓰 조르강 착 후르텔

보통의   дундаж, ердийн
돈다즈, 유르디-잉

복사	хувилах 호윌라흐	복잡한 일	ярвигтай ажил 야릭테 아질
복수(단위)	олон тоо 얼렁 터-	복잡한	төвөгтэй 투웩테
복숭아(과일)	тоор 터-르	복잡해	төвөгтэй 투웩테
복습하다	давтах 답타흐	복지	нийгмийн халамж 니-그미-잉 할람지
복싱	бокс 벅스	복통	гэдэсний өвчин 게떼스니- 웁칭
복잡한	төвөгтэй 투웩테	본사	төв байгууллага 툽 배고-올락

복사할 줄 알아요?　　хувилж мэдэх үү?
호윌찌 메데후-

복잡하게 얽힌　төвөгтэйгөөр ээдэрч орооцолдох
투웩테거-르 에-데르치 어러-철더흐

복잡해지다　　　　　　төвөгтэй болох
투웩테 벌러흐

본적은 없어.　　　　　Харж байсан удаагүй.
하르찌 배상 오따-구이

볼륨을 줄이다　　　　　дуугийн багасгах
도-기-인 박스가흐

본질	үндсэн мөн чанар 운드승 뭉 차나르	봐주다	харж үзэх 하르찌 우제흐
볼펜	бал 발	봐주세요.	Харж үзээч. 하르찌 우제-치
봄	хавар 하와르	봤어요?	харсан уу? 하르스노-
봉급	цалин хөлс 찰링 훌스	부(재산)	эд баялаг 에드 바얄락
봉투	дугтуй 독토이	부계	аавын тал 아-윙 탈
봉하다	дугтуй наах 독토이 나-흐	부끄러운	ичих 이치흐
봉하다(편지)	наах 나-흐	부두	боомт 버-엄트

봉지/사탕 한봉지   цаасан уут/чихэр нэг уут
차-상 오-트/ 치헤르 넥 오-트

부가세   нэмүү өртгийн татвар
네무- 우르트기-잉 타트와르

부담스럽게 하고 싶지 않아.
Дарамт учруулмааргүй байна.
다람트 오치로-올마-르구이 밴

부동산   үл хөдлөх хөрөнгө
울 후둘르흐 후릉거

부드러운	зөөлөн 주-을릉	부분	хэсэг 헤섹
부드러운 피부	зөөлөн арьс 주-을릉 아리스	부사	дайвар үг 데와르 욱
부드럽다	зөөлөн 주-을릉	부상당한	гэмтэх 겜테흐
부르다	дуудах 도-따흐	부어 오른	хавдсан 합드상
부모	эцэг эх 에첵 에흐	부엉이(새)	шар шувуу 샤르 쇼보-
부문	салбар 살바르	부엌	гал тогоо 갈 터거-
부부	эхнэр нөхөр 에흐네르 누흐르	부유한	элбэг дэлбэг 엘벡 델벡

부르다 / 그녀를 불러 올게요.
дуудах/Тэр эмэгтэйг дуудаад ирье.
도-따흐/테르 에멕텍 도-따-드 이리

부모님과 살고 있어. Эцэг эхтэйгээ амьдарч байгаа.
에첵 에흐테게- 암드라치 배가-

부인과 아이는 건강하시죠?
Эхнэр хүүхэд чинь сайн биз дээ?
에흐네르 후-헫 친 생 비즈 데-

부인	эхнэр 에흐네르	부추기다	өдөх 우드흐
부작용	харшил 하르쉴	부합하다	таарах 타-라흐
부족하다	дутмаг 도트막	북경(도시)	Бээжин 베-징
부처	Будда 붇다	북아메리카	Умард америк 오마르드 아메리크

부자 / 그녀 집은 부자예요.
баян/Тэр эмэгтэйн гэр баян.
바양/테르 에멕텐 게르 바양

부재중이다. Одоогоор байрандаа байхгүй байна.
어떠-거-르 배란다 배흐구이 밴

부주의한 анхаарал болгоомжгүй
앙하-랄 벌거-엄지구이

부탁드릴 일이 있습니다. Гуйх шаардлага байгаа.
고이흐 샤-르들락 배가-

부탁하려하다 гуйх гэж байсан
고이흐 게찌 배상

북부지역 умард зүгийн нутаг
오마르드 주기-잉 노탁

북위선 умард өргөрөгийн шугам
오마르드 우르구르기-잉 쇼감

북쪽	умард зүг 오마르드 죽	분침	цагны урт зүү 차그니 오르트 주-
북한	Хойд Солонгос 허이드 설렁거스	분홍색	ягаан өнгө 야가-앙 웅그
분(시간)	минут 미노트	불	гал 갈
분개하다	уурлан хилэгнэх 오-를랑 힐렉네흐	불공평한	эрх тэгш бус 에르흐 텍쉬 보쓰
분별 있는	ялгаатай 얄가-태	불다	салхилах 살힐라흐

분석하다   задлан шинжилгээ
                  자뜰랑 신질게-

분필로 쓰다   шохойгоор бичих
                  셔허거-르 비치흐

분홍색이 더 좋아.   Ягаан өнгө илүү гоё.
                  야가-앙 웅그 일루- 고이

불구가 된   тахир дутуу болсон
                  타히르 도토- 벌성

불륜의 남녀관계   зүй бус эм эрийн харилцаа
                  주이 보쓰 엠 에리-잉 하릴차-

불만족한   сэтгэл хангалуун бус
                  세트겔 항갈로-옹 보쓰

불면증	нойргүйтэх өвчин 너르구이테흐 웁칭	불편하다	таагүй 타-구이
불빛	галын гэрэл 갈링 게렐	불평하다	амар тайван бус 아마르 태왕 보쓰
불안정한	тогтворгүй 턱트워르구이	불필요한	хэрэггүй 헤렉구이
불안한	түгшүүртэй 툭슈-르테	불합격하다	тэнцсэнгүй 텐츠승구이
불운한	азгүй 아즈구이	불행하게	азгүй, золгүй 아즈구이, 절구이
불을 붙이다	гал асаах 갈 아싸-흐	불행하다	азгүй, золгүй 아즈구이, 절구이
불쾌한	тавгүй 타우구이	불효의	ачлалгүй 아칠랄구이

불면증에 걸리다   нойргүйтэх өвчин тусах
너르구이테흐 웁칭 토싸흐

불이 깜박깜박하다   гэрэл анивчих
게렐 아닙치흐

불이 깜박깜박해야 충전이 되는 거예요. 아니면 문제 있는 건데요.
Гэрэл нь анивчвал цэнэглээд дуссан гэсэн үг.
게겔른 아닙치왈 체넥레-드 도-스상 게쓍 욱
Эсвэл ямар нэг юм болохгүй болсон гэсэн үг.
에스웰 야마르 넥 윰 벌러흐구이 벌성 게쓍 욱

붓	бийр 비-르	브랜드	брэнд 브렌드
붓다	юүлэх 율-레흐	비가 그치다	бороо зогсох 버러- 적서흐
붕대	боолт 버-얼트	비가 오다	бороо орох 버러- 어러흐
붙이다	наах 나-흐	비가 퍼붓다	бороо цутгах 버러- 초트가흐
브라질	Бразил 브라질	비결	нууц 노-츠

붕대를 감아야 한다. — Боолт боох хэрэгтэй.
버-얼트 버-흐 헤렉테

비 그쳤어? — бороо зогссон уу?
버러- 적스스노-

비가 갑자기 내리다 — Бороо гэнэт орох
버러- 겐트 어러흐

비가 갑자기 퍼붓다 — Бороо гэнэт цутгах
버러- 겐트 초트가흐

비결이 뭐야? — нууц чинь юу вэ?
노-츠 친 요- 웨

비공식적인 — албан ёсны бус
알방 여쓰니 보쓰

비관하다	гутрах 고트라흐	비듬	үсны хаг 우쓰니 학
비교적	харьцангуй 하르창고이	비디오	видео 비데어
비교하다	харьцуулах 하르초-올라흐	비밀스럽게	нууцлаг 노-촐락
비기다	тэнцэх 텐체흐	비밀이야	нууц шүү 노-츠 슈-
비누	саван 사왕	비범한	онцгой 언츠거

비공식휴일이라서 회사마다 달라.
Албан ёсны бус амралт учраас компани
알방 여쓰니 보쓰 아므랄트 오치라-쓰 컴파니
болгон өөр.
벌겅 어-르

비교적 쉽다	харьцангуй амархан 하리창고이 아마르항
비린내가 나다	загасны үнэр гарах 자가쓰니 우네르 가라흐
비밀 / 이거 비밀이야.	нууц/энэ нууц шүү. 노-츠/ 엔 노-츠 슈-
비밀을 지키다	нууц хадгалах 노-츠 하드갈라흐

비빔밥	будаатай хуурга 보따-태 호-락	비우다	хоослох 허-슬러흐
비서	нарийн бичиг 나리-잉 비칙	비율	хувь 호위
비스킷	жигнэмэг 지그네멕	비자	виз 비즈
비슷하다	адил төстэй 아딜 투스테	비자를 연장하다	виз сунгах 비즈 송가흐
비싸게 팔다	үнэтэй зарах 운테 자라흐	비탈길	налуу зам 나로- 잠
비올거야	бороо орно 버러- 어른	비평하다	шүүмжлэх 슈-움질레흐
비용	зардал 자르달	비프스테이크	бифштейк 비프쉬테크

비서를 뽑다   нарийн бичиг сонгох
                 나리-잉 비칙 성거흐

비싸요, 좀 깎아주세요.
   үнэтэй байна, жоохон үнээ буулгаж өгөөч.
   운테 밴 쩌-헝 우네 보-올가찌 우거-치

비오는 날씨   цаг агаар бороотой
                                 착 아가-르 버러-터

비즈니스 관계를 맺다   бизнесийн холбоо тогтоох
                             비즈네시-잉 헐버- 턱터-흐

비행기	онгоц 엉거츠	빌딩	байшин 배싱
비행기 편	онгоцны чиглэл 엉거츠니 치글렐	빌려주다	зээлдүүлэх 제-엘두-울레흐
빈 공간	хоосон орон зай 허-성 어렁 재	빌리다	зээлэх 제-엘레흐
빈곤한	ядуу 야뚜-	빗	сам 삼
빈혈	цус багадалт 초쓰 박달트	빗자루	шүүр 슈-르
빌다	гуйх, шалгаах 고이흐, 샬가-흐	빛	гэрэл, туяа 게렐, 토야

비행기 표는 샀어요?
  онгоцны билет худалдаж авсан уу?
  엉거츠니 빌레트 호딸다찌 압스노-

비행기멀미 онгоцонд суухаар дотор муухайрах
  엉거천드 소-하-르 더터르 모해라흐

빌려주신다면 정말 좋겠어요.
  Зээлдүүлж өгнө гэвэл үнэхээр сайн байна.
  제-엘루-찌 우근 게웰 운헤-르 생 밴

빙하가 녹다
  мөсөн гол хайлах
  무승 걸 하릴라흐

빛나는 눈	гэрэлтэй нүд	빨간색	улаан өнгө
	게렐테 누드		울라-앙 웅그
빠르게	хурдан	빨랫줄	хэц
	호르당		헤츠
빠른 속도로	хурдтайгаар	빨리	хурдан
	호르뜨태가-르		호르당
빠지다	алдагдах	빨리와.	хурдан ир.
	알닥다흐		호르당 이르

빛이 충만한　　　гэрэл гэгээ дүүрэн
　　　　　　　　게렐 게게- 두-렝

빠른/두 시간 빠른　　хоёр цагаар түрүүлэх
　　　　　　　　허여르 착아르 투룰레흐

빠를수록 좋다　　хурдан байх тусмаа сайн
　　　　　　　호르당 배흐 토스마- 생

빨간 펜으로 밑줄 굿다
　　　　　　Улаан балаар доогуур нь зурах
　　　　　　올라-앙 발라-르 더-고-른 조라흐

빨래가 안 말라요. Угаасан хувцас хатахгүй байна
　　　　　　오가-상 홉차쓰 하타흐구이 밴

빨래를 널다　　　угаасан хувцсаа дэлгэх
　　　　　　오가-상 홉차싸- 델게흐

빨래를 해서 널다　　　угаагаад дэлгэх
　　　　　　오가-가-드 델게흐

빵	talx 탈라흐	뽑다	сугалах 소갈라흐
빼내다	сугалах 소갈라흐	뾰족한	шовх 쇼우흐
빼앗다	булаах 볼라-흐	삐다	булгалах 불갈라흐
뺨	хацар 하차르	삐졌어.	гомдсон. 곰드성

빨리 회복하기를 바랍니다.	Хурдан эдгэрээрэй. 호르당 에뜨게레-레-
빵 잘라주세요.	Талх зүсэж өгөөч. 탈라흐 주쎄찌 우거-치
빼앗아 차지하다	булаан эзэгнэх 볼라-앙 에제끄네흐

ㅂ

	사공 — **завьчин** 자위칭
	사과(과일) — **алим** 알림
사(숫자) — **дөрөв** 두릅	사귀다 — **найзлах** 내쯜라흐
사거리 — **дөрвөн зам** 두르븡 잠	사나운 — **догшин, зэрлэг** 덕싱, 제를렉
사건 — **үйл явдал** 우일 야우달	사는 방식 — **амьдрах арга** 암드라흐 아락
사격하다 — **буудлага** 보-뜰락	사다 — **худалдаж авах** 호딸다찌 아와흐
사고 — **осол, аваар** 어설, 아와-르	사대양 — **дөрвөн далай** 두르븡 달래

4 년 후에 다시 개최돼.
4 жилийн дараа дахиад нээгдэнэ.
두르븡 질리-잉 다라- 다햐드 네-끄든

사등(등수) — **дөрөвдүгээр байр**
두릅두게-르 배르

사다 / 내가 이 식사 살께.
худалдаж авах / Би энэ хоолийг авч өгье.
호딸다찌 아와흐 / 비 엔 허-얼리-끄 아우치 우기

사람	хүн 훙	사랑	хайр 해르
사람들	хүмүүс 후므-쓰	사랑하다	хайртай 해르태

사라지다   arilax, алга болох
아릴라흐, 알락 벌러흐

사람들이 그러는데 이 영화 재미있데.
Хүмүүс энэ киног сонирхолтой гэж байна лээ.
후므-쓰 엔 키노그 서니르헐터 게찌 밴 레-

사람들이 말하기를   хүмүүсийн хэлэхээр
후므-씨-잉 헬레헤-르

사람들이 바글바글하네.
Хүмүүс их хөлхөлдөж байна шүү.
후므-쓰 이흐 훌훌드찌 밴 슈-

사람마다 다르다   хүн бүр өөр
훙 부르 어-르

사람마다 좋아하는 것은 다르다.
Хүн болгоны дуртай зүйл өөр.
훙 벌거니 도르태 주일 어-르

사람이 만든   хүний бүтээсэн/хийсэн
후니- 부테-승/히-승

사랑스러운(아기나 애인)   хайр хүрэм/татам
해르 후렘/타탐

사랑해요	хайртай 해르태	사물	эд зүйл 에드 주일
사망	үхэл 우헬	사방	дөрвөн тал 두르붕 탈
사망하다	үхэх 우헤흐	사별하다	үхэл хагацал 우헬 학찰
사무실	ажлын өрөө 아질링 우러-	사실	үнэн 우넹

사랑스러운(어른에게)   хайр хүрэм/татам
해르 후렘/타탐

사랑에 빠지다   хайранд умбах
해란드 옴바흐

사무실에서 그 문제에 대해 논의 하죠.
    Ажлын өрөөнд тэр асуудлыг ярилцая.
    아질링 우러-운드 테르 아소-뜰리그 야릴치

사생활을 존중하다   хувийн амьдралыг хүндлэх
호위-잉 암드랄리끄 훈들레흐

사생활을 캐묻다
    хувийн амьдралын талаар ухаж асуух
    호위-잉 암드랄링 탈라-르 오하찌 아소-흐

사실을 말하다   үнэнийг хэлэх
우네니-끄 헬레흐

사십	дөч 두치	사원(절)	сүм хийд 숨 히-드
사업하다	бизнес эрхэлэх 비지네스 에르헬레흐	사월	дөрөвдүгээр сар 두릅두게-르 사르
사용법	хэрэглэх заавар 헤렉레흐 자-와르	사위	хүргэн 후르겡
사용자	хэрэглэгч 헤렉렉치	사육하다	тэжээх 테제-흐
사용하다	хэрэглэх 헤렉레흐	사이에	хооронд 허-런드
사용하지 않다	хэрэглэхгүй 헤렉레흐구이	사자(동물)	арслан 아르슬랑
사원(사람)	ажилтан 아질탕	사장	захирал 자히랄

사실적인   бодитоор дүрсэлсэн
버디터-르 두르셀승

사업이 번창하다   бизнес хөгжих
비지네스 욱지흐

사용안내   хэрэглэх зааврын талаарх тайлбар
헤렉레흐 자-우링 탈라-르흐 탤바르

사장님께 허락받다   захирлаас зөвшөөрөл авах
자히를라-쓰 즙슈-를 아와흐

사전	толь бичиг 털 비칙	사찰	шалган хянах 샬강 하나흐
사직하다	эхлэх 에흘레흐	사탕	чихэр 치헤르
사진 한장	нэг хувь зураг 넥 호위 조락	사탕 드세요	чихэр ид 치헤르 이드
사진을 찍다	зураг дарах 조락 다라흐	사투리	нутгийн аялгуу 노트기-잉 아얄고-

사진 3×4사이즈 한 장   3×4 хэмжээтэй зураг нэг
고랍 두룹잉 헴제테 조락 넥

사진 한 장씩 인쇄해 주세요.
Зургийг нэг нэгээр нь хэвлээд өгөөрэй.
조르기-끄 넥 네게-론 헤블레-드 우거-레

사진기를 준비할게요.   Зургийн аппаратаа бэлдэе.
조그기-잉 아파라타- 벨디

사진을 찍어서 기념으로 남기자.
Зураг авхуулаад дурсгал болгож үлдээе.
조락 아호-올라-드 도르스갈 벌거찌 울데이

사진촬영금지   зураг авахыг хориглоно
조락 아와히그 허리그른

사학자   түүхийн ухааны эрдэмтэн
투-히-잉 오하-니 에르뎀텡

사학	түүхийн ухаан 투-히-잉 오하-앙	산모	төрөх дөхсөн эх 투르흐 두흐승 에흐
사회	нийгэм 니-겜	산업	аж үйлдвэр 아즈 우일드웨르
삭제하다	устгах 오쓰트가흐	산책하다	салхилах 살리흘라흐
산	уул 오-올	산파	эх баригч 에흐 바릭츠
산 정상	уулын оргил 오-올링 어르길	살/30살	нас гучин настай 나스/고칭 나스태
산림	уулийн ой 오-올리-잉 어이	살구	чангаанз 창가-안즈
산맥	уул нуруу 오-올 노로-	살다	амьдрах 앰드라흐

사회경험이 없을 거예요.
Нийгмийн туршлага байхгүй.
니-그미-잉 토르쉬락 배흐구이

산부인과   эх барих эмэгтэйчүүдийн тасаг
에흐 바리흐 에멕테추-디-잉 타싹

산출량   үйлдвэрлэлийн хэмжээ
우일드웨르렐리-잉 헴제-

살이 많이 찐 것 같아.
Их жин нэмсэн юм шиг байна.
이흐 징 헴셍 윰 식 밴

살인	аллага 알락	삼일	гурван өдөр 고르왕 우드르
살찌다	таргалах 타르갈라흐	삼촌	авга ах 아왁 아흐
삶	амьдрал 앰드랄	상(우승)	дээд, дээр 데-드, 데-르
삶은 계란	чанасан өндөг 찬상 운득	상관없이	хамааралгүй 하마-랄구이
삼(숫자)	гурав 고랍	상담	зөвлөмж 주블름지
삼십	гуч 고치	상담하다	зөвлөгөө өгөх 주블르거- 우그흐
삼월	гуравдугаар сар 고랍도가-르 사르	상당하는(금액)	тэнцэхүйц 텐체후이츠

삶은 고구마	чанасан амтат төмс 찬상 암타트 툼쓰
삶의 태도	амьдралын хэв маяг 앰드랄링 헵 마약
삼거리	гурван замын уулзвар 고르왕 자밍 오-올즈와르
상대선수	эсрэг талын тамирчин 에스렉 탈링 타미르칭

상당히	нэлээд 넬레-드	상영하다	кино үзүүлбэр 키노 우주-을베르
상대적인	харьцангуй 하르창고이	상용하다	байнга хэрэглэх 밴가 헤렉레흐
상상하다	төсөөлөх 투스-울르흐	상을 타다	шагнал авах 샤그날 아와흐
상세히	нэг бүрчлэн 넥 부르칠렝	상의(옷)	хүрэм, пальто 후렘, 팔터

상품의(고급)   дээд зэрэглэлийн бараа
데-드 제렉렐리-잉 바라-

상반신을 찍다   цээж зураг авах
체-지 조락 아와흐

상사병   санаж бэтгэрэх өвчин
사나찌 벨트게레흐 웁칭

상업채권   бизнесийн авлага
비지네시-잉 아울락

상응하다   харилцан нийцэх
하릴창 니-체흐

상자 / 맥주 1 상자   хайрцаг/пиво нэг хайрцаг
해르착/피버 넥 해르착

상자처럼 생겼어   хайрцаг шиг цурайтай
해르착 식 차래태

상징하다	бэлэгдэх 벨렉데흐	상품을 팔다	бараа зарах 바라–자라흐
상처	шарх 샤르흐	상형문자	дүрс бичиг 두르스 비칙
상처를 받다	шарх авах 샤르흐 아와흐	상황	нөхцөл байдал 누흐츨 배딸
상태	байр байдал 배르 배딸	새 단어	шинэ үг 신 욱
상품	шагнал 샤그날	새(동물)	шувуу 쇼보–

상점은 아침 8시에 문을 연다.
    Дэлгүүр өглөө найман цагт хаалгаа нээнэ.
    델구–르 우글러– 내망 착트 하–알가– 네–엔

상점은 저녁 9시에 문을 닫는다.
    Дэлгүүр орой есөн цагт хаалгаа барина.
    델구–를 어러– 유승 착트 하–알가– 바린

상품목록을 덧붙이다   барааны жагсаалт нэмэх
    바라–니 작살–트 네메흐

상품을 진열하다   бараа дэлгэх
    바라– 델게흐

상호간에   харилцан хоорондын
    하릴창 허–런딩

새 것의	шинэ юм 신 윰	색깔	өнгө 웅그
새끼를 낳다	зулзагалах 졸자갈라흐	색소폰	сагсфон 삭스퐁
새롭다	шинэлэг 시넬렉	색종이	өнгийн цаас 웅기-잉 차-쓰
새벽	үүр 우-르	샐러드	салад 살라드
새우	сам хорхой 삼 허르허-	샘플	загвар 자그와르
새콤달콤한	нялуун 냘롱-	생각	бодол 버떨
새해	шинэ жил 신 질	생각나다	санаанд орох 사나-안드 어러흐

새 집으로 이사하다　　шинэ байрлуу нүүх
　　　　　　　　　　신 배를로- 누-흐

새해 복 많이 받으세요.　Шинэ оны мэнд дэвшүүльс.
　　　　　　　　　　신 어니 멘드 뎁슈-울리

색은 예쁜데 좀 크네.
　　Гоё өнгөтэй боловч жоохон том байна.
　　고이 웅그테 벌럽치 쩌-헝 텀 밴

샘플을 보여주세요.　Загварыг нь үзүүлж өгөөч.
　　　　　　　　　자그와리끈 우주-울찌 우거-치

ㅅ

167

생각하다	бодох	생강	бодол
	버떠흐		버떨
생각해 볼게요.	бодож үзье.	생리	сарын тэмдэг
	버떠찌 우지		사링 템텍

생각보다 무겁네요.   Санаснаас хүнд байна ш??.
사나쓰나-쓰 훈드 밴 슈-

생각보다 비싸다고요?   Санасныг бодоход үнэтэй гэнээ?
사나쓰니끄 버떠허드 운테 게네-

생각이 있어요? 없어요?   Санаа байна уу? Байхгүй юу?
사나- 배노-? 배흐구이 요-?

생각지도 않게   санаанд ормооргүй
사나-안드 어르머-르구이

생각할 시간이 필요해.   Бодох цаг хэрэгтэй.
버떠흐 착 헤렉테

생계를 위해 일한다.
   Амин зуулгынхаа төлөө ажил хийх.
   아밍 조-올깅하- 툴러- 아질 히-흐

생계비를 번다.   Амин зуулгынхаа мөнгийг олох.
아밍 조-올깅하- 뭉기-그 얼러흐

생과일주스   шинэ жимсний жүүс
신 짐스니- 쥬-스

한국어	몽골어	한국어	몽골어
생맥주	задгай пиво 자뜨개 피워	생산	үйлдвэрлэл 우일드웨를렐
생명을 구하다	амь аврах 암 아우라흐	생수	булгийн цэвэр ус 볼기-잉 체웨르 오쓰
생물	амьд бие 암드 비예	생일	төрсөн өдөр 툴승 우드르
생방송	шууд нэвтрүүлэг 쇼-뜨 넵트루-울렉	생태계	экосистем 에코시스템
생산물	бүтээгдэхүүн 부테-엑데후-웅	생활	амьдрал 암드랄
생산성	бүтээмж 부테-엠지	샤워기	шүршүүр 슈르슈-르

생리용품   ариун цэврийн бүтээгдэхүүн
아리옹 체웨리-잉 부테-엑데후-웅

생방송하다   шууд нэвтрүүлэх
쇼-뜨 넵트루-울레흐

생일 케이크   төрсөн өдрийн тоорт
툴승 우드리-잉 터-르트

생일카드를 그녀에게 드리려고요.   төрсөн өдрийн
툴승 우드리-잉
карт тэр эмэгтэйд өгөх гэсэн юм.
카르트 테르 에멕테드 우그흐 게쑹 윰

샴푸	шампунь 샴폰	서두르다	яарах 야라흐
서늘한	сэрүүн 세루-웅	서로	хоорондоо 허-런더-

생활(방식) **амьдралын хэв маяг**
암드랄링 헵 마야끄

생활이 점점 우울해져요.
　　Амьдрал бага багаар гунигтай болсон.
　　암드랄 박 바가-르 고닉태 벌성

서기장 **нарийн бичгийн дарга**
나리-잉 비치기-잉 다락

서로 같은 **хоорондоо ижил**
허-런더- 이질

서로 다른 **хоорондоо өөр**
허-런더- 어-르

서로 밀착된 **хоорондоо нягт**
허-런더- 냑트

서로 부딪히다 **хоорондоо мөргөлдөх**
허-런더- 무르굴드흐

서로 섞다 **хоорond нь холих**
허-런든 헐리흐

서로 싸우다 **хоорондоо муудалцах**
허-런더- 모-딸차흐

한국어	몽골어	한국어	몽골어
서로	серээр хооронд оо 허-르 허-런더-	서양의	барууны 바로-니
서류	бичиг баримт 비칙 바림트	서점	номын дэлгүүр 너밍 델구-르
서명	гарын үсэг 가링 우섹	서커스	цирк 치르크
서민의	ард 아르드	서행	удаан явах 오다-앙 야와흐
서비스하다	үйлчлэх 우일칠레흐	석사	магистр 마기스트르
서빙하다	үйлчлэх 우일칠레흐	석유	нефть 네프트
서술하다	дүрслэх 두르슬레흐	선글라스	нарны шил 나르니 실

서로 아세요?   бие биенээ таних уу?
비 비네- 타니호-

서비스(전자제품 등)   үйлчилгээ
우일칠게-

서비스가 엉망이다   муу үйлчилгээтэй
모- 우일칠게-테-

서비스요금   үйлчилгээний төлбөр
우일칠게-니- 툴부르

선물	бэлэг 벨렉	선을 긋다	зураас татах 조라-쓰 타타흐
선물하다	бэлэглэх 벨렉레흐	선조	өвөг дээдэс 우웩 데-데흐
선반	тавиур 타비오르	선진적이다	хөгжингүй 훅진구이
선발팀	шигшээ баг 식쉐- 박	선착순	түрүүлж очих 투루-울찌 어치흐
선생님	багш 박시	선출하다	сонголт 성걸트
선수	тамирчин 타미르칭	선크림	нарны тос 나르니 터쓰

선글라스를 쓰다   нарны шил зүүх
나르니 실 주-흐

선물을 살 수가 없다.
Бэлэг худалдаж авах аргагүй байна.
벨렉 호딸다찌 아와흐 아락구이 밴

선물하고 싶었어요.   Бэлэг өгмөөр санагдаад.
벨렉 우그무-르 사낙다-드

선착순으로 티셔츠를 준다.
Түрүүлж ирсэнд нь фудболк өгнө
투루-울찌 이르슨든 포뜨벌크 우근

선택하다	сонгох 성거흐	설명하다	тайлбарлах 탤바르라흐
선풍기	сэнс 센쓰	설사	гүйлгэх 구일게흐
설(음력)	цагаан сар 차가-앙 사르	설사약	гэдэсний эм 게떼스니 엠
설립하다	байгуулах 배고-올라흐	설사하다	гэдэс суулгах 게떼스 소-올가흐
설명서	тайлбар бичиг 탤바르 비칙	설익은	түүхий 투-히-

선크림을 계속 바르다　　нарны тос байнга түрхэх
　　　　　　　　　　　나르니 터쓰 밴가 투르헤흐

선크림을 바르다　　　　нарны тос түрхэх
　　　　　　　　　　　나르니 터스 투르헤흐

설 쇠러 고향에 가?
　　Цагаан сараар нутагруугаа явах уу?
　　차가-앙 사라-르 노탁로-가 야호-

설날음식　　　цагаан сарын идээ будаа
　　　　　　　차가-앙 사링 이데- 보따-

설을 재미있게 지냈어요?
　　Цагаан сараа сайхан өнгөрөөсөн үү?
　　차가-앙 사라- 새항 웅그룰스누-

한국어	몽골어	한국어	몽골어
설치하다	байгуулах 배고-올라흐	성격	занааш 장 아-쉬
설탕	элсэн чихэр 엘승 치헤르	성냥	шүдэнз 슈덴즈
섬	арал 아랄	성립하다	батлуулах 바틀로-올라흐
성 잘 내는	сайн уурaлдаг 생 오-랄닥	성장하다	өсөх 우쓰흐
성(이름)	овог 어웍	성적	дүн 둥

설탕이든   элсэн чихэр ч юмуу
엘승 치헤르 치 유모-

성격이 발랄하고 좋은   сэргэлэн зантай
세르겔렝 잔태

성공하다   амжилтанд хүрэх
암질탄드 후레흐

성공하시기를 바랄게요.   Амжилт хүсье.
암질트 후쓰이

성교하다   бэлгийн харилцаа
벨기-잉 하릴차-

성은 박 입니다. 이름은 민수입니다.
    Овог нь Пак. Нэр нь Мин Сү.
    어웍 은 박, 네른 민수

성질	төрөлхийн зан 투룰히-잉 장	세계	дэлхий 델히-
성탄절	Христмас 히리스트마스	세계에서	дэлхийд 델히-드
세 번째	гурав дахь удаа 고랍 다흐 오따-	세관	гааль 가-알
세 시간	гурван цаг 고르왕 착	세금	гаалийн татвар 가-알리-잉 타트와르
세게 때리다	хүчтэй цохих 후치테 처히흐	세기	зуун 조-옹

성함을 알려주시겠어요? Овог нэрээ хэлэхгүй юу?
우웍 네레- 헬레흐구이 요

성형수술 гоо сайхны мэс засал
고- 새흐니 메스 자쌀

세관신고 гаалийн мэдүүлэг
가-알리-잉 메두-울렉

세권 주세요. Гурвыг өгнө үү.
고르윅 우그누-

세금을 내다 гаалийн татвар төлөх
가-알리-잉 타트와르 툴루흐

세를 주다 байрны мөнгөө өгөх
베르니 뭉거- 우구흐

세다	тоолох 터-얼러흐	세탁하다	угаах 오가-흐
세달	гурван сар 고르왕 사르	세포	эс 에쓰
세대	цаг үе 착 우이	셋	гурав 고랍
세미나	семнар 세미나르	소	үхэр 우헤르
세배	гурав дахин 고랍 다힝	소개하다	танилцуулах 타닐초-올라흐
세일(할인판매)	хямдрал 함드랄	소견	үзэл бодол 우젤 버떨
세탁기	угаалгын машин 오가-알가깅 마싱	소고기	үхрийн мах 우흐리-잉 마흐
세탁세제	угаалгын нунтаг 오가-알가깅 논탁	소극적인	идэвхигүй 이뎁히구이
세탁소	угаалгын газар 오가-알가깅 가자르	소금	давс 다우쓰

세뱃돈 цагаан сараар хүүхдэд бэлэглэдэг мөнгө
차가-앙 사라-르 후-흐데드 벨레글레덱 뭉그

소개해 드릴게요.   Танилцуулъя.
타닐초-올리

소나기	aadar boroo 아-다르 버러-	소멸하다	alga bolox 알락 벌러흐
소득	orlogo 어를럭	소변	шээс 쉐-스
소득세	orlogyn tatvar 어를러깅 타트와르	소변보다	шээх 쉐-흐
소름끼치는	bие zарайх 비 자레흐	소비자	хэрэглэгч 헤렉렉치
소리	дуу авиа, чимээ 도-아위아, 치메-	소비하다	хэрэглээ 헤렉레-
소리치다	хашгирах 하쉬기라흐	소식	мэдээ, сураг 메데-, 소락

소나기를 만나다	aadar boroond цoxиулax 아-다르 버러-운드 처히올라흐
소리를 듣다	дуу чимээ сонсох 도- 치메 선서흐
소매치기	халаасны хулгайч 할라-스니 홀가치
소매업하다	жижиглэн худалдаа хийх 찌찌렝 호딸다- 히-흐
소설	үргэлжилсэн үгийн зохиол 우르겔찔승 우기-잉 저혈

소식이 없는	сураггүй 소락구이	소포	илгээмж 일게-엠지
소원	хүсэл 후셀	소화	хоол шингэлт 허-얼 싱겔트
소유	өмч эзэмшил 움치 에젬실	속눈썹	сормус 서르모스

소송에서 이기다   шүүх хуралд дийлэх
슈-흐 호랄드 디-일레흐

소수민족   цөөн тоот үндэстэн
추-운 터-트 운데스텡

소아마비   хүүхдийн саа өвчин
후-훋디-잉 사- 욷칭

소음이 조금 있다.   жоохон шуугиантай.
쩌-헝 쇼-기안태

소파 어디에 둬요?   буйданг хаана тавих вэ?
보이당그 하-안 타비흐 웨

소프트웨어   программ хангамж
프러그람 한감지

소화불량   хоол шингэлт муу
허-얼 싱겔트 모-

소화에 좋다   хоол шингэлтэнд сайн
허-얼 싱겔텐드 생

속닥거리다	шивэгнэх 시웨그네흐	손	гар 가르
속담	зүйр цэцэн үг 주이르 체첸 욱	손가락	хуруу 호로-
속도	хурд 호르드	손가방	гарын цүнх 가링 충흐
속삭이다	шивэгнэх 시웨그네흐	손녀	ач охин 아치 어흥
속성으로	шинж чанар 신지 차나르	손님	зочин 저칭
속어	хар бор үг 하르 버르 욱	손등	гарын ар тал 가링 아르 탈
속이다	хуурах 호-라흐	손목시계	бугуйн цаг 보고잉 착
속하다	харъяалагдах 하리얄락다흐	손수건	нусны алчуур 노쓰니 알초-르

속도를 줄이다 хурдаа багасгах
호르따- 박스가흐

속이려하지 마. Хуурах гэсний хэрэггүй.
호-라흐 게쓰니- 헤렉구이

손실	алдагдал 알닥달	손해	гарз 가르지
손을 올리다	гараа өргөх 가라- 우르그흐	손해를 보다	хохирох 허히러흐
손자	ач хүү 아치 후-	솔직한	илэн далангүй 일렝 달란구이
손잡이	бариул 바리올	솔질을 하다	сойздох 서이쯔더흐
손전등	дэнлүү 덴루	솜씨 좋은	ур чадвар сайн 오르 차드와르 생
손톱	гарын хумс 가링 홈쓰	송별회	үдэлтийн цуглаан 우델티-잉 초글라-앙
손톱깎이	хумсаа авах 홈싸- 아와흐	쇼윈도	шилэн хорго 실렝 허럭

손으로 누르다   гараараа дарах
가라-라- 다라흐

손을 흔들어 인사하다   гараа даллаж мэндлэх
가라- 달라찌 멘들레흐

손재주가 있는   гарын дүйтэй
가링 두이테

솔직히 말하자면   илэн далангүй ярьвал
일렝 달란구이 야리왈

쇼핑	юм худалдан авах 윰 호딸당 아와흐	수다스러운	чалчаа 찰차-
수건	алчуур 알초-르	수단	арга 아락
수고비	ажлын хөлс 아질링 홀스	수도	нийслэл 니-스렐
수공의	гар урлал 가르 오르랄	수동의	гар ажиллагаа 가르 아질라가-
수군	тэнгисийн хүчин 텡기시-잉 후칭	수량	тоо хэмжээ 터- 헴제-
수근거리다	шивэгнэх 시웨그네흐	수력	усны хүч 오쓰니 후치
수년	хэдэн жил 헤등 질	수련	дадлага 다뜰락

송년회　　　　　　　шинэ жилийн үдэшлэг
　　　　　　　　　　신 질리-잉 우데쉴렉

송별회를 열다　　үдэлтийн цуглаан/баяраа нээх
　　　　　　　　우뎉티-잉 초글라-앙/바야라- 네-흐

송이 / 장미 3송이　ширхэг/сарнай гурван ширхэг
　　　　　　　　　쉬르헥/ 사르내 고르왕 쉬르헥

수도요금 받으러 왔나요?
　　　　　　Усны төлбөр авахаар ирээ юу?
　　　　　　오쓰니 툴부르 아와하-르 이레- 요

| 수류탄 | гранат
그라나트 | 수수료 | шимтгэл
심트겔 |
|---|---|---|---|
| 수리하다 | засвар хийх
자스와르 히-흐 | 수술 | мэс засал
메스 자쌀 |
| 수면 | усны мандал
오쓰니 만달 | 수습하다 | зохицуулах
저히초-올라흐 |
| 수박 | тарвас
타르와스 | 수신인 | хүлээн авах хүн
훌레-엥 아와흐 훙 |
| 수백의 | хэдэн зуун
헤등 조-웅 | 수십 여의 | хэдэн арван
헤등 아르왕 |
| 수상(직위) | тэрг үүн сайд
테르구-웅 새뜨 | 수여하다 | олгох
얼거흐 |
| 수상해 | этгээд хачин
에트게-드 하칭 | 수영 | сэлэлт
세렐트 |
| 수선하다 | засвар
자스와르 | 수영장 | усан бассейн
오쌍 바쎄잉 |
| 수송하다 | тээвэрлэх
테-웨를레흐 | 수요(필요) | эрэлт
에렐트 |

수속절차   бүртгүүлэх дараалал
부르트구-울레흐 다라-랄

수영할 줄 알아요?   сэлж чадах уу?
셀찌 차뜨호-

수요일	лхагва гариг 하윽 가릭	수출세	экспортын татвар 엑스포르팅 타트와르
수익을 만들다	ашиг хийх 아식 히-흐	수출입	экспорт импорт 엑스포르트 임퍼르트
수입	импорт 임포르트	수출하다	экспортлох 엑스포르틀러흐
수입세	импортын татвар 임포르팅 타트와르	수탉	азарган тахиа 아자르강 타햐
수입품	импортын бараа 임포르팅 바라-	수표	чек 체크
수입하다	импортлох 임포르틀러흐	수학	математик 마테마틱
수준	түвшин 툽싱	수학자	математикч 마테마틱치
수집하다	цуглуулах 초글로-올라흐	수확하다	ургац хураах 오르가치 호라-흐
수 천의	хэдэн мянган 헤등 미양강	숙고하다	эрэгцүүлэх 에렉추-울레흐
수정액(사무용품)			засварласан дүн 자스와를라상 둥
수첩			тэмдэглэлийн дэвтэр 템데글렐리-잉 뎁테르

숙련된	чадварлаг 차드와를락	숟가락	халбага 할박
숙모	авга бэргэн 아왁 베르겡	술	архи 아리흐
숙박하다	байрлах 배를라흐	술 취한	архинд согтсон 아리흔드 석트성
숙제	даалгавар 다-알가와르	술을 끊다	архинаас гарах 아리흐나-쓰 가라흐
순서	дэс дугаар 데스 도가르	술집	баар 바-르
순서대로	дэс дараагаар 데스 다라-가-르	숨기다	нуух 노-흐
순탄한	тэгшхэн 텍쉬홍	숫자	тоо 터-
순회하다	аялах 아얄라흐	숲	ой 어이

수평선	далай, тэнгэрийн хаяа 달래, 텡게리-잉 하야
수험생	шалгалтанд бэлтгэж буй оюутан 샬갈탄드 벨트게찌 보이 어유탕
술 도수가 높아요.	Архины градус өндөр. 아리흐니 그라도스 운드르

쉬운	амархан 아마르항	스케줄	хуваарь 호와-르
쉽게 믿는	амархан итгэдэг 아마르항 이트게덱	스키를 타다	цанаар гулгах 차나-르 골가흐
쉽다	амархан 아마르항	스키장	цанын бааз 차닝 바-즈
수퍼마켓	супер маркет 소페르 마르케트	스타(인물)	од 어드
스물(숫자)	хорь 허르	스타일	загвар 자그와르
스위치	унтраалага 온트라-알락	스트레스 받다	стрест орох 스트레스트 어러흐

술 많이 먹지 마.   Архи битгий их уу.
아리흐 비트기- 이흐 오-

술 잘하시네요.   Архи сайн уудаг юм байна шүү.
아리흐 생 오-닥 윰 밴 슈

숨쉬기 어려운   амьсгаа авахад хэцүү
암스가- 아와하드 헤츄-

쉬다 / 잘 쉬었어?   амрах/сайхан амарсан уу?
아므라흐/생 아마르스노-

쉽게 상하다   амархан мууддаг
아마르항 모-뜨닥

ㅅ

스페인어	Испани хэл 이스파니 헬	슬픔	гуниг 고닉
스포츠	спорт 스퍼르트	습관	зуршил 조르실
스포츠 신문	спорт сонин 스퍼르트 서닝	습도	чийгийн хэмжээ 치-기-잉 헴제-
스프	шөл 슐	승객	зорчигч 저르칙치
스프링	пүрш 푸르쉬	승리	ялалт 얄랄트
스피커	чанга яриур 창가 야리오르	승리하다	ялах 얄라흐
슬퍼하지 마	битгий гуни 비트기- 고니	승무원	үйлчлэгч 우일치렉치
슬픈	гунигтай 고닉태	승자	зорчигч 저르칙치

쉽죠? amархан байгаа биз?
아마르항 배가- 비즈

수퍼마켓에 자주 가. Супер маркет байнга явдаг.
소페르 마르케트 밴가 얍닥

스스로에게 өөрөө өөртөө
어-러- 어-르터-

시(도시)	хот 허트	시기	завшаан 잡샤-앙
시(문학)	шүлэг 슐렉	시끄러운	шуугиантай 쇼-기앙태
시(시간)	цаг 착	시내	хот 허트
시간	цаг 착	시내중심	хотын төв 허팅 톱
시간 / 한 시간	цаг/нэг цаг 착/넥 착	시다	исэх 이쎄흐
시간당	нэг цагийн, цагт 넥 차기-잉, 착트	시도	оролдлого 어럴들럭
시계	цаг 착	시들다	гундах 곤다흐
시계를 차다	цаг зүүх 착 주-흐	시민	хотын иргэн 허팅 이르겡

습격당하다　　　　　 дайралтанд өртөх
　　　　　　　　　 대랄탄드 우르투흐

습도가 높아서 힘들어.
　　　　Их чийгтэй учраас хэцүү байна.
　　　　이흐 치-크테 오치라-쓰 헤추- 밴

시간경계선　　　 цаг хугацаа хязгаарласан зураас
　　　　　　　 착 혹차- 햐즈가-를라상 조라-쓰

시샘하다	атаархах 아타-르하흐	시스템	систем 시스템

시간당 300km　　　　　цагт 300 километр
　　　　　　　　　　　착트 고르왕 조-옹 킬로메트르

시간도 없고 바빠.　　　Цаг байхгүй, завгүй.
　　　　　　　　　　　착 배흐구이, 자우구이

시간약속을 해 주세요.
　　　　Хэдэн цагт уулзахаа хэлж өгнө үү.
　　　　헤등 착트 오-올자하- 헬찌 우그누-

시간을 낼 수가 없다.　　Цаг гаргах боломжгүй.
　　　　　　　　　　　착 가르가흐 벌럼지구이

시간을 약속하다　　　　цаг товлох
　　　　　　　　　　　착 터울러흐

시간을 절약하다　　　　цаг хэмнэх
　　　　　　　　　　　착 헴네흐

시간이 걸리다　　　　　цаг зарцуулах
　　　　　　　　　　　착 자르초-올라흐

시간이 되다　　　　　　боломжтой цаг
　　　　　　　　　　　벌럼지터 착

시간이 오래 걸리다　　　цаг их зарцуулах
　　　　　　　　　　　착 이흐 자르초-올라흐

시간이 정말 빠르다　　　цаг маш хурдан өнгөрөх
　　　　　　　　　　　착 마쉬 호르당 웅그르흐

시아버지	хадам аав 하담 아-우	시체	цогцос 척처쓰
시어머니	хадам ээж 하담 에-찌	시행하다	хэрэгжүүлэх 헤렉주-울레흐
시원하다	сэрүүн 세루-웅	시험	шалгалт 샤갈트
시원한	сэрүүн 세루-웅	식량	хоол хүнс 허-얼 훈스
시월	арав дугаар сар 아랍 도가-르 사르	식사	хоол 허-얼
시위하다	эсэргүүцэх 에세르구-체흐	식사하다	хооллох 허-얼러흐
시작하다	эхлэх 에흘레흐	식용유	ургамалын тос 오르감알링- 터쓰
시장	зах 자흐	식중독	хоолны хордлого 허-얼르니 허르뜰럭
시점	цаг мөч 착 무치	식초	цагаан цуу 차가-앙 초-
시청자	үзэгч 우젝치	식탁	хоолны ширээ 허-얼르니 시레-

시장에 자주 가세요?   Зах байнга явдаг уу?
자흐 뱅가 얍다고-

신(종교)	бурхан 보르항	신고	мэдэгдэл 메떽델
신경 쓰다	анхаарах 앙하-라흐	신고서	мэдэгдэх хуудас 메떽데흐 호-따스

시키지 마세요.   биттий захиалраарай.
비트기- 자햘라-래

시험 문제   шалгалтын материал
샬갈팅 마테리알

시험 봤어요?   Шалгалт өгсөн үү?
샬갈트 욱스누-

시험 결과가 어때요?   Шалгалтын хариу ямар гарч?
샬갈팅 하리오 야마르 가르치

시험삼아하다   болохнуу үгүй юу үзэх
벌러흐노- 우구이 요- 우제흐

시험에 떨어지다   шалгалтанд унах
샬갈탄드 오나흐

시험지   шалгалтын цаас
샬갈팅 차-쓰

식당   цайны газар
채니 가자르

식당칸   цайны газрын хэсэг
채니 가자링 헤섹

190

신랑	хүргэн 후르겡	신병	өвчин зовиур 웁칭 저위오르
신랑측	хүргэний тал 후르게니- 탈	신부측	бэрийн тал 베리-잉 탈
신뢰하다	итгэл найдлага 이트겔 내뜰락	신부(결혼)	бэр 베르
신문	сонин 서닝	신비	ер бусын 예르 보씽
신발	гутал 고탈	신사(남자)	ноён 노잉
신발을 신다	гутал өмсөх 고탈 움스흐	신선하다	шинэхэн 시네헹

식이요법하다　　хоолны нарийн дэглэм хийх
허-얼르니 나리-잉 데글렘 히-흐

식품　　хоол хүнсний бүтээгдэхүүн
허-얼 훈스니- 부텍데후-웅

신경 쓰지 않다　　анхаарал хандуулсны хэрэггүй
앙하-랄 한도-올스니 헤렉구이

신경쓰지 마.　　биттий санаа зов.
비트기- 사나- 접

신고서를 작성하셨나요?
Мэдэгдэх хуудас бөгөлсөн үү?
메떽데흐 호-따스 부글스누-

신앙	шүтлэг 슈틀렉	신호	дохио 더혀
신용	итгэл найдвар 이트겔 내뜨와르	신호등	гэрлэн дохио 게를렝 더허
신용카드	кредит карт 크레디트 카르트	신혼	шинэхэн гэрлэсэн 시네헹 게를레승
신중한	няхуур 냐호-르	실	юм оёдог утас 윰 어여덕 오타쓰
신청서	өргөдөл 우르구들	실례합니다	ёс алдах 여쓰 알다흐
신형이다	шинэ загвар 신 자그와르	실망이다	урам хугарах 오람 호가라흐

신고서를 작성해 주세요.
Мэдэгдэх хуудас бөгөлж өгнө үү.
메떽데흐 호-따스 부글찌 우그누-

신문을 보면 알게 될 거예요.
Сонин үзвэл мэдэх болно.
서닝 우즈웰 메데흐 벌른

신물이 넘어오다   бөөлжис хүрэх
                          부-을찌스 후레흐

신용장   магадлан иттэмжлэх
               마가뜰랑 이트겜질레흐

한국어	몽골어
실무자	ажил гүйцэтгэгч 아질 구이체트겍치
실물	бодит биет 버띠트 비트
실수	алдаа 알다-
실수하다	алдах 알다흐
실습하다	дадлага хийх 다뜰락 히-흐
실시하다	гүйцэтгэх 구이체트게흐
실장(지위)	хэсгийн дарга 헤쓰기-잉 다락
실제가격	бодит үнэ 버띠트 운
실제로	бодитоор 버띠터-르
실제수입	бодит орлого 버띠트 어를럭
실제의	бодит 버띠트
실직하다	ажилгүй болох 아질구이 벌러흐
실크	торго 터럭
실패하다	бүтэлгүйтэх 부텔구이테흐
실행하다	хэрэгжүүлэх 헤렉주-울레흐
싫어하다	дургүй 도르구이
심다	суулгах 소-올가흐
심리	сэтгэлзүй 세트겔주이
심리학	сэтгэл судлал 세트겔 소뜰랄
심장	зүрх 주르흐
신하가 되다	түшмэл болох 투쉬멜 벌러흐

한국어	몽골어	한국어	몽골어
심장병	зүрхний үвчин 주르흐니- 웁칭	싱싱한	шинэхэн 시네헹
심판(경기)	шүүгч 슈-웃치	싸다	боох 버-흐
십 억(숫자)	тэр бум 테르 봄	싸우다(논쟁)	хэрэлдэх 헤렐데흐
십이(숫자)	арван хоёр 아르왕 허여르	싸우다(불화)	муудалцах 모-딸차흐
십일(숫자)	арван нэг 아르왕 넥	싸우다(투쟁)	зодолдох 저떨더흐
싱겁다	давсгүй 다우쓰구이	쌀	будаа 보따-
싱글룸	нэг өрөө 넥 우러-	쌀을 씻다	будаа угаах 보따- 오가-흐

실제로 있었던 일   бодитоор болсон явдал
버띠터-르 벌성 야우달

실크를 생산하다   торго үйлдвэрлэх
터럭 우일드웨를레흐

싫음 말고   Дургүй байгаа бол боль
도르구이 배가- 벌 벌

십이월   арван хоёрдугаар сар
아르왕 허여르도가-르 사르

쌍꺼풀	нүдний давхраа 누드니- 답하라-	쓰다(맛)	исгэлэн 이스겔렝
쌍둥이의	ихэр хүн 이헤르 훙	쓰레기통	хогийн сав 허기-잉 삽
썩다(이)	шүүд хорхой идэх 슈드 허르허이 이데흐	쓸모없는	хэрэггүй 헤렉구이
쏟다	асгах 아쓰가흐	씨름하다	бөх барилдах 부흐 바릴다흐
쓰다(글씨)	бичих 비치흐	씹다	зажлах 자찔라흐
쓰다(기록)	тэмдэглэх 템덱레흐	씻다	угаах 오가-흐

십일월	арван нэгдөгээр сар 아르왕 넥두게-르 사르
싸 주세요.	Боогоод өгнө үү. 버-거-드 우그누-
쌍/완벽한 한 쌍	хос/бүрэн төгс нэг хос 허쓰/부렝 툭쓰 넥 허쓰
씹을 수 없다	зажлах аргагүй 자찔라흐 아락구이

ㅇ

한국어	몽골어
아, 그렇군요.	aa, тийм үү. 아-, 티-무-
아기	хүүхэд 후-헫
아내	эхнэр 에흐네르
아니(대답)	үгүй 우구이
아닐 거야.	үгүй байх. 우구이 배흐
아들	хүү 후-
아래	доор 더-르
아래층	доод давхар 더-드 답하르
아름다운	үзэсгэлэнтэй 우제스겔렝테
아마	магадгүй 마가뜨구이

한국어	몽골어
아가씨	гэрлээгүй эмэгтэй 게를레-구이 에멕테
아깝잖아 버리지 마.	Хайран юм битгий хая. 해랑 윰 비트기- 하야
아르바이트가다	цагийн ажилдаа явах 차기-잉 아질다- 야와흐
아랑곳 하지 않고	сонирхох хэрэггүй 서니르허흐 헤렉구이
아름다운 사람	үзэсгэлэнтэй хүн 우제스겔렝테 훙

아마도	магадгүй 마가뜨구이	아마추어	сонирхогч 서니르헉치

아마 25살 일걸요   магадгүй 25 настай байхаа
마가뜨구이 허링다왕 나스태 배하-

아마 그럴걸   магадгүй тэгэх байх
마가뜨구이 테게흐 배흐

아마 될 거야   магадгүй болох байх
마가뜨구이 벌러흐 배흐

아마 전화했어도 통화 못했을 거야.
Магадгүй залгасан ч ярьж чадахгүй байх байсан
마가뜨구이 잘가상 치 야리찌 차다흐구이 배흐 배상
байх.
배흐

아무 때나   хаана ч хамаагүй
하-안 치 하마-구이

아무 뜻 없이
ямарч утга санаагүй, ямар ч санаагүй
야마르 치 오탁 사나-구이, 야마르 치 사나-구이

아무 말도 하지 마   юу ч битгий ярь
요- 치 비트기- 야리

아무 맛이 없어   ямарч амтгүй
야마르 치 암트구이

아무것도 몰라   юу ч мэдэхгүй
요- 치 메데흐구이

아무것도 아니야.	юу ч биш. 요-치 비시	아이	хүүхэд 후-흐뜨
아빠	аав 아-우	아이를 낳다	хүүхэд гаргах 후-흐뜨 가르가흐
아쉬워하다	харамсах 하람사흐	아이스녹차	мөстэй цай 무쓰테 채
아시아	Ази 아지	아이스크림	зайрмаг 재르막

아무것도 변하지 않을 것이다. Юу ч өөрчлөгдөхгүй.
요-치 어-르칠룩드흐구이

아무데나 앉으세요.　　Хаана ч хамаагүй суунa уу.
하-안 치 하마-구이 소-노-

아이 돌보면서 일하는 건 너무 피곤하잖아.
　　Хүүхэд харангаа ажил хийхээр их ядардаг.
　　후-흐뜨 하랑가 아질 히-헤-르 이흐 야따르닥

아이가 있어요?　　　　　　　　　Хүүхэдтэй юу?
후-흐뜨테 요-

아저씨　　　　　　　　　　　　авга ах, ах
아왁 아흐, 아흐

아주 맑을 거예요.　　　　　　Их цэлмэг байна.
이흐 첼멕 밴

아줌마, 뭣 좀 물어 볼게요.　Эгч ээ, нэг юм асууя.
에그체- 넥 윰 아소이

아침에	өглөө	아파	өвдөх
	우글러-		웁두흐

아직 길이 익숙지 않다.
Арайхан замандаа дасаагүй.
아래항 자만다- 다싸-구이

아직 대화해 본적이 없다.   Арай ярьж үзээгүй.
아래 야리찌 우제-구이

아직 몽골에 대해 많이 이해하지 못해요.
Одоохонд монголын талаар сайн
어떠-헝더 멍걸링 탈라-르 생
мэдэхгүй байна.
메데흐구이

아직 안 골랐어요   арай сонгоогүй
아래 성거-구이

아직 안 먹다   арай идээгүй
아래 이데-구이

아직 익숙지 않다   арай дасаагүй
아래 다사-구이

아직도 배불러. Одоо хүртэл гэдэс цатгалан байна.
어떠- 후르텔 게데스 차트갈랑 밴

아침 6시부터 아침식사가 가능합니다.   өглөө
우글러-
зургаан цагт өглөөний цай уух боломжтой.
조르가-앙 착트 우글러-니- 채 오-흐 벌럼지터

아파트	байр	아픈	өвдсөн
	배르		웁드승
아프리카	Африк	아픔	өвдөлт
	아프리카		웁둘트

아침에 보통 뭘 먹어요? Өглөө голдуу юу иддэг вэ?
우글러 걸도- 요- 이드떼끄 웨

아침에 안개가 끼다 өглөө манан татна
우글러- 마난 타튼

아침을 먹다 өглөөний цай уух
우글러-니- 채 오-흐

아파서 밥을 못 먹겠어.
Өвдөөд өглөөний цай уужчадахгүй.
웁두-드 우글러-니- 채 오-찌 차다흐구이

아파서 일찍 집에 가야해.
Өвдөөд байгаа учраас гэрл үүгээ эрт
웁두-드 배가- 오치라-쓰 게를루-게- 에르트
явах хэрэгтэй.
야와흐 헤렉테

아픈 게 나아졌나요?
Өвчин маань илааршиж байна.
웁칭 마-안 일라-르시찌 밴

아픈지 얼마나 됐어요? Өвдөөд хэр удаж байна вэ?
웁두-드 헤르 오따찌 밴 웨

아홉 번째	ес дэх удаа 유스 두흐 오따-	악기	хөгжмийн зэмсэг 훅지미-잉 젬섹
아홉(숫자)	ес 유스	악몽	хар дарсан зүүд 하르 다르상 주-드

악기를 치다   хөгжмийн зэмсэг дарах
                훅지미-잉 젬섹 다라흐

악필이네요   Бичгийн хэв муу юм байна шүү.
                비치기-잉 헵 모- 윰 밴 슈-

안 나갔어요?   Гараагүй юм уу?
                가라-구이 유모-

안 돼 비밀이야 얘기해 줄 수 없어.
    Болохгүй нууц хэлж чадахгүй.
    벌러흐구이 노-츠 헬찌 차다흐구이

안 만나다 / 나 안본지 꽤 됐잖아요.
    уулзахгүй/Намайг харалгүй удсан биз дээ.
    오-올자흐구이/나매끄 하랄구이 오뜨상 비즈 데-

안 먹으면 되지 뭐.   Идэхгүй байвал болоо.
                 이데흐구이 배왈 벌러-

안 어울려   зохихгүй байна
                저히흐구이 밴

안 어울려 사지마.   Зохихгүй байна Битгий ав.
                 저히흐구이 밴 비트기- 아우

악수	гар барих 가르 바리흐	안개가 짙다	өтгөн манан 우트긍 마낭
악어	матар 마타르	안내소	лавлах 라우라흐
안 좋은 결과	муу үр дүн 모- 우르 둥	안내책자	тайлбар ном 탤바르 넘
안	дотор 더터르	안내하다	замчлах 잠칠라흐
안개	манан 마낭	안녕하세요.	Сайн байна уу. 생 배노-

안경을 쓰다   нүдний шил зүүх
               누드니- 실 주-흐

안과에 가다   нүдний тасагруу явах
               누드니- 타싸그로- 야와흐

안녕 다시 만나.   Баяртай. Дараа уулзъя.
                  바야르태 다라- 오-올지

안녕히 계세요 저는 가겠습니다.
    Сайн сууж байгаарай. би явлаа.
    생 소-찌 배가래 비 야울라-

안녕히 계십시오.   Сайн сууж байгаарай.
                    생 소-찌 배가래

안약을 넣다   нүдний эм дусаах
               누드니- 엠 도싸-흐

안 되다	Болохгүй 벌러흐구이	안 타다	суухгүй 소-흐구이
안락하다	ая тух 아야 토흐	앉다	суух 소-흐
안심하다	сэтгэл амар 세트겔 아마르	앉을 자리	суух газар 소-흐 가자르
안에	дотор 더터르	알게 하다	мэдэж авах 메떼찌 아와흐
안전	аюулгүй байдал 아율구이 배딸	알고 싶다	мэдмээр байна 메뜨메-르 밴
안쪽의	дотор тал 더터르 탈	알레르기	алерги 알레르기

안정된   тогтвортой байдалтай
                 턱트워르터 배딸태

알 / 매일 2알씩 үрлэн эм/ өдөр бүр хоёр ширхэг
                우르릉 엠/ 우드르 부르 허여르 쉬르헥

알다 / 잘 알겠어.   мэднэ/сайн ойлголоо.
                메뜬/생 어일걸러-

알아 맞혀 보세요.   Таагаад үзнэ үү.
                타-가-드 우즈누-

알아보다 / 나 알아보시겠어요?
         таних/Намайг таниж байна уу?
           타니흐/나매그 타니찌 배노-

알려주다	мэдүүлж өгөх 메두-울찌 우그흐	암산하다	цээжээр бодох 체-제-르 버떠흐
알리다	мэдүүлэх 메두-울레흐	암탉	эм тахиа 엠 타햐
알아들었어요	Ойлголоо 어일걸러-	앞쪽	урд тал 오르드 탈
알약	үрэн эм 우렝 엠	앞치마	хормогч 허르먹치
알코올중독	архинд донтох 아르힌드 던터흐	애무	хайр энхрийлэл 해르 엥흐리-일렐
암	хорт хавдар 허르트 합다르	애석하다	харамсах 하람사흐

알았어, 알았어.   Ойлголоо, ойлголоо.
어일걸러- 어일걸러-

알코올중독자   архинд донтогч
아르힌드 던턱치

압력을 넣다   шахалтанд оруулах
샤할탄드 어로-올라흐

앞 사무실   урд талын ажлын өрөө
오르뜨 탈링 아질링 우러-

애니메이션   хөдөлгөөнт дөрс
후뚤구-운트 두르스

애원하다	ихэд хүсэх 이헤드 후세흐	앵무새	тоть 터트
애인	хайртай хүн 해르태 훙	야구	бейсбол 베이스벌
애정	халуун сэтгэл 할로-옹 세트겔	야기하다	ярих 야리흐
애호가	хорхойтон 허르허텅	야단맞다	загнуулах 자그노-올라흐
액션	адал явдал 아달 얍달	야박하네	хүйтэн цэвдэг 휘텡 쳅덱
앵두	интоор 인터-르	야생의	зэрлэг/байгалийн 제를레그/ 배갈링-

애착을 가지다	ижил дасал болох 이질 다쌀 벌러흐
액션영화	адал явдалтай кино 아달 얍달태 키노
약30분 걸려요.	Яг 30 минут зарцуулдаг. 약 고칭 미노트 자르초-올닥
약간만 말 할 줄 알아요.	Бага зэрэг ярьж мэднэ. 박 제렉 야리쯔 메든
약국으로 가세요.	Эмийн санруу явна уу. 에미-잉 상로- 야우노-

한국어	몽골어
약	эм 엠
약(대략)	яг 약
약간	бага зэрэг 박 제렉
약국	эмийн сан 에미-잉 상
약도	бүдүүвч зураг 부뚭-치 조락
약사	эмийн санч 에미-잉 상치
약속	амлалт 암랄트
약속이 있어	болзоотой 벌저-터
약속하다	амлах 암라흐
약을 먹다	эм уух 엠 오-흐
약속을 지키다	амлалтандаа хүрэх 암랄탄다- 후레흐
약혼식을 하다	сүй тавих 수이 타위흐
얄미워	зэвүү хүрэх 제부- 후레흐
얇은	нимгэн 님긍
얇은 종이	нимгэн цаас 님긍 차-쓰
양념	хоол амтлагч 허-얼 암틀락치
양념장	цуу 초-
양력	аргын тоолол 아르깅 터-얼럴
양말	оймс 엄쓰
양말을 신다	оймс өмсөх 엄쓰 움스흐
양배추	байцаа 배차-

양복	костюм 커스튬	양초	лаа 라-
양성하다	төлөвшөөлэх 툴룹슈-울레흐	양파	сонгин 성깅
양식	хэв маяг 헵 먁	양해하다	ухаж ойлгох 오하찌 어일거흐
양심	хүний мөс 후니- 무스	얘기해줘.	Хэлж өг. 헬찌 욱
양쪽	хоёр тал 허여르 탈	어감	ярианы өнгө 야리아니 웅그

양식(식량)   хүнс хоол тэжээл
훈스 허-얼 테제-엘

얘기 할게 있어요.   Хэлэх зүйл байна.
헬레흐 주일 밴

얘기해 줄 수 없어.   Хэлэх боломжгүй.
헬레흐 벌럼찌구이

어느 곳이나   хаана ч хамаагүй
하-안 치 하마-구이

어느 나라 사람입니까?   Аль улсын иргэн бэ?
알 올씽 이르긍 베

어느 나라 제품 이예요?
    Аль улсын бүтээгдэхүүн бэ?
알 올씽 부텍-데후-웅 베

어깨	мөр 무르	어느 나라에서	аль улсаас 알 올싸-스
어느	аль 알	어느 날	аль өдөр 알 우드르
어느 것	аль юм 알 윰	어느 언니요?	аль эгч? 알 에그치

어느 종목에서   аль нэр төрлөөс
알 네르 투를러-쓰

어느 종목에서 금메달을 땄어?   Аль төрлөөс алтан медаль авсан бэ?
알 투를러-쓰 알탕 메달 압승 베

어느 지역을 가면 좋은지 조언 좀 해 주세요.
Аль газарлуу явсан дээр болохыг зөвлөж өгнө үү.
알 가자르로- 얍승 데-르 벌러히끄 주블르찌 우그누-

어느 지역을 방문하셨어요?   Аль газраар зочилсон бэ?
알 가즈라-르 저칠성 베

어느 팀이 이겼어?   Аль баг хожсон бэ?
알 박 허찌성 베

어느 호텔이 제일 커요?
Аль зочид буудал нь хамгийн том бэ?
알 저치드 보-딸 은 함기-잉 텀 베

어디 둬요?   Хаана тавих вэ?
하-안 타위흐 웨

어느 정도까지	аль хүртэл	어느 팀	аль баг
	알 후르텔		알 박

어디 머물 거예요?   Хаана буудаллах вэ?
하-안 보-딸라흐 웨

어디 약속 있어?   Хаана болзоотой вэ?
하-안 벌저-터 웨

어디다 뒀더라 잃어버렸나?
Хаана тавьчихлаа Хаячихсан юм бол уу?
하-안 타위치흘라- 하야치흐상 윰 벌로-

어디를 가든지 비옷을 가지고 다녀야해요.
Хаашаа ч явсан борооны хувцасаа авч
하-샤- 치 얍상 버러-니 홉차싸- 압치
явах хэрэгтэй.
야와흐 헤렉테

어디서 배웠어요?   Хаанаас сурсан бэ?
하-나-쓰 소르승 베

어디서 사야하는지 모르겠어.
Хаана зогсохоо мэдэхгүй байна.
하-안 적서허- 메데흐구이 밴

어디서 살 수 있어요?   Хаана амьдарж болох вэ?
하-안 앰다르찌 벌러흐 웨

어디서 샀는지 물어볼게.
Хаана амьдардаг болохыг нь асууна.
하-안 앰다르닥 벌러히끈 아소-온

어두운	харанхуй	어디	хаана
	하랑호이		하-안

어디서 일하세요?   Хаана ажилдаг вэ?
하-안 아질닥 웨

어디에 가세요?   Хаашаа явж байна вэ?
하-샤- 얍찌 밴 웨

어디에 쓰는 거야?   Хаана бичих вэ?
하-안 비치흐 웨

어디에서 돌아오는 거예요? Хаанаас буцаж ирэх вэ?
하-나-쓰 보차찌 이레흐 웨

어때? 예뻐?   Ямар байна? Хөөрхөн байна уу?
야마르 밴 후-르흥 배노-

어떤 것들이 면세가 되나요?
           Ямар юмс нь татвараас чөлөөлөгдөх вэ?
           야마르 윰쓴 타트와라-쓰 출루-룩드흐 웨

어떤 게 더 키가 커요?   Аль нь өндөр вэ?
알 은 운드르 웨

어떤 게 더 편하게 갈까?
           Юугаар явбал илүү амар вэ?
           요가-르 얍발 일루- 아마르 웨

어떤 운동을 하세요?
           Ямар спортоор хичээлэлдэг вэ?
           야마르 스퍼르터-르 히체-엘렐덱 웨

어떤 음악 좋아해요?	Ямар дуунд дуртай вэ?
	야마르 도-온드 도르태 웨

어떤 종류의 물건이 있는지 모릅니다.
　　　　　Ямар төрлийн юм байгааг мэдэхгүй.
　　　　　야마르 투를리-잉 윰 배가-끄 메데흐구이

어떤 종류의 책이에요?	Ямар төрлийн ном бэ?
	야마르 투를리-잉 넘 베

어떤 호텔이 가장 화려한가요?	Ямар зочид буудал хамгийн гоё вэ?
	야마르 저치드 보-딸 함기-잉 고이 웨

어떤지 좀 보다	Ямар болохыг харах
	야마르 벌러히끄 하라흐

어떻게 구분해요?	Яаж ялгах вэ?
	야찌 얄가흐 웨

어떻게 나를 속여?
　　　　　Яаж намайг хуурч чадаж байна аа?
　　　　　야찌 나매끄 호-르치 차다찌 배나-

어떻게 된 거예요?	Юу болсон бэ?
	요- 벌성 베

어떻게 먹는 거예요?	Яаж иддэг юм бэ?
	야찌 이드덱 윰 베

어떻게 생각해요?	Юу гэж бодож байна?
	요- 게찌 버떠찌 밴

한국어	몽골어
어디 가다	хаашаа явах 하-샤- 야와흐
어때?	Ямар байна? 야마르 밴
어떤 것?	Ямар юм? 야마르 움
어떻게	Яаж 야찌
어떻게 하지?	Яанаа? 야나-
어려운	хүнд 훈드
어려운 시기	хүнд үе 훈드 우이
어렵지 않다	хүнд биш 훈드 비쉬
어르신	настан 나스탕
어른	ахмад хүн 아흐마드 훙
어리둥절한	мэлрэх 멜레흐
어리석은	мунхаг 몽학

어떻게 생겼어?   Ямар царайтай вэ?
야마르 차래태 웨

어떻게 쓰는 거야?   Яаж бичдэг вэ?
야찌 비치덱 웨

어떻게 알았어요?   Яаж мэдсэн бэ?
야찌 메뜨승 베

어리다 / 두 살 어리다. дүү, залуу/Хоёр насаар дүү.
두-, 잘로-/허여르 나싸-르 두-

어선   загас агнуурын онгоц
자가쓰 아그노-링 엉거츠

어린	бага балчир	어제	өчигдөр
	박 발치르		우칙드르

어린이	хүүхэд	어제 저녁	өчигдөр орой
	후-흐뜨		우칙드르 어러

어릿광대	залуу циркчид	어젯밤	өчигдөр шөнө
	잘로- 치르크치드		우칙드르 슌

어울리다	нийлэх	어찌됐건	Яадагч байсан
	니-일레흐		야닥치 배상

어우, 너무 달아.   Аа ии, их нялуун байна.
아 이, 이흐 날로-옹 밴

어젯밤에 분명하게 말했잖아요.
Өчигдөр шөнө тодорхой хэлсэн биз дээ.
우칙드르 슌 터떠르허 헬승 비즈 데-

어젯밤에 잘 잤어요?
Өчигдөр сайн унтаж амарсан уу?
우칙드르 생 온타찌 아마르스노-

어쩌다 그렇게 됐니?   Яаж байгаад ийм болчихов?
야찌 배가-드 이-임 벌치헙

어쩔 수 없이 ~ 하다   яах ч аргагүй ~ хийх
야흐 치 아락구이… 히-흐

어쩔 수 없이 자다   яах ч аргагүй унтсан
야흐 치 아락구이 온트상

어휘	үгийн сан 우기-잉 상	언어	хэл 헬
언니, 누나	эгч 에그치	언제	хэзээ 헤제-

언니 집에 갈게요. **Эгчийн гэрт очлоо.**
에그치-잉 게르트 어칠러-

언니나 동생 있어요? **Эгч юм уу дүү бий юу?**
에그치 유모- 두- 비-요-

언제 납품합니까? **Хэзээ бараа нийлүүлэх вэ?**
헤제- 바라- 니-일루-울레흐 웨

언제 돌아가시나요? **Хэзээ буцаад явах вэ?**
헤제- 보차-드 야와흐 웨

언제 우리 집에 오실 거예요?
Хэзээ манай гэрт ирэх вэ?
헤제- 마내 게르트 이레흐 웨

언제 졸업했어요? **Хэзээ төгссөн бэ?**
헤제- 툭스쑹 베

언제 찾아 갈 수 있나요?
Хэзээ очих боломжтой вэ?
헤제- 어치흐 벌럼지터이 웨

언제부터 **хэзээнээс эхлээд**
헤제-네-쓰 에흘레-드

언제요?	Хэзээ вэ?	얼굴에	нүүрэнд
	헤제- 웨		누-렌드
얻다	олох	얼다	хөлдөх
	얼러흐		훌드흐
얼굴	нүүр	얼룩	эрээн алаг
	누-르		에레-엥 알락

얼굴을 가리다   nүүрээ таглах, хаах
　　　　　　　누-레- 타글라흐, 하-흐

얼굴이 타다   нүүр наранд түлэгдэх
　　　　　　 누-르 나란드 툴렉데흐

얼굴표정   нүүрний төрх байдал
　　　　　누-르니- 투르흐 배딸

얼마 전 남자친구와 헤어졌어.
Хэд хоногийн өмнө найз залуугаасаа салчихсан.
　헬 허너기-잉 우믄 내쯔 잘로-가-싸- 살치흐상

얼마 전에 출장 갔다 왔다면서요?
Хэд хоногийн өмнө томилолтоор яваад
　헬 허너기-잉 우믄 터미럴터-르 야와-드
ирсэн гэл үү?
　이르승 겔 루-

얼마 후에   хэд хоногийн дараа
　　　　　 헬 허너기-잉 다라-

얼마나 걸려?   Хэр зарцуулах вэ?
　　　　　　 헤르 자르초-올라흐 웨

215

얼마	хэд 헤드	엄격하군요	чанга хатуу 창가 하토-
얼마나 먼	Хэр хол 헤르 헐	엄금하다	хатуу хориглох 하토- 허릭러흐
얼마나 오래	хэр удаан 헤르 오따-앙	엄마	ээж 에-찌
얼마나?	хичнээн? 히치네-엥	엄중한	хатуу чанга 하토- 창가
얼마예요?	Хэд вэ? 헤드 웨	엄청나게	асар том 아싸르 텀
얼음	мөс 무쓰	업무	албан ажил 알방 아질

얼마동안 몽골에 있을 건가요?
     Хэр удаан Монголд байх вэ?
     헤르 오따-앙 멍걸드 배흐 웨

얼마를 투자 하실 건가요?
     Хэдийн хөрөнгө оруулалт хийх вэ?
     헤띠-잉 후릉그 어로-랄트 히-흐 웨

얼마정도 알고 있다
     Тодорхой хэмжээний мэдэж байгаа.
     터떠르허 헴제-니- 메데찌 배가-

엄마를 닮았네요.   Ээжийгээ дуурайсан.
           에-찌-게- 도-래상

없어	байхгүй 배흐구이	엎지르다	асгаж цуттах 아쓰가찌 초트가흐
없어지다	байхгүй болох 배흐구이 벌러흐	에어컨	агааржуулагч 아가-르조-올락치
엉망진창으로	замбараагүй 잠바라-구이	엘리베이터	лифт 리프트

에스컬레이터	цахилгаан шат 차힐가-앙 샤트
에어컨	агааржуулагч 아가-르조-올락치
에어컨 켜주세요.	Агааржуулагч асааж өгөөч. 아가-르조-올락치 아싸-찌 우거-치
에티켓을 지키다	ёс горимыг дагах 여스 거림이그 다가흐
엑스레이를 찍다	рентгээн зураг авхуулах 렌트게-엥 조락 아흐-올라흐
여권 준비했어요?	Паспортоо бэлдсэн үү? 파스퍼르트 벨드스누-
여기 금연지역이야.	Энд тамхи татахыг хоргилсон газар. 엔드 타미흐 타타히끄 허릭러승 가자르
여기 혼자 왔어요?	Энд ганцаараа ирсэн үү? 엔드 간차-라- 이르스누-

여권	паспорт 파스퍼르트	여기다	үзэх, санах 우제흐, 사나흐
여기 돈이요.	Энэ мөнгө. 엔 뭉그	여기에	энд 엔드

여기가 어느 도로 인가요?　　　　Энэ аль зам бэ?
　　　　　　　　　　　　　　　엔 알 잠 베

여기 근처에 버스정류장이 있어요?
　　　　Энд ойролцоо автобусны буудал байгаа юу?
　　　　엔드 어럴처- 아우터보스니 보-딸 배가- 요-

여기는 남편 분 회사예요?
　　　　Энэ нөхөрийх нь ажлын газар уу?
　　　　엔 누흐리-흔 아질링 가자로-

여기서 멀어요?　　　　　　　　Эндээс хол уу?
　　　　　　　　　　　　　　　엔데-쓰 헐로-

여기서 세워주세요.　　　　　　Энд зогсоо юу.
　　　　　　　　　　　　　　　엔드 적스노-

여기에 버스정류장이 있어요?
　　　　Энд автобусны буудал бий юу?
　　　　엔드 아우터보스니 보-딸 비- 요-

여기에 빈방 있어요?　　　Энд сул өрөө бий юу?
　　　　　　　　　　　　　엔드 솔 우러- 비- 요-

여기에 재미있게 놀만한 곳이 있나요?
　　　　Энд хөгжилтэй зугаалчихаар газар бий юу?
　　　　엔드 훅질테 조가-알치하-르 가자르 비- 요-

218

한국어	몽골어
여덟 번째	найм дахь / 냄 다흐
여덟(숫자)	найм / 냄
여동생	эмэгтэй дүү / 에멕테 두-
여드름	батга / 바트가
여러 가지	янз бүрийн / 얀즈 부리-잉
여러 해	олон жил / 얼렁 질
여론	олон нийтийн / 얼렁 니-티-잉
여름	зун / 종
여름 방학	зуны амралт / 조니 아므랄트
여름에	зун / 종
여름휴가	зуны амралт / 조니 아므랄트
여보세요 (전화)	байна уу? / 배노-?
여선생님	эмэгтэй багш / 에멕테 박시
여섯 번째	зургаадугаар / 조르가-도가-르
여섯	зургаа / 조르가-
여성	эмэгтэй / 에멕테

여동생은 나보다 2살 어려.
Эмэгтэй дүү маань надаас хоёр насаар дүү.
에멕테 두- 마-안 나따-쓰 허여르 나싸-르 두-

여러분 모두 즐거운 휴일 보내세요.
Та бүхэн амралтын өдрөө хөгжилтэй сайхан өнгөрүүлээрэй.
타 부헹 아므랄팅 우드루- 훅질태 새항 웅그루-울레-레

여왕	хатан 하탕	여전히	урьдын адил 오르딩 아딜
여우	үнэ`г 우넥	여행	аялал 아얄랄
여자	эмэгтэй 에멕테	여행 비자	аялалын виз 아얄랄링 비즈
여자들	эмэгтэйчүүд 에멕테추-드	여행가방	аялалын цүнх 아얄랄링 충흐

여전히 잘 지내
Урьдын адил сайн байгаа.
오르딩 아딜 생 배가-

여전히 잘 지내세요?
Урьдын адил сайн сууж байна уу?
오르딩 아딜 생 소-찌 배노-

여행사 аялал жуулчлалын компани
아얄랄 조-올칠랄링 컴파니

여행사가 일체의 수속을 해 줄 것 입니다.
Аялал жуулчлалын компаниас
아얄랄 조-올칠랄링 컴파니아쓰
эхнийртгэлийг бүхийж өгнө.
에흐니- 부르트겔리-끄 히-찌 우근

여행자를 위한   аялагчид зориулсан
아얄락치드 저리올상

여행자수표   аялагчийн тасалбар
아얄락치-잉 타살바르

220

여행가이드	аялалын хөтөч 아얄랄링 후투치	연결	холболт 헐벌트
여행자	аялагч 아얄락치	연결하다	холбох 헐버흐
여행하다	аялах 아얄라흐	연계	нягт холбоо 냑트 헐버-
역량	чадал 차딸	연관	холбоотой 헐버-테
역사	түүх 투-흐	연구하다	судлах 소뜰라흐
역할	үүрэг 우-렉	연극	жүжиг 주찍

여행팀과 함께 가는 것이 가장 좋아요.
Аялагч багтай хамт явах нь хамгийн гоё.
아얄락치 박태 함트 야와흔 함기-잉 고이

역   галт тэрэгний буудал
                                   갈트 테레그니- 보-딸

역무원   метроны буудлын ажилтан
                                   메트로니- 보-달링 아질탕

역사를 이해할수록 당신의 여행이 더 즐거워질 것입니다.
Түүхийг ойлгохол тусам таны аялал илүү
투-히-끄 어일거흐 토삼 타니 아얄랄 일루-
хөгжилтэй болно.
훅질테 벌른

연기되다	хойшлох 허쉴러흐	연설	илтгэл 일트겔
연기하다	жүжиглэх 주찍레흐	연속하다	үргэлжлэх 우르겔찌레흐
연꽃	бамадлянхуа цэцэг 바담량호아 체첵	연습하다	давтах 답타흐
연료	түлээ 툴레-	연애하다	дурлах 도를라흐
연립의	эвсэл 엡셀	연약하다	хэврэг 헤우렉
연말	жилийн сүүл 질리-잉 수-울	연어	шаврын хулд загас 샤우링 홀드 자가스
연못	цөөрөм 추-름	연장하다	сунгах 송가흐

연락 가능한   холбоо барих боломжтой
헐버- 바리흐 벌럼지테

연봉이 정말 세다.
     Арван гуравдугаар сарын цалин их.
     아르왕 고랍도가-르 사링 찰링 이흐

연소자   насанд хүрээгүй хүн
     나싼드 후레-구이 훙

연습 많이 한 것 맞죠? Дасгал их хийсэн тийм үү?
     다스갈 이흐 히-승 티-무-

연초	жилийн эхэн 질리-잉 에헹	열다섯	арван тав 아르왕 타우
열 번째	арав дугаар 아랍 도가-르	열둘(숫자)	арван хоёр 아르왕 허여르
열(숫자)	арав 아랍	열쇠	түлхүүр 툴후-르
열거하다	тоочих 터-치흐	열심히	хичээнгүй 히체-엔구이
열다	нээх 네-흐	열악한	тун тааруу 퉁 타-로-

연회를 베풀다   үдэшлэг хийх
                    우데슐렉 히-흐

열개(가 한 묶음)   арван ширхэг
                    아르왕 쉬르헥

열쇠 잃어버린 것 같아.   Түлхүүрээ хаясан юм шиг байна.
                    툴후-레- 하야상 윰 식 밴

열심히 설명하다   хичээнгүй тайлбарлах
                    히체-엔구이 탤바르라흐

열심히 하다   хичээнгүй хийх
                    히체-엔구이 히-흐

열심히 할게요.   Хичээнгүй хийнэ ээ.
                    히체-엔구이 히-네-

한국어	몽골어
열악한 환경	таарууу орчин 타-로- 어르칭
열이 내리다	халуун буух 할로-옹 보-흐
열이 있는	халуунтай 할로-옹태
열정	халуун сэтгэл 할로-옹 세트겔
열중하다	шимтгэх 심트게흐
열차	галт тэрэг 갈트 테렉
열하나(숫자)	арван нэг 아르왕 넥
염소	ямаа 야마-
염전	давсны талбай 타우스니 탈배
염증	үрэвсэл 우렙셀
엽서	ил захидал 일 자히달
영광	яруу алдар 야로- 알다르
영리한	цовоо сэрэглэн 처버- 세렉릉
영문학	англи хэл судлал 앙길 헬 소뜰랄
영상	дүрс 두르스
영수증	мөнгөний баримт 뭉그니- 바림트

열이 납니까?   Халуурч байна уу?
할로-르치 배노-?

열이 있어서 일하러 가지 못했다.
Халуунтай учраас ажилдаа явж чадаагүй.
할로-옹태 오치라-쓰 아질다- 얍찌 차따-구이

열이 조금 나다   жоохон халуунтай
쩌-헝 할로-옹태

영어	англи хэл 앙길 헬	영웅	баатар 바-타르
영어로?	Англиар уу? 앙길라로-	영원히	мөнхөд 뭉흐드

영수증 좀 주세요.   Мөнгөний баримт өгнө үү.
뭉그니- 바림트 우그누-

영양을 주다   шим тэжээл өгөх
심 테제-엘 우그흐

영어 할 줄 아세요?   англиар ярьж чадах уу?
앙길라르 야리찌 차뜨호-

영어로 이야기하다   Англиар ярих
앙길라르 야리흐

영어학원비   Англи хэлний дамжааны төлбөр
앙길 헬르니- 담자-니 툴부르

영업 액에 따라 세금을 납부해야한다.
Үйл ажилгааны мөнгөн дүнгээсээ
우일 아질가-니 뭉근 둥게-쎄-
хамаараад татвар төлөх хэрэгтэй.
하마-라-드 타트와르 툴루흐 헤렉테

영업하다   үйл ажиллагаа, бизнес
우일 아질라가-, 비지네스

영원히 떠나다   үүрд мөнх одон явах
우-르드 뭉흐 어떵 야와흐

영향	нөлөө 눌러-	영화제	кино наадам 키노 나-담
영화	кино 키노	옆의	хажуугын 하조-깅
영화를 보다	кино үзэх 키노 우제흐	예(보기)	жишээ 지셰-

영토내(국토)	нутаг дэвсгэр дотор 노탁 뎁스게르 더터르
영하 / 영하 11도	хасах/хасах 11 хэм 하사흐/하사흐 아르왕 넥 헴
영화가 싱겁다	кино сонирхолгүй 키노 서니르헐구이
영화를 촬영하다	кино зураг авах 키노 조락 아와흐
예금통장	хадгаламжийн дэвтэр 하뜨갈람찌-잉 뎁테르
예를 드세요.	Жишээ авна уу 지셰- 아우노-
예매권	урьдчилан худалдан авах тасалбар 오르드칠랑- 호딸당 아와흐 타살바르
예방 접종서	урьдчилсан сэргийлэх тарилга 오르드칠상 세르기-일레흐 타릴락

예를 들자면	жишээ авбал 지셰– 압발	예산	төсөв 투습
예물	бэлэг сэлт 벨렉 셀트	예술	урлаг 오를락
예배	мөргөл 무르글	예술가	урлагийн хүн 오를라기–잉 훙
예쁘다	хөөрхөн 후–르흥	예약하다	захиалах 자할라흐

예방 주사를 맞다　　　урьдчилсан сэргийлэх тарилга хийлгэх
　　　　　　　　　　오르드칠상 세르기–일레흐 타릴락 히–일게흐

예방하다　　　　　　　урьдчилан сэргийлэх
　　　　　　　　　　오르드칠랑 세르기–일레흐

예보하다　　　　　　　урьдчилсан мэдээ
　　　　　　　　　　오르드칠상 메데–

예뻐 보이네요.　　　　Хөөрхөн харагдаж байна.
　　　　　　　　　　후–르흥 하락다찌 밴

예쁜 사람이라고 들었어요.　Хөөрхөн гэж сонссон.
　　　　　　　　　　후–르흥 게찌 선스성

예술가이실 것 같아요.
　　　　　　　　　　Урлагийн хүн юм шиг байна.
　　　　　　　　　　오를라기–잉 훙 윰 식 밴

예의를 지키다　　　　 ёс журмыг сахих
　　　　　　　　　　여쓰 조르미끄 사히흐

예의 있게	ёс журамтай 여쓰 조람태	옛날	эрт үед 에르트 우이드
예의가 없는	ёс зүйгүй 여쓰 주이구이	오(감탄)	өө 우-
예전에	урьд өмнө 오르드 우믄	오(숫자)	тав 타우
예측하다	таамаглах 타-막라흐	오는(시기)	ирэх 이레흐
옐로우 카드	шар хуудас 샤르 호-다스	오늘	өнөөдөр 우느-드르

예의상 그런 거죠.
Ёс журмын хувьд тийм гэсэн үг.
여쓰 조르밍 호위드 티-임 게쑨 욱

오는 길이 편했어요?
Ирэх замдаа таатай явж ирсэн үү?
이레흐 잠다- 타-태 얍찌 이르스누-

오늘 고마웠어요.
Өнөөдөр их баярлалаа.
우느-드르 이흐 바야를라

오늘 공기가 맑아요.
Өнөөдөр агаар цэлмэг байна.
우느-드르 아가-르 첼멕 밴

오늘 가시나요?
Өнөөдөр явах уу?
우느-드르 야호-

오는 길에	ирэх замд	오늘날	Өнөөдөр
	이레흐 잠드		우느-드르

오는 길에 계란 사와.
  Ирэх замдаа өндөг аваад ирээрэй.
  이레흐 잠다- 운득 아와-드 이레-레

오늘 날씨가 나빠요. Өнөөдөр цаг агаар муу байна.
  우느-드르 착 아가-르 모- 밴

오늘 날씨가 좋아요.
  Өнөөдөр цаг агаар сайхан байна.
  우느-드르 착 아가-르 새항 밴

오늘 예뻐 보이네요.
  Өнөөдөр хөөрхөн харагдаж байна.
  우느-드르 허-르흥 하락다찌 밴

오늘 오후는 쉬어 집에 있을 거야.
  Өнөөдөр үдээс хойш амарна. Гэртээ байна.
  우느-드르 우데-스 허쉬 아마른 게르테- 밴

오늘 일을 끝냈어요? Өнөөдөр ажлаа дуусгаснуу?
  우느-드르 아질라- 도-스가스노-

오늘 재미없었어. Өнөөдөр сонирхолгүй байлаа.
  우느-드르 서니르헐구이 밸라-

오늘 정말 재밌다.
  Өнөөдөр үнэхээр сонирхолтой байлаа.
  우느-드르 운헤-르 서니르헐터이 밸라-

오늘밤에	Өнөө шөнө 우느– 슈느	오락(물)	тоглоом 터글럼
오다	ирэх 이레흐	오래	удаан 오따–앙

오늘 즐거웠어요.　Өнөөдөр хөгжилтэй байлаа.
우느–드르 훅질테 밸라–

오늘은 내가 한 턱 낼게요.　Өнөөдөр би дааяа.
우느–드르 비 다–야

오늘은 당신 뜻대로 하세요.
　　Өнөөдөр чи өөрийнхөө дураар хий.
　　우느–드르 치 어–리–잉허– 도라–르 히–

오늘이 3번째야　Өнөөдөр гурав дахь
　　우느–드르 고랍 다흐

오래 가지 않다　удаан явахгүй
　　오따–앙 야와흐구이

오래 기다리게 해서 미안합니다.
　　Удаан хүлээлгэсэнд уучлаарай.
　　오따–앙 훌레–게슨드 오–칠라래

오래간만이예요.　Уулзалгүй удлаа шүү.
　　오–올잘구이 오뜰라– 슈–

오래된 친구　удаан найзалсан найз
　　오따–앙 내짤상 내쯔

한국어	몽골어	한국어	몽골어
오래됐지.	Удсан биз дээ. 오뜨상 비즈 데-	오만한	их зантай 이흐 잔태
오렌지	жүрж 주르찌	오빠, 형	ах 아흐
오르다	авирах 아위라흐	오세요	ирээрэй 이레-레
오르다(가격)	өсөх 우쓰흐	오염	бохирдол 버히르덜
오르다(나무등)	авирах 아위라흐	오월	тав дугаар сар 답 도가-르 사르
오른쪽	баруун тал 바로-옹 탈	오이	өргөст хэмэх 우르구스트 헤메흐
오리	нугас 노가스	오전	үдээс өмнө 우데-스 우믄

오랫동안   удаан хугацааны турш
오따-앙 혹차-니 토르쉬

오렌지 주스   жүржийн шүүс
주르찌-잉 슈-스

오른쪽으로 가야하는 거죠?
     баруун тийшээ явах хэрэгтэй биз дээ?
     바로-옹 티-셰- 야와흐 헤렉테 비즈 데-

오이로 팩을 하다   өргөст хэмэхээр маск тавих
     우르구스트 헤메헤-르 마스크 타위흐

오케스트라	оркестр 어르케스트르	오프너	онгойлгогч 엉거일걱치
오타	алдаа 알다-	오해하다	буруу ойлгох 보로- 어일거흐
오토바이	мотоцикл 머터치클	오후	үдээс хойш 우데-스 허쉬

오지 않는다면   ирэхгүй гэвэл
                                                이레흐구이 게웰

오토바이 좀 봐주세요.
                 Мотоциклээ түр зээлдүүлээч.
                   머터치클레- 투르 제-엘두-울레-치

오토바이가 무서워.   Мотоциклоос айдаг.
                                          머터치클러-쓰 애이닥

오토바이로 여기에서 집까지 얼마나 걸려요?
Мотоциклоор эндээс гэр
    머터치클러-르 엔데-쓰 게르
хүртэл хэр зарцуулах вэ?
    후르텔 헤르 자르초-올라흐 웨

오토바이와 차가 충돌하다
                 Мотоцикл машин хоёр мөргөлдөх.
                   머터치클 마신 허여르 무르굴드흐

오해하셨어요.   буруу ойлгосон.
                                      보러- 어일거성

옥수수	эрдэнэшиш 에르덴쉬스	올가미	урхи 오리흐
온도	дулааны хэм 돌라-니 헴	올림픽	олимп 올림프
온도계	термометр 테르모메트르	올해	энэ жил 엔 질
온라인	нээлттэй 네-엘트테	옮기다	зөөх 주-흐
온화한	дөлгөөн 둘구-웅	옳다	зөв зүйтэй 줍 주이테
올 거죠?	ирнэ биз дээ? 이른 비즈 데-	옷	хувцас 홉차쓰

온도를 재다	темпиртур хэмжих 템피르토르 헴지흐
온수기	халуун усны машин 할로-옹 오쓰니 마싱
올해 몇 살이세요?	Энэ жил хэдтэй вэ? 엔 질 헤뜨테 웨
옷 따뜻하게 입어.	Дулаахан хувцасаа өмсөөрэй. 돌라-항 홉차싸- 움서-래
옷을 갈아입다	хувцасаа сольж өмсөх 홉차싸- 설찌 움스흐

옷가게	хувцасны дэлгүүр 홉차쓰니 델구-르	와이셔츠	цагаан срочк 차가-앙 스러칙
옷감	хувцасны материал 홉차쓰니 마테리알	와인	вино 위너
옷걸이	хувцасны үлгүүр 홉차쓰니 울구-르	완고한	гөжүүд 구주-드
옷을 빨다	хувцас угаах 홉차쓰 오가-흐	완벽한	бүрэн төгс 부렝 툭스
옷을 입다	хувцас өмсөх 홉차쓰 움스흐	완벽한 타이밍이다	төгс цаг 툭스 착
옷을 짜다	хувцас нэхэх 홉차쓰 네헤흐	완성되다	бүрэн дуусгах 부렝 도-스가흐
옷이 끼다	хувцас барих 홉차쓰 바리흐	완전한	төгс гүйцэд 툭스 구이체드

옷을 맞추다	хувцасаа тааруулах 홉차싸- 타-로-올라흐
옷을 벗다	хувцасаа тайлах 홉차싸- 탤라흐
옷을 빨고 있어요.	хувцасаа угааж байна. 홉차싸- 오가-찌 밴
옷을 다리다	хувцасаа инд үүдэх 홉차싸- 인두-데흐

왕래하다 хөл хөдөлгөөн 훌 후뚤거-엉	왕에게 바치다 хаанд өргөх 하-안드 우르그흐
왕복의 ирж очих 이르찌 어치흐	왕의 무덤 хааны булш 하-니 볼쉬

왕복표   ирж очих тасалбар
                                 이르찌 어치흐 타살바르

왕위를 빼앗다   хаан ширээг булаах
                                하-앙 쉬레-끄 볼라-흐

왜 그렇게 늦게 돌아왔어요?
                        Яагаад ингэж орой ирсэн бэ?
                        야가-드 잉게찌 어레 이르승 베

왜 그렇게 서둘러요?
                       Яагаад ингэж яараад байгаа юм бэ?
                       야가-드 이게찌 야라-드 배가- 윰 배

왜 그렇게 자꾸 재촉해.
Яагаад ингээд байнга шахаж шаардаад
   야가-드 잉게-드 뱅가 샤하찌 샤-르다-드
байгаа юм.
   배가-윰

왜 그렇지?   Яагаад тэгсэн юм бол?
                                 야가-드 텍승 윰 벌

왜 무슨 일인데?   Яасан юу болоов?
                                 야가-드 요- 벌러-읍

왕자	хаан хүү	왜	яагаад
	하-앙 후-		야가-드

왜 미리 말을 안했어?

                          Яагаад урьдчилж хэлээгүй юм?
                          야가-드 오르드칠찌 헬레-구이 움

왜 안 돼?   Яагаад болохгүй гэж?
                                        야가-드 벌러흐구이 게찌

왜 어제 일을 쉬었어요?

                                  Яагаад өчигдөр амарсан бэ?
                                  야가-드 우칙드르 아마르상 배

왜 이렇게 느린 거야?(컴퓨터)

                                    Яагаад ийм удаан юм бэ?
                                  야가-드 이-임 오따-앙 움 베

왜 이렇게 사람이 많은 거야?

                            Яагаад ийм их хүнтэй байгаа юм бэ?
                            야가-드 이-임 이흐 훈테 배가- 움 베

왜 이렇게 오래 길이 막히는 거야?

Яагаад ийм удаан зам бөглөрч байгаа юм бол?
      야가-드 이-임 오따-앙 잠 부글러치 배가- 윰 벌

왜냐면 걸으려고 하지 않으니까.

                            Яагаад гэвэл алхах гээгүй юм.
                            야가-드 게웰 알하흐 게-구이 움

왠지 알아요?   Яагаад гэдгийг нь мэдэх үү?
                            야가-드 게뜨기-끈 메데후-

한국어	몽골어	발음
왜?	Яагаад?	야가-드
외교	гадаад харилцаа	가따-드 하릴차-
외국	гадаад улс	가따-드 올쓰
외국어	гадаад хэл	가따-드 헬
외국의	гадаадын	가따-딩
외국인	гадаад хүн	가따-드 훙
외국회사	гадаад компани	가따-드 컴파니
외로이	уйтгарлах	오이트가를라흐
외모	гадаад төрх	가따-드 투르흐
외식하다	гадуур хооллох	가또-르 허-얼러흐
외할머니	нагац эмээ	나가치 에메-
외할아버지	нагац өвөө	나가치 우워-
외화	гадаад мөнгө	가따-드 뭉그
왼손	зүүн гар	주-웅 가르
외교관	дипломатч	디플로마트치
외무부	гадаад хэргийн яам	가따-드 헤르기-잉 얌
외상 되요?	Зээлээр өгөх үү?	제-엘레-르 우그후-
외출중이다	гадуур ажилтай	가또-르 아질태

왼쪽	зүүн тал 주-웅 탈	요금	төлбөр 툴부르
왼쪽으로	зүүн тийш 주-웅 티-쉐-	요금을 내다	төлбөр хийх 툴부르 히-흐
왼편	зүүн тал 주-웅 탈	요리	хоол 허-얼
요구르트	тараг 타락	요리법	хоол хийх арга 허-얼 히-흐 아락
요구하다	шаардах 샤-르따흐	요리하다	хоол хийх 허-얼 히-흐 아락

왼편에 있는 것이   зүүн талд чинь байгаа юм
                              주-웅 탈드 칭 배가- 윰

요구를 만족시켜 드릴 수 있습니다.
                   Шаардлагыг биел үүлж өгч чадна.
                   샤-르뜰라기-그 빌루-울찌 욱치 차든

요구를 만족시키다   шаардлагыг биел үүлэх
                              샤-르뜰라기-그 빌루-울레흐

요리 잘하세요?   Хоол сайн хийдэг үү?
                              허-얼 생 히-뜨구-

요리하고 있어.   хоол хийж байна.
                              허-얼 히-찌 밴

요소	элемент 엘레멘트	요즘	сүүлийн үед 수-울리-잉 우이드
요소들	элемент үүд 에레멘트-드	욕실	угаалгын өрөө 오가-알가깅 우러-
요약	товчлол 텁칠럴	욕심	шунаг сэтгэл 쇼낙 세트겔

요즘 다시 자전거를 타기 시작했다.
Сүүлийн үед дахиад дугуй унаж эхэлсэн.
수-울리-잉 우이드 다햐드 도고이 오나찌 에헬승

요즘 살찌신 것 같아요.
Сүүлийн үед таргалсан юм шиг байна.
수-울리-잉 우이드 타르갈상 윰 식 밴

요즘 어떻게 지내?
Сүүлийн үед юу хийж өнгөрөөж байна даа.
수-울리-잉 우이드 요- 히-찌 웅그르-찌 밴 다-

요즘 자연재해가 자주 일어난다.
Сүүлийн үед байгалын гамшиг их гарч байна.
수-울리-잉 우이드 배갈리잉 감식 이흐 가르츠 밴

요즘은 정말 덥다.
Сүүлийн үед үнэхээр халуун байна.
수-울리-잉 우이드 운헤-르 할로-옹 밴

욕심도 많네.   **Шунал ихтэй юм.**
쇼날 이흐테 윰

한국어	몽골어	한국어	몽골어
욕심이 많은	шунал ихтэй 쇼날 이흐테	용띠	луу жил 로- 질
용(동물)	луу 로-	용법	хэрэглэх заавар 헤렉레흐 자-와르
용감하다	эр зоригтой 에르 저릭터	용서하다	уучлах, өршөөх 오-칠라흐, 우르슈-흐
용돈	халаасны мөнгө 할라-스니 뭉그	우	баруун тал 바로-옹 탈

한국어	몽골어
우대하다	тусгай арга хэмжээ 토스개 아락 헴제-
우리 같이 놀러가자.	Бүгдээрээ хамт явъя. 북데-레- 함트 야위
우리 모두 그렇지.	Бид бүгд тийм шдээ. 비드 북드 티-임 시데-
우리 뭐 먼저 하지?	Бид юу эхлээд хийй вэ? 비드 요- 에흘레-드 히-흐 웨
우리 어떻게 하지?	Бид нар яахуу? 비드 나르 야호-
우리 집에 놀러와.	Манай гэрт ирээрэй. 마내 게르트 이레-레
우리 집에 올 거죠?	Манай гэрт ирнэ биз дээ? 마내 게르트 이른 비즈 데-

우기	түр байрлах	우대가격	тусгай үнэ
	투르 배를라흐		토스개 운

우리 테니스 칠래요?　　Бүгдээрээ теннис тоглоё
　　　　　　　　　　　북데-레- 테니스 터글리

우리 함께 배드민턴 치러 가요.
Бүгдээрээ агаарын теннис тоглохоор явах уу?
북데-레- 아가리-잉 테니스 터글러허-르 야와호-

우리가 친구가 된다면 좋을 거야.
　　　　　　　　　　Бид нар найзууд болбол сайхан.
　　　　　　　　　　비드 나르 내쪼-드 벌벌 새항

우리끼리만?　　　　　　Бүгдээрээ л үү?
　　　　　　　　　　　북데-레- 엘 우-

우리는 같이 일할 것이다　Бид хамт ажил хийнэ.
　　　　　　　　　　　비드 함트 아질 히-인

우리는 부부예요.　　　　Бид хоёр эхнэр нөхөр.
　　　　　　　　　　　비드 허여르 에흐네흐 누흐르

우리는 안 지 오래 됐어요.
Бид бие биенээ мэддэг болоод удсан.
비드 비 비네- 메뜨덱 벌러-드 오뜨상

우린 가지 않기로 결정했다.
Бид явахгүйгээр шийдсэн.
비드 야와흐구이게-르 쉬-뜨승

우린 공통점이 많아.　　Бид ижил тал олон бий.
　　　　　　　　　　　비드 이질 탈 얼렁 비-

우리	Бид, Бүгдээрээ 비드, 북데-레-	우승팀	аварга баг 아브락 박
우물	худаг 호닥	우아하다	их сайхан 이흐 새항
우박	мөндөр 문드르	우아한	их сайхан 이흐 새항
우비	борооны цув 버러-니 촙	우연	санаандгүй 사나-안드구이
우산	шүхэр 슈헤르	우연히	санаандгүй 사나-안드구이
우선	эхлээд, юуны өмнө 에흘레-드, 요니- 우믄	우울한	ганихарах 가니하라흐
우선순위	эн тэргүүн 엔 테르구-웅	우울해	гунигтай 고닉태
우스운	онигоо 어니거-	우월감	дээгүүр зан 데-구-르 장
우승자	аварга 아브락	우유	сүү 수-

우산 가지고 가세요.   Шүхэр аваад яваарай.
슈헤르 아와-드 야와-래

우승을 거머쥐다   амжилтыг өөрийн болгох
암질티그 어리-잉 벌거흐

우정	нөхөрлөл 누후르럴	우표를 붙이다	марк наах 마르크 나-흐
우주선	сансрын хөлөг 산스링 훌룩	운동종목	спортын төрөл 스퍼르팅 투룔
우주인	сансрын хөн 산스링 홍	운동화	пүүз 푸-즈
우체국	шуудан 쇼-당	운반하다	зөөх, тээвэрлэх 주-흐, 테-웨를레흐
우체부	шууданч 쇼-당치	운송비	тээврийн хөлс 테-웨리-잉 훌쓰
우표	марк 마르크	운송하다	тээвэрлэх 테-웨를레흐

우체통	шуудангийн хайрцаг 쇼-당기-잉 해르착
우회전금지	баруун тийш явахыг хориглоно 바로-옹 티-셰- 야와히-그 허릭런
우회전하다	баруун тийш явах 바로-옹 티-셰- 야와흐
운동경기	спортын тэмцээн 스퍼르팅 템체-엥
운동하다	спортоор хичээллэх 스퍼르터-르 히첼레흐

운이 없는	азгүй өдөр 아즈구이 우드르	운하	суваг 소왁
운이 좋다	азтай 아즈태	울다	уйлах 오일라흐
운이 좋은데	азтай байна 아즈태 밴	울지 마.	биттгий уйл. 비트기- 오일
운전사	жолооч 절러-치	움직이다	хөдлөх 후뜰르흐
운전하다	жолоодох 절러-더흐	웃기는	инээдэмтэй 이네-뎀테

운수 좋은 날이네. Азтай өдөр байна шүү.
아즈태 우드르 밴 슈-

운이 없는 날이네. Азгүй өдөр байна шүү.
아즈구이 우드르 밴 슈-

운전면허증 жолооны үнэмлэх
절러-니 우넴레흐

운전을 위험하게 했어요. Жолоо их аюултай барьсан.
절러- 이흐 아욜태 배르상

웃기는 농담 инээдэмтэй тоглоом
이네-뎀테 터글러-엄

웃기지? Инээдтэй байгаа биз?
이네드테 배가- 비즈

244

한국어	몽골어	한국어	몽골어
웃다	инээх 이네-흐	원인	учир шалтгаан 오치르 샬트가-앙
웅장하다	сүрлэг том 수를렉 텀	원장	эрхлэгч 에르흘렉치
원	вон 원	원점	анх эхэлсэн газар 앙흐 에헬승 가자르
원금	үндсэн хөрөнгө 운드승 후릉거	원조하다	туслах 토슬라흐
원료	түүхий эд 투-히- 에드	원주(둘레)	дугуй тойрог 도고이 터이럭
원숭이	сармагчин 사르막칭	원천	эх үүсвэр 에흐 우-스웨르
원시의	балар үе 발라르 우이	원피스	палаж 팔라지
원앙새	ижил шувуу 이질 쇼오-	원형의	дугуй дүрс 도고이 두르스

원래계획은 이틀 밤이다.
  Төлөвлөгөөний дагуу бол хоёр хоног.
  툴룹러거-니 다고- 벌 허여르 허넉

원샷	нэг дор бүгдийг нь уух 넥 터르 북디-근 오-흐
원하는 대로	хүсэсний дагуу 후세스니- 다고-

월급	цалин 찰링	웨이터	эрэгтэй үйлчлэгч 에렉테 우일칠렉치
월말	сарын сүүл 사링 수울	웹디자이너	веб дизайнер 웹 디자이네르
월요일	Даваа гариг 다와- 가릭	위(방향)	дээр 데-르

원하는 대로 잘 되길 바랍니다.
Хүссэнчлэн сайн болж бүтээсэй гэж

후스승칠렝 생 벌찌 부테에세 게찌

хүсэж байна.

후세찌 밴

월권하다	эрх мэдлээ хэтрүүлэх 에르흐 메들레- 헤트룰레흐
월급날	цалин буудаг өдөр 찰링 보-닥 우드르
월급날이 오다	цалин буудаг өдөр болох 찰링 보-닥 우드르 벌러흐
월세를 내다	байрны мөнгө төлөх 배르니 뭉그 툴루흐
웨이트리스	эмэгтэй үйлчлэгч 에멕테 우일칠렉치
웹디자인하다	веб дизайн хийх 웹 디자인 히-흐

위(신체)	ходоод 허떠-드	위원회	зөвлөл 주블럴
위가 아프다	ходоод өвдөх 허떠-드 웁드흐	위층	дээд давхар 데-드 답하르
위대한	агуу 아고-	위치	байршил 배르쉴
위로하다	тайтгаруулах 태트가로-올라흐	위치하다	байрших 배르시흐
위반하다	зөрчих 주르치흐	위치해 있다	байршдаг 배르쉬닥
위신	нэр хүнд 네르 훈드	위한	төлөө 툴러-
위안하다	тайтгарал 태트가랄	위험한	аюултай 아율태
위원장	хорооны дарга 허러-니 다르각	위협하다	заналхийлэл 자날히-일렐

위산(의학)   ходоодны хүчил
                허떠-드니 후칠

위조하다   дууриалгаж хийх
              도-리알가찌 히-흐

위층 살아.   Дээд давхар амьдардаг
                데-드 답하르트 앰다르닥

한국어	몽골어	발음
유가 증권	үнэт цаас	운트 차-쓰
유감스럽다	харамсалтай	하람살태
유격병	партизан цэрэг	파르티찬 체렉
유교	Күнзийн сургааль	군지-잉 소르가-알
유능한	авьяастай	아위야스태
유니폼	дүрэмт хувцас	두렘트 홉차스
유럽	европ	옙러프
유리	шил	실
유리한	ашигтай	아식태
유명인사	алдартай хүн	알다르태 훙
유명한	алдартай	알다르태
유사한	адил төстэй	아딜 투스테
유산(재산)	өв хөрөнгө	웁 후릉거
유언	гэрээслэл	게레-슬렐

유교의 영향을 받다
Күнзийн сургаалийн нөлөөлөл авах
군지-잉 소르가-알리-잉 눌러-얼럴 아와흐

유명배우　　　　　　алдартай жүжигчин
　　　　　　　　　　알다르태 주찍칭

유명해지기 시작했다.　Алдартай болж эхэлсэн.
　　　　　　　　　　알다르태 벌찌 에헬승

유언으로 남겨주다　гэрээслэл болгон үлдээсэн
　　　　　　　　　게레-슬렐 벌겅 울데-승

한국어	몽골어	발음
유용한	ашиглах	아식라흐
유월	зургадугаар сар	조르가도가-르 사르
유익하다	ашиг тустай	아식 토스태
유일한	цорын ганц	처링 간츠
유적	эртний туурь	에르트니- 토-르
유전의	удамшил	오땀실
유지하다	сахин хамгаалах	사힝 함가-알라흐
유치한	гэнэн томоогүй	게넹 터머-구이
유통	гүйлгээ	구일게-
유한의	хязгаарлагдмал	햐즈가-르락드말
유행하는	моодны	머-드니
유형	бодит	버띠트
유창한	торохгүй чөлөөтэй	터러흐구이 출러-테
유쾌한	цэнгэлтэй, хөгжилтэй	쳉겔테, 훅질테
유학가다	гадаадад суралцах хугацаа	가따-다드 소랄차흐 혹차-
유행성감기	халдварт ханиад томуу	할드와르트 하니아드 터모-
유행을 타지 않다	моодыг дагадгүй	머-디그 다가뜨구이

유혹하다	уруу татах 오로- 타타흐	은(금속)	мөнгө 뭉그
육(숫자)	зургаа 조르가	은메달	мөнгөн медаль 뭉긍 메달
육교	гүүрэн зам 구-렝 잠	은퇴하다	чөлөөнд гарах 출러-언드 가라흐
육로	хуурай зам 호-래 잠	은행	банк 방크
육상	газраар 가즈라-르	음력	билгийн тоолол 빌기-잉 터-얼럴
육수	махны шөл 마흐니 슐	음료수	ундаа 온다-

육상선수	талбайн тэмцээн тамирчин 탈뱅 템체-엥 타미르칭
육체노동	биеийн хүчний ажил 비-잉 후치니- 아질
은근히 아프다	сэм сэм өвдөх 셈 셈 읍드흐

은행의 대출을 받는 것은 매우 어렵다.
  Банкны зээл авах маш хэцүү.
  방크니 제-엘 아와흐 마쉬 헤추-

음력날짜 билгийн тооллын он сар өдөр
  빌기-잉 터-얼링 옹 사르 우드르

음색(노래)	дууны өнгө 도-니 웅그	음악가	хөгжимчин 훅짐칭
음식	хоол 허-얼	음절	үгийн үе 우기-잉 우이
음식점	хоолны газар 허-얼니 가자르	음표	дууны ноот бичиг 도-니 너-트 비칙
음식점에는	хоолны газарт 허-얼니 가자르트	음향	дуу чимээ 도- 치메-
음악	хөгжим 훅짐	응(대답)	тийм 티-임

음력은 모든 나라가 똑같은 줄 알아어.
Билгийн тоолол нь бүх оронд ижил
  빌기-잉 터-얼럴 은 부흐 어런드 이질
гэж бодсон.
  게찌 보뜨성

음식 괜찮죠? Хоол зүгээр үү?
  허-얼 쭈게-루-

음식을 골라보세요. Хоолоо сонгоорой.
  허-얼러- 성거-레

음식을 주문해라. Хоолоо захиалаарай.
  허-얼러- 잘햘라-래

음악을 듣다 хөгжим сонсох
  훅짐 선서흐

응급치료	түргэн тусламж 투르긍 토슬람지	의문	асуулт 아소-올트
응원하다	дэмжих 뎀지흐	의미	утга 오탁
의견	санаа бодол 사나- 버떨	의사	эмч 엠치
의도	санаа зорилго 사나- 저릴거	의심하다	сэжиглэх 셀찍레흐
의례	ёс дэг 여쓰 덱	의자	сандал 산달

의미가 있다 / 그녀에겐 의미 있는 건 아녜요.
утгатай/
오탁태/
Тэр эмэгтэйд гол утга нь байгаа юм биш.
테르 에멕테드 걸 오탁 은 배가- 윰 비쉬

의욕상실　　　　　　хүсэл сонирхолоо алдах
후쎌 서니르헐러- 알다흐

이 근처에 어느 은행이 있습니까?
Энэ ойр хавьд ямар банк байгаа вэ?
엔 어르 호위드 야마르 방크 배가- 웨

이 길 따라　　　　　　Энэ замыг дагаад
엔 자미끄 다가-드

이 길 따라 쭉 가세요.　Энэ замыг дагаад яваарай.
엔 자미끄 다가-드 야와-래

의지하다	түших 투시흐	이 닦다	шүдээ угаах 슈데- 오가-흐
의학	анагаах ухаан 안가-흐 오하-앙	이 지역	Энэ бүс нутаг 엔 부쓰 노탁

이 병에 담긴 것은 무슨 양념이에요?
Энэ шилтэй ямар амтлагч вэ?
엔 실태 야마르 암틀락치 웨

이 열차는 언제 울란바타르에 도착합니까?
Энэ галт тэрэг хэзээ Улаанбаатарт хүрэх вэ?
엔 갈트 테렉 헤제- 올라-안바-타르트 후레흐 웨

이 옷을 입으세요.   Энэ хувцасыг өмсөөрэй.
엔 홉차씨그 움서-레

이 음식은 바타와 같이 먹어.
Энэ хоолыг Батаатай хамт ид.
엔 허-얼리그 바타-태 함트 이드

이 회사 일은 내가 다 하는 거야?   Энэ компаны
엔 컴파니
ажлыг бүгдийг нь би хийх юм уу?
아질리그 북디-끈 비 히-흐 유모-

이가 썩다   шүд хорхой идэх
슈드 허르허이 이데흐

이거 어때요?   Энэ ямар байна?
엔 야마르 밴

이 지역에	энэ бүс нутагт	이(숫자)	хоёр
	엔 부쓰 노탁트		허여르

이건 괜찮죠? **Энэ зүгээр биз дээ?**
엔 쭈게-르 비즈 데-

이건 내 짐작이니까 정확하진 않아.
Энэ миний таамаг учраас тодорхой биш.
엔 미니- 타-막 오치라-쓰 터떠르허 비쉬

이건 뭐로 만든 거예요? **Энийг юугаар хийсэн юм бэ?**
에니끄 요가-르 히-쑹 윰 베

이건 좀 크네. **Энэ жоохон том байна.**
엔 쩌-헝 텀 밴

이걸 뭐라고 불러요? **Энийг юу гэж дууддаг вэ?**
에니끄 요 게찌 도-뜨닥 웨

이걸 몽골어로 뭐라고 불러요?
Энийг монголоор юу гэдэг вэ?
에니끄 멍걸러-르 요 게덱 웨

이것은 무엇 이예요? **Энэ юу вэ?**
엔 요 웨?

이것이 당신의 노트북 이예요? **Энэ таны нотө бүк үү?**
엔 타니 너트북 우-?

이것저것 다 넣어주세요.
Энэ тэрийг бүгдийг нь хийгээд өгөөрэй.
엔 테리-끄 북디-끈 히-게-드 우거-레

이(치아)	шүд 슈드	이걸로 살게요.	Энийг авъя. 에니끄 아위
이거 내거야	Энэ минийх 엔 미니-흐	이것	энэ юм 엔 윰

이곳에서 송금이 가능하나요?
Эндээс дансаар мөнгө шилжүүлэх
  엔데-쓰 단사-르 뭉그 실쭈-울레흐
боломтой юу?
  벌럼지터 요

이러면 안 되잖아.　　　　　　Ингэж болохгүй.
　　　　　　　　　　　　　　잉게찌 벌르흐구이

이런 건 처음 보는 건데, 어디에 쓰는 거야?
Ийм юм анх удаа харж байна,
  이-임 윰 항흐 오따- 하르찌 밴
хаана бичих юм бэ?
  하-안 비치흐 윰 베

이런 방은 하루에 얼마예요?
　　　　　　　　　　　　Ийм өрөө өдөрт хэд вэ?
　　　　　　　　　　　　이-임 어러- 우드르트 헤뜨 웨

이런 조리 스타일을 뭐라고 부릅니까?
　　　　Ийм хоол хийх аргыг юу гэж хэлдэг вэ?
　　　　이-임 허-얼 히-흐 아르긔그 요 게찌 헬덱 웨

이렇게 갑자기 얘기하면 어떻게 해?
　　　　　　Ингэж гэнэт хэлэхээр яах болж байна?
　　　　　　잉께찌 겐트 헬레헤-르 야흐 벌찌 밴

255

이게 아니라	энэ биш 엔 비쉬	이런 것	Ийм юм 이-임 움
이기적인	хувиа хичээсэн 호위야 히체-승	이렇게	Ингэж 잉게찌
이끌다	дагуулах 다고-올라흐	이렇게 하면	Ингэж хийвэл 잉게찌 히-웰

이렇게 작성하는 것이 맞습니까?
>Ингэж бичих нь зөв үү?
>잉게찌 비치흔 줍 우-

이륙하다　　　　　　онгоц газраас хөөрөх
　　　　　　　　　　엉거츠 가자라-쓰 후-르흐

이를 닦고 자다　　　шүдээ угаагаад унтах
　　　　　　　　　　슈데- 오가-가-드 온타흐

이름은 모르겠어.　　Нэрийг нь мэдэхгүй.
　　　　　　　　　　네리-끈 메데흐구이

이리와 봐 할 말이 있어.
>Наашаа хүрээд ир ярих юм байна.
>나-샤- 후레-드 이르 야리흐 움 밴

이메일 쓰는 것을 부탁하다
>И мейл бичихийг гуйж байна.
>이 멜 비치히-끄 고이찌 밴

이메일을 보내다　　　　　　и мейл явуулах
　　　　　　　　　　　　　　이 멜 야오-올라흐

256

이를 뽑다	шүд авхуулах 슈드 아흐-올라흐	이름을 적다	Нэр бичих 네르 비치흐
이름	нэр 네르	이름을 짓다	Нэр өгөх 네르 우그흐

이면지 нэг талдаа бичигтэй хэрэггүй цаас
넥 탈다- 비칙테 헤렉구이 차-쓰

이면지 쓰세요 хэрэггүй цаас хэрэглээрэй
헤렉구이 차-쓰 헤레글레-레-

이미 4달을 몽골에서 살았다.
Аль хэдийн дөрвөн сар монголд амьдарсан.
알 헤띠-잉 두르붕 사르 멍걸드 앰드르상

이번 여행이 성공하시길 빕니다.
Энэ удаагийн аялал амжилтанд
엔 오따-기-잉 아얄랄 암질탄드
хүрэхийг хүсье.
후레히-끄 후쓰이

이번 주말에 한국에 돌아가려고 해요.
Энэ долоо хоногт солонгос явах гэж байгаа.
엔 덜러- 허넉트 설렁거스 야와흐 게찌 배가-

이번에 와보니 몽골이 많이 현대화됐어요.
Энэ удаа ирээд харсан чинь монгол их орчин
엔 오따- 이레-드 하르상 친 멍걸 이흐 어르칭
үежсэн байна.
우이찌승 밴

한국어	몽골어	한국어	몽골어
이름전체	Нэр бүхэлдээ 네르 부헬데-	이모	нагац эгч 나가치 에그치
이마	дух 도흐	이민	цагаачлал 차가-칠랄
이면	далд тал 달드 탈	이발하다	үс засах 우쓰 자싸흐

이번이 두 번째 Энэ удаа хоёр дахь нь
엔 오따- 허여르 다흐

이번이 마지막 Энэ сүүлийх
엔 수-울리-흐

이불을 깔다 хөнжил дэвсэх
훈질 뎁세흐

이상 / 이십 명 이상 дээш/хорин хүнээс дээш
데-쉬/허링 후네-쓰 데-쉬

이상(소망) хүсэл тэмүүлэл
후셀 템울렐

이상하게 운전하다 жолоо хачин барих
절러- 하칭 바리흐

이상한 사람이네. Хачин хүн бэ.
하칭 훙 베

이쑤시개 шүдний чичлүүр
슈드니- 치흐출루-르

이번	энэ удаа 엔 오따-	이상한	хачин 하칭
이불	хөнжил 훈질	이성	эсрэг хүйсийн хүн 에스렉 후이씨-잉 훙
이사 들어가다	нүүж орох 누-찌 어러흐	이슈	гол гарчиг 걸 가르칙
이사하다	нүүх 누-흐	이슬람	ислам 이슬람

이야기할 수 있도록 하다/나라씨와 통화할 수 있을까요?
ярих боломж/Нараатай ярьж болох уу?
야리흐 벌럼지/나라-태 야리찌 벌러호-

이와 동시에 **үүнтэй нэгэн зэрэг**
우-운테 네근 제렉

이윤 중 10%를 공제할 수 있습니다.
Олсон ашгийнхаа арван хувийг сууттгаж чадна.
얼성 아시기-잉하- 아르왕 호위-그 소-트가찌 차든

이윤을 5% 나눠 줄 수도 있어요.
Олсон ашгийг таван хувьд хуваагаад өгж ч
얼성 아시기-끄 타왕 호위드 호와-가-드 욱찌 치
болно.
벌른

이윤이 높지 않다 **Олсон ашиг өндөр биш.**
얼성 아식 운드르 비쉬

이율(저금) **хүүний хувь хэмжээ**
후-니- 호위 헴제-

이야기	яриа 야랴	이야기하다	ярих 야리흐

이자가 얼마나 되나요?   Хүү нь хэд вэ?
후- 은 헤뜨 웨

이전처럼 피곤하진 않아요.
         Өмнөх шиг ээ ядрахгүй байна.
우므느흐 시게- 야드라흐구이 밴

이제 그만 가야해.   Одоо явахгүй бол болохгүй.
어떠- 야와흐구이 벌 벌러흐구이

이제 그만 끊자. (전화)   Одоо утсаа тастъя.
어떠- 오트싸- 타스티

이제 어떻게 하지?   Одоо яах уу?
어떠- 야호-

이제 충분하다.   Одоо хангалттай.
어떠- 한갈트태

이주하다   шилжин суурших
실찡 소-르쉬흐

이쪽으로 이사 온 지 얼마나 되셨어요?
         Ийшээ нүүж ирээд хэр удсан бэ?
이-셰- 누-찌 이레-드 헤르 오뜨상 베

이체송금   мөнгө дансаар шилж үүлэх
뭉그 단사-르 실쭈-울레흐

이웃	хөрш 후르쉬	이윤	олсон ашиг 얼성 아식
이월	хоёр дугаар сар 허여르 도가-르 사르	이자	хүү 후-
이유	учир шалтгаан 오치이르 샬트가-앙	이전에	урьд нь 오르든

이치에 맞지 않는	зүй тогтолд нийцэхгүй 주이 턱털드 니-체흐구이
이코노미 클래스	экономи класс 에커너미 클라스
이하 / 30이하	доош/гучаас доош 더-쉬/고챠-쓰 더-쉬
이해가 안 되다	ойлгохгүй байх 어일거흐구이 배흐
이해하기 쉬운	ойлгоход амархан 어일거허드 아마르항
이해하기 힘든	ойлгоход хүнд 어일거허드 훈드
이해하셨어요?	Та ойлгосон уу? 타 어일거스 노-
이해해 주세요.	Ойлгож өгөөч. 어일거찌 우거-치

한국어	몽골어	한국어	몽골어
이젠 익숙하다	Одоо дассан 어떠- 다스상	익힌	болсон 벌성
이해하다	ойлгох 어일거흐	인계하다	хүлээлгэн өгөх 후레-엘긍 우그흐
이해했어?	Ойлгосон уу? 어일거스 노-	인구	хүн ам 홍 암
이혼	гэр бүл салалт 게르 불 살랄트	인구수	хүн амын тоо 홍 아밍 터-
익명의	нууц нэр 노-츠 네르	인내심	тэсвэр тэвчээр 테스웨르 텝체-르
익살스러운	алиа хошин 알리아 허싱	인도	Энэтхэг 이네트헥
익숙하지 않은	дасахгүй 다싸흐구이	인류	хүн төрлөхөн 홍 투룰루흐퉁
익숙한	дассан 다쓰상	인물	хүн 홍
익숙해지다	дасах 다싸흐	인부	ажиллах хүч 아질라흐 후치

인도(교통) явган хүний зам
야우강 후니- 잠

인분 / 삼 인분 порц/гурван хүний порц
퍼르츠/고르왕 후니- 퍼르츠

인사(만남)	мэндлэх 멘들레흐	인쇄하다	хэвлэх 헤블레흐
인상	төрх байдал 투르흐 배달	인식하다	ойлголт 어일걸트
인생	хүний амьдрал 후니–앰드랄	인용	иш татах 이쉬 타타흐

인정하다   хүлээн зөвшөөрөх
                 훌레–엥 줍슈르흐

인출하다   банкнаас мөнгө авах
                 방크나–쓰 뭉그 아와흐

인터넷이 죽었어.(속어)
         Интернет ажиллахгүй байна.
         인테르네트 아질라흐구이 밴

인파를 이루다   олон хүн бүрд үүлэх
                 얼렁 훙 부르두–울레흐

인형극   хүүхэлдэйн жүжиг
                 후–헬뎅 주찍

일 때문에 오신건가요?   Ажлаар ирсэн үү?
                 아질라–르 이르스 누–

일 열심히 해.   Ажлаа сайн хийгээрэй.
                 아질라– 생 히–게–레

일 잘됐죠?   Ажил нь бүтэмжтэй биз дээ?
                 아질 은 부템지테 비즈 데–

인형	хүүхэлдэй 후-헬데	일곱 번째	долоо дугаар 덜러- 도가-르
인화지	зураг угаах цаас 조락 오가-흐 차-쓰	일곱(숫자)	долоо 덜러-
일	ажил 아질	일광욕하다	наранд шарах 나란드 샤라흐
일(숫자)	нэг 넥	일깨우다	ухааруулах 오하로-올라흐
일간신문	өдрийн сонин 우드리-잉 서닝	일등급	тэргүүн зэрэг 투르구-웅 제렉

일어나다   босох
                                                                       버써흐

일단 밥 드세요.   эхлээд хоолоо ид.
                                          에흘레-드 허-얼러- 이드

일상용품
         өдөр тутмын хэрэглээний бүтээгдэхүүн
         우드르 토트밍 헤렉레-니- 부텍데후-웅

일생동안   бүхийл амьдралын турш
                          부히-일 앰드랄링 토르쉬

일어난 지 얼마나 되셨어요?
                 Унтаж босоод хэр удаж байгаа вэ?
                 온타찌 버써-드 헤르 오다찌 배가- 웨

일렬로 만들다 цуваа болох	일반적으로 ерөнхийдөө нь
초와- 벌러흐	유릉히-든

일요일에 시간 있어?　　Ням гаригт завтай юу?
　　　　　　　　　　　남 가릭트 잡태 요

일은 넘치는데 일 할 사람이 없어.
　　Ажил их газар ажил хийчих хүн байхгүй.
　　아질 이흐 가자르 아질 히-치흐 훙 배흐구이

일을 그만두다　　　　　　　　ажлаасаа гарах
　　　　　　　　　　　　　　아질라-싸- 가라흐

일을 끝까지 하다　　　　　　ажлаа туустал хийх
　　　　　　　　　　　　　　아질라- 토-스탈 히-흐

일을 끝내다　　　　　　　　　ажлаа дуусгах
　　　　　　　　　　　　　　아질라- 도-쓰가흐

일이 너무 많아　　　　　　　ажил их байна
　　　　　　　　　　　　　　아질 이흐 밴

일이 다 해결되어 끝났지.
　　Ажил бүгдээрээ шийдэгдээд дууссан.
　　아질 북데-레- 쉬-덱데-드 도-쓰상

일이 많이 남다　　　　　　　ажил их үлдэх
　　　　　　　　　　　　　　아질 이흐 울데흐

일이 바쁘세요?　　Ажил ихтэй завгүй байна уу?
　　　　　　　　　아질 이흐태 자우구이 배노-

일본	Япон 야퐁	일어나	бос 버쓰
일본어	Япон хэл 야퐁 헬	일어서다	босож зогсох 버써찌 적서흐
일시적인	төр зуурын 투르 조-링	일요일	Ням гариг 냠 가릭

일이 있어서 가봐야겠어.
Ажилтай учраас явах хэрэгтэй байна.
아질태 오치라-쓰 야와흐 헤렉태 밴

일일이 세다
нэг бүрчилэн тоолох
넥 부르칠렝 터-얼러흐

일자리를 구하다
Ажлын байр олох
아질링 배르 얼러흐

일제히 발사하다
нэгэн зэрэг буудах
네근 제렉 보-따흐

일주일에 한번
долоо хоногт нэг удаа
덜러- 허넉트 넥 오따-

일하러 가다
ажил хийхээр явах
아질 히-헤-르 야와흐

일회용밴드
нэг удаагийн шарханы лент
넥 오따-기-잉 샤르하니 렌트

읽다 / 이 책을 읽으세요.
унших/Энэ номыг уншаарай.
온쉬흐/엔 너미그 온사-래

일월	нэг дүгээр сар 넥 두게-르 사르	잃다	алдах, гээх 알다흐, 게-흐
일이 끝나고	ажил дуусаад 아질 도-싸-드	잃어버리다	хаях, гээх 하이흐, 게-흐
일찍	эрт 에르트	임금	цалин хөлс 찰링 훌쓰
일찍 일어나다	эрт босох 에르트 버써흐	임대료	түрээсийн төлбөр 투레-씨-잉 툴부르
일치하다	нийцэх, адил 니-체흐, 아딜	임대하다	түрээслэх 투레-쓸레흐
일하다	ажил хийх 아질 히-흐	임명하다	томилолт 터미럴트

잃어 버렸어?	Гээчихсэн үү? 게-치흐스누-
임신하다	хөл хүнд болох 훌 훈드 벌러흐
입 냄새나다	амнаас үнэр гарах 암나-쓰 우네르 가라흐
입국하다	улсын хилээр нэвтрэн орох 올씽 힐레-르 넵트렝 어러흐
입니까? / 벌러르씨 입니까?	юу/ Болороо юу? 요/벌러러- 요

임무	үүрэгт ажил	입다	өмсөх
	우렉트 아질		움스흐
임시의	түр	입맛에 맞다	хоол таарах
	투르		허-얼 타-라흐
임신	хөл хүнд	입어보다	өмсөж үзэх
	훌 훈드		움스찌 우제흐
임업	ойн аж ахуй	입을 벌리다	амаа нээх
	어잉 아지 아호이		아마- 네-흐
입	ам	입이 가벼운	аманцар
	암		아만차르
입구	орох үүд	입이 무겁다	үг цөөнтэй
	어러흐 우-드		욱 추-운테
입국카드	орох карт	입장권	орох тасалбар
	어러흐 카르트		어러흐 타쌀바르

입맛에 맞으실지 모르겠어요.
          Идэж чадах эсэхийг мэдэхгүй байна.
           이데찌 차따흐 에세히-끄 메데흐구이 밴

입으면 편하다   өмсвөл биенд эвтэйхэн
                      움스웰 비인드 엡테흥

있어야 한다   байх хэрэгтэй
                             배흐 헤렉테

잊고 자버리다   мартаад унтчихсан
                         마르타-드 온트치흐상

입장료	такс 탁시	잊다	мартах 마르타흐
입찰하다	тендер 텐드르	잊어버려	март 마르트
잇따른	залгах 잘가흐	잎	навч 납치
잉크	будаг 보닥	잎으로 싸다	навчинд боох 납치드 버-흐

한국어	몽골어
자	шугам 쇼감
자다	унтах 온타흐
자동	автомат 아우터마트
자동차	авто машин 압터 마신
자기소개를 하다	өөрийгөө танилцуулах 어-리-잉거- 타닐초-올라흐
자기소개서	өөрийн танилцуулга 어-리-잉 타닐초-올락
자동차로 가다	машинаар явах 마시나-르 야와흐
자루 / 펜 3자루	ширхэг/Бал гурван ширхэг 쉬르헥/발 고르왕 쉬르헥
자리로 돌아가	байрандаа буцаж очих 배란다- 보차찌 어치흐
자라다	өсөх 우쓰흐
자랑스럽다	бахархмаар 바하르흐마-르
자료	материал 마테리알
자르다	хэрчих огтлох 헤르치흐 억틀러흐
자막	хадмал орчуулга 하뜨말 어르초-올락
자매	эгч дүү 에그치 두-

자발적인	сайн дураар 생 도라-르	자손	үр удам 우르 오땀
자백하다	үнэнээ хэлэх 우네- 헬레흐	자식	үр хүүхэд 우르 후-헫
자본	хөрөнгө мөнгө 후릉그 뭉그	자신의	өөрөө 어-러-
자산	өмч хөрөнгө 움치 후릉거	자연	байгаль 배갈
자세한	нарийн тодорхой 나리-잉 터떠르허	자유	эрх чөлөө 에르흐 출러-

자물쇠로 잠그다	цоожоор цоожлох 처-쩌-르 처-찔러흐
자세히 이야기하다	тодорхой ярих 터떠르허 야리흐
자신감을 가져	өөртөө итгэх итгэлтэй болох 어-르터- 이트게흐 이트겔테 벌러흐
자신을 보호하다	өөрийгөө хамгаалах 어-리-거- 함가-알라흐
자연스럽게	чөлөөтэй, энгийн 출러-태, 엔기-잉
자연재해	байгалийн гамшиг 배갈리-잉 감식

자전거	дугуй 도고이	작가	зохиолч 저혈치
자존	бие даан амьдрах 비 다-앙 앰드라흐	작년	ноднин жил 너뜨니- 질
자주	байнга 밴가	작동하다	ажиллуулах 아질로-올라흐
자주 가다	байнга явдаг 밴가 압닥	작문	зохион бичиг 저현 비칙
자주색	ухаа ягаан өнгө 오하- 야가-앙 웅그	작문하다	зохион бичих 저현 비치흐

자원봉사자   сайн дурын ажил
         생 도링 아질

자유저축예금   чөлөө хадгаламж
         출러-트 하드갈람지

자유형수영   чөлөө сэлэлт
         출러-트 셀렐트

자전거 타다가 넘어졌어.
     Дугуй унаж байгаад уначихсан.
     도고이 오나찌 배가-드 오나치흐상

자전거 타지 않아   Дугуй ундаггүй
         도고이 온딱구이

자주 발생하다   байнга гардаг
         밴가 가르닥

작별 인사하다	салах ёс хийх 살라흐 여쓰 히-흐	작은 눈	жижиг нүд 찌찍 누드
작별하다	салах, өдэх 살라흐, 우데흐	작품	урлагийн бүтээл 오를라기-잉 부테-엘
작업	эрхэлдэг ажил 에르헬덱 아질	잔고	дансны үлдэгдэл 단스니 울덱델
작용	үйлдэл 우일델	잔디	зүлэг 주렉
작은	жижиг 찌찍	잔소리하다	үглээ үг 우글레- 욱
작은 길	жижиг зам 찌찍 잠	잔업	илүү цагийн ажил 일루- 차기-잉 아질

작은 돈으로 바꾸다   бага мөнгөөр солих
박 뭉거-르 설리흐

작은 택시 하나 필요해요.
Жижигхэн такси нэг хэрэгтэй.
찌직흥 탁시 넥 헤렉테

잔 / 우유 한잔   аяга/сүү нэг аяга
아약/수- 넥 아약

잔돈으로 바꿔주세요.
Задгай мөнгөөр солиод өгнө үү.
자뜨개 뭉거-르 설리어드 우그누-

잔치	найр наадам 네르 나-담	잘 자라다	Сайн өсөх 생 우쓰흐
잘 맞다	сайн таарах 생 타-라흐	잘라내다	тайрах 태라흐
잘 먹다	сайн идэх 생 이데흐	잘못 걸다	буруу залгах 보로- 잘가흐
잘 먹어라	Сайн идээрэй 생 이데-레	잘못 들었어	буруу сонсох 보로- 선서흐
잘 아는	сайн мэддэг 생 메뜨덱	잘못 생각하다	буруу бодох 보로- 버더흐
잘 자	Сайхан амраарай 새항 아므라-래	잘못이해하다	буруу ойлгох 보로- 어일거흐

잔잔한 음악(발라드)이 더 좋아요.
Зөөлөн дөлгөөн хөгжимд илүү дуртай.
주-을릉 둘그-응 훅짐드 일루- 도르태

잘 골라 와야해.   **Сайн сонгож ирэх хэрэгтэй.**
생 성거찌 이레흐 헤렉테

잘 곳이 필요하다   **Унтах газар хэрэгтэй**
온타흐 가자르 헤렉테

잘 맞네요.   **Сайн таарч байна.**
생 타-르치 밴

잘 사귀어놔야지.   **Сайн найзлах хэрэгтэй.**
생 내찔라흐 헤렉테

잘못하다	буруу хийх 보로- 히-흐	잠재력	нөөц бололцоо 누-츠 벌럴처-
잘하는	сайн хийдэг 생 히-득	잡다	барих 바리흐
잠그다	цоожлох 처-찔러흐	잡다한	холимог 헐리먹
잠깨다	нойрноос сэрэх 너르너-쓰 세레흐	잡음	шуугиан 쇼-기앙
잠시 동안	хэсэгхэн зуур 헤쎅흥 조-르	잡지	сэтгүүл 세트구-울
잠자리	унтах газар 온타흐 가자르	장(신체)	гэдэс дотор 게떼스 더터르

잘 잤어?   Сайхан амарсан уу?
새항 아마르스노-

잘 진행하고 있습니다.   Сайн ахиж байгаа.
생 아히찌 배가-

잘게 자르다   богинхон тайрах
버긴헝 태라흐

잘생겼다   царайлаг эрэгтэй хүнд
차래락 에렉테 훈드

잘하네.   Сайн хийж байна шүү.
생 히-찌 밴 슈-

장갑을 끼다 бээлий өмсөх 베-엘리- 움스흐	장기를 두다 шатар тоглох 샤타흐 터글러흐
장관　　сайд, захирагч 　　　새드, 자히락치	장기의(기간)　урт хугацаа 　　　　오르트 혹차-
장기(체스)　　　шатар 　　　　　　샤타흐	장난감　　　тоглоом 　　　　　터글러-엄

잠깐만 기다려줘.　　　　Түр хүлээнэ үү.
　　　　　　　　　　　투르 훌레-누-

잠깐만요.　　　　　　Түр хүлээгээрэй.
　　　　　　　　　　투르 훌레-게-레

잠시 나갔다 올게요.　　Түр гарчихаад ирье.
　　　　　　　　　　투르 가르치하-드 이리

잠에서 깨다　　　　　нойрноос сэрэх
　　　　　　　　　　너르너-쓰 세레흐

잠을 잘 못자다　　　унтаж чадхгүй байх
　　　　　　　　온타찌 차다흐구이 배흐

잠이 안 오다　　　нойр хүрэхгүй байх
　　　　　　　　너르 후레흐구이 배흐

잠자리에 들다　　　　　орондоо орох
　　　　　　　　　　　어런더- 어러흐

잡아 빼다　　　　　бариад татаж авах
　　　　　　　　바리아드 타타찌 아와흐

한국어	몽골어
장래	ирээдүй хожим 이레-두이 허찜
장래에는	ирээд үйд 이레-두이
장려하다	урамшуулах 오람쇼-올라흐
장롱	хувцасны шүүгээ 홉차스니 슈-게-
장미	сарнай 사르내
장보러 가다	зах явах 자흐 야와흐
장소	газар, байр 가자르, 배르
장/벽돌 한 장	ширхэг/тоосго нэг ширхэг 쉬르헥/터-쓰거 넥 쉬르헥
장/종이 한 장	хуудас/нэг хуудас цаас 호-따스/넥 호-따스 차-쓰
장/표 두 장	ширхэг/тасалбар хоёр ширхэг 쉬르헥/타쌀바르 허어르 쉬르헥
장갑이 끼다	бээлий багадах 베-엘리- 박다흐
장식품	гоёлын бараа 거열링 바라-
장식하다	гоёж чимэх 거이찌 치메흐
장작	түлээ мод 툴레- 머드
장점	сайн тал 생 탈
장치	тоног төхөөрөмж 터너그 투흐-름지
재검토하다	дахин хянах 다힝 햐나흐
재난	гамшиг 감식

재능	авьяас чадвар 아위야스 차뜨와르	재산	хөрөнгө мөнгө 후릉그 뭉그
재다	хэмжих 헴지흐	재정	санхүү 상후-
재떨이	үнсний сав 운스니- 삽	재채기하다	найтаалгах 내타-알가흐
재미없는	сонирхолгүй 서니르헐구이	재촉하다	шахаж шаардах 샤하찌 샤-르따흐
재미있는	сонирхолтой 서니르헐터이	재혼	дахин гэрлэх 다힝 게를레흐
재밌다	сонирхолтой 서니르헐터이	잼	варень 와랭
재발하다	сэдрэх 세뜨레흐	쟁반	падноз 판너즈

장사하기가 쉽지 않다. Наймаа хийх амаргүй.
내마- 히-흐 아마르구이

장티푸스(의학) гэдэсний хижиг
게떼스니- 히직

장학금 сургалтын тэтгэлэг
소르갈팅 테트겔렉

장학금이 취소되다.
Сургалтын тэтгэлэг нь цуцлагдах.
소르갈팅 테트겔레근 초츨락다흐

저것	тэр 테르	저렇게	Тэгэж 테게찌
저것 봐.	Тэрийг хар. 테리-끄 하르	저자	зохиогч 저헉치
저금하다	хадгаламж 하뜨갈람지	저작권	зохиогчийн эрх 저헉치-잉 에르흐
저녁	орой 어레	저장소	хадгалах газар 하뜨갈라흐 가자르
저녁마다	орой болгон 어레 벌겅	저장하다	хадгалах 하뜨갈라흐
저녁식사	оройн хоол 어렝 허-얼	저항하다	эсэргүүцэх 에쎄르구-체흐

재미있어 보이지?
    Сонирхолтой харагдаж байгаа биз?
    서니르헐터 하락다찌 배가- 비즈

재미있어?
    Сонирхолтой байна уу?
    서니르헐터 배노-

재미있을 것이다.
    Сонирхолтой байх болно.
    서니르헐터 배흐 벌른

재밌겠지?
    Сонирхолтой байлгүйдээ.
    서니르헐터 밸구이 데-

저걸로 주세요.
    Тэрийг өгнө үү.
    테리-끄 우그누-

적극	идэвхитэй	적도	экваторын бүс
	이뎁히테		에크와터링 부쓰

저녁 먹는 거 말고 다른 것도 하나요?
  Орой хоол идэхээс өөр зүйл хийх үү?
  어레 허-얼 이데헤-쓰 어-르 주일 히-후-

저녁 산다고 했잖아요.
  Оройн хоол авч өгнө гээ биз дээ.
  어렝 허-얼 압치 우근 게- 비즈 데-

저녁을 먹고 텔레비전을 본다.
  Оройн хоол идээд телевизор үздэг.
  어렝 허-얼 이데-드 텔레비저르 우즈덱

저녁을 준비하다   оройн хоол бэлдэх
  어렝 허-얼 벨데흐

저는 그렇게 보지 않는데요.
  Натад тэгэж харагдаагүй.
  나따드 테게찌 하락다-구이

저는 막 왔습니다.   Би яг ирчихээд байна.
  비 약 이르치헤-드 밴

저는 아주 좋습니다 당신은요?
  Надад таалагдаж байна Чамд?
  나따드 타-알락다찌 밴 참드

저라면 웃음이 안 나오시겠어요?
  Наймаг гэхээр инээдчин хүрэхгүй байна уу?
  나매그 게헤-르 이네-드칭 후레흐구이 배노-

적용	оновчтой 어넙치터	전 세계	дэлхий даяар 델히- 다야르
적응된	дассан 다쓰상	전국	орон даяар 어렁 다야르
적합하지 않은	нийцгүй 니-츠구이	전극	цахилгааны туйл 차힐가-니 토울
적합한	нийцтэй 니-츠테	전기	цахилгаан 차힐가-앙

저를 따라 오세요.
Намайг дагаад ирээрэй.
나매그 다가-드 이레-레

저분은 누구예요?
Тэр хүн хэн бэ?
테르 훙 헹 베

저에게 얘기하는 거예요?
Надад хэлж байгаа юм уу?
나따드 헬찌 배가- 유모-

저에게 주세요.
Надаа өгнө үү.
나따드 우그누-

저쪽에 사람들 정말 많다.
Тэнд хүн их байна.
텐드 훙 이흐 밴

적다 / 내가 적을 게.
бичих/Би бичье
비치흐/비 비치

적다(기록)
бичиж тэмдэглэх
비치찌 템데글레흐

전기를 끊다	тог тасдах 턱 타스다흐	전면적인	бүх талын 부흐 탈링
전기장판	цахилгаан гудас 차힐가-앙 고따스	전문	мэргэжлийн 메렉질리-잉
전기주전자	цахилгаан данх 차힐가-앙 당흐	전문가	мэргэжилтэн 메렉질텡
전기콘센트	залгуур 잘고-르	전문분야	мэргэжил 메렉질
전날	өмнөх өдөр 우므느흐 우드르	전반적으로	ерөнхий 유릉히-
전단지	зүлэг 줄렉	전부	бүх хэсэг 부흐 헤섹
전당포	ломбард 럼바르드	전설	үлгэр домог 울게르 더먹
전등	ламп 람프	전자(전기)	электрон 엘렉트롱
전람회	үзэсгэлэн 우제스겔렝	전자레인지	шарах шүүгээ 샤라흐 슈-게-

적용하다　　оновчтой хэрэглэх
어넙치터 헤렉레흐

전/3시 10분전
өмнө/Гурван цагт арван минут дутуу байна
우믄/고르왕 착트 아르왕 미노트 도토- 밴

전자제품	электрон бараа 에렉트롱 바라-	전치사	угтвар үг 옥트와르 욱
전쟁	дайн дажин 댕 다찡	전통	уламжлал 올람질랄
전체	нийт, бүхэл 니-트, 부헬	전통음식	уламжлалт хоол 올람질랄트 허-얼
전체적인	нийтэд нь 니-트든	전투	байлдаан 밸다-앙

전력을 다하다   хамаг хүчээ гаргах
           하막 후체 가르가흐

전반적으로 몽골 음식들은 짜요.
     Монгол хоол ерөнхийдөө шорвог.
     멍걸 허-얼 유릉히-더- 셔르웩

전선을 뽑다   залгуурыг салгах
           잘고-르 이그 살가흐

전설이 일어나다   үлгэр домог бий болох
           울게르 더먹 비- 벌러흐

전시하다   дэлгэж үзүүлэх
           델게찌 우주-울레흐

전신을 찍다   бүх биеийх нь зургийг авах
           부흐 비-흥 조르기-그 아와흐

전에 / 3년 전에   өмнө/гурван жилийн өмнө
           우믄/고르왕 질리-잉 우믄

한국어	몽골어
전투하다	байлдах 밸다흐
전하다	дамжуулах 담조-올라흐
전혀 다른	огт өөр 억트 어-르
전화	телефон, утас 텔레폰, 오타쓰
전화 끊자.	утсаа тасрая. 오타싸- 타슬라이
전화기	утасны аппарат 오타쓰니 아파라트
전화를 걸다	утсаар залгах 오트싸-르 잘가흐
전화를 끊다	утсаа тасдах 오트싸- 타스다흐
전화를 받다	утас авах 오타쓰 아와흐
전화벨소리	утасны дуу 오타쓰니 도-

전혀 폐가 되지 않아요.
Ямар ч хор уршиг болохгүй.
야마르 치 허르 오르식 벌러흐구이

전화 왔어요.
дуудлага ирлээ.
도-오들라가 이를레-

전화기를 잃어버리다
утсаа хаях
오트싸- 하야흐

전화로 주문하다
утсаар захиалах
오트싸-르 자할라흐

전화를 바꾸다
харилцуураа солих
하릴초-라- 설리흐

전화를 사용해도 될까요?
Утсыг чинь хэрэглэж болох уу?
오트씨-그 친 헤렉레찌 벌러호-

한국어	몽골어	한국어	몽골어
전화했었어요?	Залгасан уу? 잘가스노-	절차(전산)	шат дамжлага 샤트 담질락
절(사찰)	хийд 히-드	젊은	залуу 잘로-
절대적인	туйлын 토일링	젊은이	залуу хүн 잘로- 훙
절반	тэн хагас 텡 하가쓰	점(얼룩)	мэнгэ 멩그
절약	хэмнэх 헴네흐	점(점수)	оноо 어너-
절정	оргил 어르길	점심(시기)	өдөр 우드르

전화번호 / 바타 전화번호 아세요?
утасны дугаар/
오타쓰니 도가르/
Батаагийн утасны дугаарыг мэдэх үү?
바타-기-잉 오타쓰니 도가-리그 메데후-

전화번호를 좀 불러 주세요.
Утасныхаа дугаарыг хэлээд өгөөч.
오타쓰니하- 도가-리그 헬레드 어거-치

절교하다	холбоогоо таслах 헐버-거- 타슬라흐
점수를 유지하다	оноогоо хадгалах 어너-거- 하뜨갈라흐

점원	худалдагч 호딸닥치	정가	тогтсон үнэ 턱트성 운
점점	аажмаар 아-즈마-르	정규	албан ёсны 알방 여쓰니
접대하다(손님)	дайлах 댈라흐	정도	зэрэг, хэмжээ 제렉, 헴제-
접속사	холбоос үг 헐버-쓰 욱	정돈된	эмх цэгц 엠흐 첵치
접수	хүлээн авах 훌레-엥 아와흐	정돈하다	эмх цэгцтэй 엠흐 첵치츠태
접시	таваг 타왁	정류장	автобусны буудал 압터보스니 보-딸
접촉하다	хүрэлцэхүй 후렐체후이	정리하다	цэгцлэх 첵츨레흐
젓가락	савх 사우흐	정말 좋다	үнэхээр гоё 운헤-르 고이

점심 고마워   өдрийн хоолонд баярлалаа.
우드리-잉 허-얼런드 바야를라-

점심시간   өдрийн хоолны цаг
우드리-잉 허-얼르니 착

점점 짧아지다   аажмаар богинсох
아-즈마-르 버긴서흐

정말로	үнэхээр 운헤-르	정숙한	чимээгүй 치메-구이
정보	мэдээлэл 메데-엘렐	정신	оюун ухаан 어윤 오하-앙
정복하다	эзлэн авах 에즐렝 아와흐	정어리	сардина загас 사르디나 자가스
정부	засгийн газар 자스기-잉 가자르	정원	парк 파르크
정상(꼭대기)	оргил 어르길	정의하다	тодорхойлох 터더르허일러흐

정각 / 정각 12시　　　　яг арван хоёр цаг
　　　　　　　　　　　　약 아르완 허여르 착

정말 무서웠어.　　　　Үнэхээр аймаар байсан.
　　　　　　　　　　　운헤-르 애마-르 배상

정말 미안합니다 좀 늦었습니다.
　Үнэхээр уулчаарай Жоохон хоцорчихлоо.
　운헤-르 오-칠라-래 쩌-헝 허처르치흘러-

정말 기뻐.　　　　　　Үнэхээр баяртай.
　　　　　　　　　　　운헤-르 바야르태

정말 어려워.　　　　　Үнэхээр хүнд.
　　　　　　　　　　　운헤-르 훈드

정말 완벽하군.　　　　Үнэхээр төгс.
　　　　　　　　　　　운헤-르 툭스

한국어	몽골어	한국어	몽골어
정장	костюм 커스툼	정직한	үнэнч шударга 우넨치 쇼뜨락
정전	цахилгаан тасрах 차힐가-앙 타스라흐	정찰가격	тогтсон үнэ 턱트성 운
정지등	улаан гэрэл 올라-앙 게렐	정책	бодлого 버들럭
정지하다	түр зогсоох 투르 적서-흐	정치	улс төр 올쓰 투르

정말 잘됐다.   Үнэхээр сайн болж.
운헤-르 생 벌찌

정말 잘하시네요.   Үнэхээр сайн байна шүү.
운헤-르 생 밴 슈-

정말 큰 도움을 주셨습니다.
    Үнэхээр их том туслалцаа үзүүллээ.
운헤-르 이흐 텀 토쓸랄차- 우주-울레-

정말로 보지 못했다고요?   Үнэхээр хараагүй?
운헤-르 하라-구이

정면에 있는   урд нүүрэнд байдаг
오르뜨 누-렌드 배닥

정부관계자   төрийн албан хаагч
투르잉 알방 하-그치

정상화시키다   хэвийн байдалд оруулах
헤위-잉 배딸드 어루-얼라흐

한국어	몽골어
정치인	улс төрч 올쓰 투르치
정치적 힘	улс төрийн хүч 올쓰 투리-잉 후치
정확한	тодорхой 터떠르허
젖다	норох 너러흐
제단	тахилгын ширээ 타힐깅 시레-
제도	тогтолцоо 턱털처-
제목	сэдэв гарчиг 세뎁 가르칙
제발	гуйя 고이
제방	далан хаалт 달랑 하-알트
제비를 뽑다	шодох 셔더흐
제삿날	тахилгын өдөр 타힐라기-잉 우드르
제시하다	танилцуулах 타닐초-올라흐
제안하다	санал тавих 사날 타위흐
제일 높은	хамгийн өндөр 함기-잉 운드르

정신병원	сэтгэл мэдэрлийн эмнэлэг 세트겔 메떼를리-잉 에멜렉
정신이 돈	толгой нь эрэгсэн 털거인 에렉승
정절 있는	ариун журамтай 아리옹 조람태

제 대신 안부를 전해 주세요.
Миний мэндийг дамжуулаарай.
미니- 멘디-끄 담조-올래

제 말뜻 아시잖아요. Миний хэлсэн
미니- 헬승

үгийн утгийг ойлгож байгаа биз дээ.
우기-잉 오트기-끄 어일거찌 배가- 비즈 데-

제 명함입니다. Миний нэрийн хуудас.
미니- 네리-잉 호-따스

제 발음은 별로 좋지 않아요.
Миний дуудлага тийм сайн биш.
미니- 도-뜰락 티-임 생 비쉬

제 우산 가지세요. Миний шүхрийг ав.
미니- 슈흐리-끄 아우

제 전화번호 알고 있었어?
Миний утасны дугаарыг мэдэж байсан юм уу?
미니- 오타쓰니 도가-리끄 메데찌 배상 유모-

제가 늘 말씀드렸잖아요.
Би байнга хэлдэг байсан биз дээ.
비 뱅가 헬덱 배상 비즈 데-

제가 말한 것 알아 들으셨어요?
Миний хэлснийг ойлгоснуу?
미니- 헬스니-끄 어일거스노-

제가 방금한 얘기 들었어요?
Сая миний хэлснийг сонсов уу?
사이 미니- 헬스니-끄 선서보-

제가 정말 죄송해요. Намайг үнэхээр уучлаарай.
나매끄 운헤-르 오-칠라래

290

제자	шавь 샤우	조개	хясаа 햐사-
제정하다	хууль тогтоох 호-올 턱터-흐	조건	нөхцөл 눅출
제조하다	үйлдвэрлэх 우일드웨를레흐	조국	эх орон 에흐 어렁
제출하다	гаргаж өгөх 가르가찌 우그흐	조금	жоохон 쪼-헝
제한하다	хязгаарлах 햐즈가-를라흐	조금 추운	жоохон хүйтэн 쪼-헝 휘텡

제가 함께 가겠습니다.   Би хамт явъя.
비 함트 야위

제고하다   дахин бодож үзэх
다힝 버떠찌 우제흐

제공하다   ханган нийлүүлэх
한강 니-일루-울레흐

제사를 지내다   тахилга өргөх
타히락 우르그흐

제일 궁금한   хамгийн мэдэхийг хүсэх
함기-잉 메데히-그 후쎄흐

제일 슬픈 순간   хамгийн гунигтай үе
함기-잉 고닉태 우이

조금만 쉬다	жоохон амрах 쩌-헝 아므라흐	조사하다	судлах 소뜰라흐
조금씩	бага багаар 박 바가-르	조상	өвөг дээдэс 우웩 데-데스
조금의	жоохон 쩌-헝	조성하다	тохижуулах 터히쭈-올라흐
조류독감	шувууны ханиад 쇼보니- 하니아드	조심하다	болгоомжлох 벌거-엄질러흐
조미료	хоол амтлагч 허-얼 암틀락치	조용하다	чимээгүй 치메-구이

제일 친한 친구   хамгийн дотны найз
함기-잉 더트니 내쯔

제일 편리한(교통수단)   хамгийн ая духтай
함기-잉 아야 도흐태

조각 / 한 조각   хэлтэрхий/нэг хэлтэрхий
헬테르히-/넥 헬테르히-

조금 다치다   жоохон бэртэх
쩌-헝 베르테흐

조금 있다가   жоохон байж байгаад
쩌-헝 배찌 배가-드

조금 있다가 다시 올게.
     Жоохон байж байгаад дахиад ирье.
쩌-헝 배찌 배가-드 다햐드 이리

조용한	чимээгүй 치메-구이	조항	зүйл анги 주일 앙기
조용히 해.	чимээгүй хий. 치메-구이 히-	조화(종이꽃)	зохицол 저히철
조절하다	тохируулах 터히로-올라흐	족(식용)	гахайн шир 가행 쉬르
조정하다	шүүн таслах 슈-웅 타슬라흐	존경하다	хүндэтгэх 훈데트게흐
조직	байгууллага 배고-올락	존재하다	оршихуй 어르시호이
조치	арга хэмжээ 아락 헴제-	존중하다	хүндлэх 훈데들레흐
조카	үеэл 우엘	졸리다	нойрмоглох 너르먹러흐
조합	нэгдэл 넥델	졸업하다	сургуулиа төгсөх 소르고-올리아 툭스흐

조금 있으면 도착 할 거야.	Удахгүй хүрлээ. 오따흐구이 후를레-
조심해서 가.	Болгоомжтой яваарай. 벌거-엄질태 야와-래
조용하군.	Чимээгүй юм байна шүү. 치메-구이 윰 밴 슈-

좀 참아	Жоохон тэвч 쩌-헝 텝치	좁은(마음)	давчуу 답초-
좁다	нарийн 나리-잉	종(벨)	хонх 헝흐

조화를 이루다   зохицолдоо бий болгох
                 저히철더- 비- 벌거흐

졸업하고 바로 여기로 오다
     Сургуулиа төгсөөд шууд ийшээ ирэх
     소르고-올리아 툭서-드 쇼-뜨 이-셰- 이레흐

좀 괜찮아졌어?   Одоо овоо гайгүй болсон уу?
                      어떠- 어우- 가이구이 벌스노-

좀 더 기다려보자.   Өшөө хүлээж үзье.
                       우셔- 훌레-찌 우지

좀 먹어 볼래요?   Жоохон идээд үз дээ?
                       쩌-헝 이데-드 우즈 데-

좀 더 싼 것이 있어요?   Өшөө хямд бий юу?
                       우셔- 햠드 비- 요

좀 비슷한   жоохон ижилхэн
                 쩌-헝 이질흥

좀 빨리 할 순 없나?
     Жоохон хурдан хийх арга байхгүй юу?
     쩌-헝 호르땅 히-흐 아락 배흐구이 요

종교	шашин 샤싱	종이	цаас 차-쓰
종기	хатиг, хавдар 하틱, 합다르	종합	нэгтгэл 넥트겔
종류	төрөл 투룔	좋아하지 않다	дуртай биш 도르태 비쉬
종업원(식당)	ажилтан 아질탕	좋다	гоё 고이

좀 심하네.   арай хэтрүүлчихлээ.
아래 헤트루-울치흘레-

좀 있다가 봐.   Жоохон байж байгаад уулзая.
쪄-헝 배찌 배가-드 오올지

좀 있다가, 집에 바래다주실래요?
   Жоохон байж байгаад гэрт хүргээд өгнө үү?
   쪄-헝 배찌 배가-드 게르트 친 후르게-드 우그누-

좀 작은 사이즈는 없나요?
   Жоохон бага размер байхгүй юу?
   쪄-헝 박 라즈메르 배흐구이 요

좋기만 하네. (반박)   зүгээр л юм байна штээ.
주게-를 옴 밴 시테-

좋아하는 물건   дуртай эд зүйл
도르태 에드 주일

좋아하다	дуртай 도르태	좋은 소식	сайхан мэдээ 새항 메데-
좋은	сайн 생	죄	гэм буруу, нүгэл 겜 보로-, 누겔

좋아하는지 아닌지　дуртай юм уу дургүй юм уу
　　　　　　　　　도르태 유모- 도르구이 유모-

좋아하셨으면 좋겠네요.(선물주면서)
　　　　Дуртай байсан бол сайн байна.
　　　　도르태 배상 볼 생 밴

좋은 결과를 얻다　　　　　Сайн үр дүнд хүрэх
　　　　　　　　　　　　생 우르 둔드 후레흐

좋은 날씨　　　　　　　　Сайхан цаг агаар
　　　　　　　　　　　　새항 착 아가-르

좋은 성적을 거두다　　　　Сайн дүн авах
　　　　　　　　　　　　생 둔 아와흐

좌석번호는 몇 번 이예요?　Суудлын дугаар хэд вэ?
　　　　　　　　　　　　소-뜰링 도가-르 헤드 웨?

좌회전금지　зүүн гар тийш эргэхийг хориглох
　　　　　주-웅 가르 티-셰 에르게히-끄 허리길러흐

좌회전하다　　　　зүүн гар тийш эргэх
　　　　　　　　주-웅 가르 티-셰 에르게흐

죄 없는　　　　　гэм буруугүй, нүгэлгүй,
　　　　　　　　겜 보로-구이, 누겔구이

296

주(날짜)	долоо хоног 덜러- 허넉	주된	гол 걸
주고받다	өгч авах 욱치 아와흐	주름(얼굴)	үрчлээ 우르칠레-
주관(자아)	өөрийн бодол 어-리-잉 버떨	주말에	хагас бүтэн сайнд 하가스 부텡 샌드
주근깨	сэвх 셉흐	주머니	халаас 할라-쓰
주기(시기)	эргэлт 에르겔트	주목하세요	анхаарна уу 앙하-르노-
주기적인	эргэлттэй 에르겔트테	주문하다	захиалах 자할라흐
주다	өгөх 우그흐	주민	иргэн 이르겡

죄송합니다만, 이름을 알 수 있을 까요?   Уучлаарай
оо-칠라-래

нэрийг тань мэдэж болохсон бол уу?
네리-끄 탄 메데찌 벌러허성 벌로-

주말	долоо хоногийн сүүл 덜러- 허너기-잉 수-울
주민등록증	иргэний үнэмлэх 이르게니- 우넴레흐

한국어	몽골어	발음
주방장	ахлах тогооч	아흘라흐 터거-치
주변	сэхээ самбаа	세헤- 삼바-
주변에	эргэн тойронд	에르겡 터런드
주부	гэрийн эзэгтэй	게리-잉 에젝테
주사	тарилга	타릴락
주석(대통령)	тэргүүн	테르구-웅
주석을 달다	зүүлт хийх	주-울트 히-흐
주소	хаяг	하약
주시하다	ажиглах	아직라흐
주식	хувьцаа	홉차-
주어	өгүүлэгдэхүүн	우구-울렉데후-웅
주유비	аялалын зардал	아얄랄링 자르딸
주의 깊게	анхааралтай	앙하-랄태
주의하다	анхаарах	앙하-라흐
주인	эзэн	에젱
주장(축구)	багийн ахлагч	바기-잉 하흘락치
주전자	данх	당흐
주제	сэдэв	세뎁
주차장	машины зогсоол	마시니 적서-얼
주차하다	машин тавих	마싱 타위흐

주사는 필요 없어요.

Тариа хэрэггүй.
타리아 헤렉구이

주체	гол зүйл 걸 주이	줄(늘어선)	оочир 어-치르
주택	орон байр 어렁 배르	줄서다	ойчирлох 어이치를러흐
주택난	орон байргүй 어렁 배르구이	줄서세요	ойчирлоно уу 어이치를르노-
죽다	үхэх 우헤흐	줄이다	багасгах 박스가흐
죽순	хулсны сүв 홀스니 숩	중국	хятад 햐타드
죽음	үхэл 우헬	중국어	хятад хэл 햐타드 헬
준비하다	бэлдэх 벨데흐	중독되다	донтох 던터흐
줄	утас 오타쓰	중량	хүндийн жин 훈디-잉 징

주인이 없으니까 서비스가 엉망이네.　　Эзэн нь
에젠은
byaйхгүй учраас үйлчилгээ нь аймар байна.
배흐구이 오치라-쓰 우일칠겐- 애마르 밴

준결승　　　　　　　　　　　хагас шишээ тоглолт
하가스 식셰- 터글럴트

중량초과	다아ц хэтрэх 다-츠 헤트레흐	중추절	ургацын баяр 오르가친- 바야르
중병의	хүнд өвчин 훈드 웁칭	중학교	дунд сургууль 돈드 소르고-올
중심 센터	гол төв 걸 툽	쥐	хулгана 홀간
중앙	төв 툽	쥐다	атгах 아트가흐
중요하지 않다	чухал биш 초할 비쉬	쥐띠	хулгана жил 홀간 질
중요한	чухал 초할	즉시	шууд, дорно 쇼-뜨, 더르너
중죄	хүнд гэмт хэрэг 훈드 겜트 헤렉	즐거운	баяр хөөртэй 바야르 후-르테

중년을 지난	хичээж нас өнгөрсөн 히체-찌 나쓰 웅구르승
중소기업	жижиг дунд үйлдвэр 찌찍 돈드 우일드웨르
중요하게 여기다	чухалд үзэх 초할드 우제흐
쥐(근육의 경련)	шөрмөс татах 슈르무스 타타흐

300

즐겁다	хөгжилтэй 훅질테	증인	гэрч 게르치
즐기다	зугаацах 조가-차흐	증정품	өргөх зүйл 우르구흐 주일
증가하다	өсөх 우쓰흐	증정하다	өргөн барих 우르궁 바리흐
증권	үнэт цаас 운트 차-쓰	증조부	элэнц өвөг 엘렌츠 우웍
증명하다	нотлох 너틀러흐	지갑	түрийвч 투리-입치
증발시키다	ууршуулах 오-르쇼-올라흐	지겹네	залхамаар 잘하마-르
증서	бичиг баримт 비칙 바림트	지구	бөмбөрцөг дэлхий 붐북축 델히-

쥐어박다　　　　　нударга зангидах
　　　　　　　　　노따락 장기다흐

즐거운 여행 되세요.　Хөгжилтэй аялаарай.
　　　　　　　　　훅질테 아얄라-래

즐거웠어?　　　　　Хөгжилтэй байсан уу?
　　　　　　　　　훅질테 배쓰노-

즐겁기를 바랍니다
　　Хөгжилтэй цаг өнгөрүүлэхийг хүсье.
　　훅질테 착 웅그루-울레히-그 후쓰이

지금	одоо, сая 어떠, 사이	지금 바로	одоо шууд 어떠- 쇼-뜨
지금 말고	одоо биш 어떠 비쉬	지나가다	өнгөрөх 웅그르흐

지구온난화현상　　　　　　　дэлхийн дулаарал
　　　　　　　　　　　　　델히-잉 돌라-랄

지금 가는 길이예요.　　　Одоо явж байна.
　　　　　　　　　　　어떠 얍찌 밴

지금 몇 시예요?　　　Одоо хэдэн цаг болж байна?
　　　　　　　　　어떠- 헤뜽 착 벌찌 밴

지금 비와?　　　Одоо бороо орж байна уу?
　　　　　　어떠- 버러- 어르찌 배노-

지금 어디에 있어요?　　　Одоо хаана байна?
　　　　　　　　　　　어떠- 하-안 밴

지금 제가 일이 좀 있어서요.
　　　　　　Одоо би жоохон ажилтай байна.
　　　　　　어떠- 비 쪄-헝 아질태 밴

지금 필요해?　　　Одоо хэрэгтэй юу?
　　　　　　　어떠- 헤렉테 요

지금 회사를 운영하고 있다.
　　Одоо компани байгуулаад ажиллаж байна.
　　어떠- 컴파니 배고-올라-드 아질라찌 밴

지나간	өнгөрсөн 웅구르승	지능	оюун ухаан 어용 오하-앙
지나치다	хэтрэх 헤트레흐	지다	ялагдах 얄락다흐
지난달	өнгөрсөн сар 웅구르승 사르	지다(해)	нар жаргах 나르 자르가흐

지금까지 말한 적이 없다.
Одоог хүртэл хэлж байсан удаагүй.
어떠그 후르텔 헬찌 배상 오따-구이

지금은 알아들으시겠어요? Одоо ойлгож байна уу?
어떠- 어일거찌 배노-

지금은 익숙해졌어요. Одоо дасчихсан.
어떠- 다스치흐상

지금은 통화 중이예요. Одоо утсаар ярьж байна.
어떠- 오트싸-르 아리찌 밴

지금은 편하지 않아 내가 나중에 다시 전화할게.
Одоо тохиромжгүй байна. Би дараа залга.
어떠- 터히럼지구이 밴 비 다라- 잘가이

지나서 / 이십분이 지나서
өнгөрөөд/хорин минут өнгөрөөд
웅그러-드/허링 미노트 웅그러-드

지난 한 해 동안 수고 많으셨습니다.
Өнгөрсөн жилийн турш их хичээн зүтгэлээ.
웅구르승 질리-잉 토르쉬 이흐 히체-엔 주트겔레-

지도(지리)	газрын зураг 가즈링 조락	지방	орон нутаг 어렁 노탁
지루한	залхуутай 잘호-태	지불하다	төлбөр хийх 툴부르 히-흐
지루해요	залхуутай 잘호-태	지붕	дээвэр 데-웨르
지름길	дөт зам 두트 잠	지수	индекс 인텍스
지리	газар зүй 가자르 주이	지시	заавар 자-와르
지명하다	нэр цохох 네르 처허흐	지식	мэдлэг 메뜰렉

지난번 일에 대해 안타깝게 생각해.
Өнгөрсөн удаагийн ажилд их харамсаж байна.
웅구르승 오따기-잉 아질드 이흐 하람사찌 밴

지난주 **Өнгөрсөн долоо хоног**
웅구르승 덜러- 허넉

지름길을 알아. **Дөт зам мэднэ.**
두트 잠 메든

지방자치단체
орон нуттийн өөртөө засах байгууллага
어렁 노트기-잉 어-르터- 자싸흐 배고-올락

한국어	몽골어	한국어	몽골어
지역	бүс нутаг / 부쓰 노탁	지탱하다	түших / 투쉬흐
지우개	баллуур / 발로-르	지하땅굴	газар доорх агуй / 가자르 터-르흐 아고
지원	хүсэлт / 후쎌트	지형	газрын дүрс / 가즈링 두르쓰
지저분한	бохир заваан / 버히르 자와-앙	지휘하다	удирдах / 오띠르다흐
지적인	илчлэх / 일칠레흐	직무	албан үүрэг / 알방 우-렉
지점	салбар дэлгүүр / 살바르 델구-르	직속(의)	шууд харьяа / 쇼-뜨 하리야
지정하다	тогтох / 턱터흐	직업	ажил, мэргэжил / 아질, 메렉질
지지하다	дэмжлэг / 뎀질렉	직원	ажилтан / 아질탕
지진	газар хөдлөлт / 가자르 후뜰를트	직장(일터)	ажлын газар / 아질링 가자르
지키다	хамгаалах / 함가-알라흐	직접	шууд / 쇼-뜨
지사제	гүйлгэхэд уудаг эм / 구일게흐에드 오-닥 엠		

한국어	몽골어	발음
직접 눈으로	шууд нүдрүү	쇼-뜨 누드루-
직진하다	чигээрэй явах	치게-레 야와흐
진공펌프	вакум насос	와콤 나써스
진드기	хачиг	하칙
진보하다	ахиц дэвшил	아히치 뎁실
진찰실	үзлэгийн өрөө	우즐레기-잉 우러-
진찰하다	үзлэг хийх	우즐렉 히-흐
진통제	өвчин намдаах эм	웁칭 남다-흐 엠
진한(맛, 색)	өтгөн	우트긍
진화하다	гал унтраах	갈 온트라-흐

직접 묻지 않다　　шууд асуугаагүй
　　　　　　　　쇼-뜨 아소-가-구이

직장은 오페라하우스 근처에요.
　　Ажил дуурь бүжгийн театрын ойр байдаг.
　　아질 도-르 부지기-잉 띠아트링 어르 배닥

직접 건네주다　　шууд гаргаж өгөх
　　　　　　　　쇼-뜨 가르가찌 우그흐

직접 그렇게 말하진 않았지만
　　Шууд тэгэж хэлээгүй ч
　　쇼-뜨 테게찌 헬레-구이 치

진공청소기　　вакум цэвэрлэгч
　　　　　　와콤 체웨를렉치

진흙	шавар 샤와르	질투하다	хардалт 하르달트
질문	асуулт 아소-올트	짐	ачаа 아차-
질문하다	асуух 아소-흐	짐작	таамаг 타-막

진료기록	эмчилгээний тэмдэглэл 엠칠게-니- 템데글렐
진료접수하다	эмчил үүлэхээр бүртг үүлэх 엠칠루-울레헤-르 부르트구-울레흐
진실을 말 할 거야.	үнэнийг хэлнэ. 우네니-끄 헬른
진실을 말하다	үнэнээ хэлэх 우네네- 헤레흐
진입금지	нэвтрэхийг хориглоно 넵트레히-끄 허릭른
진정하라고(말릴 때)	тайвшир. 테우시르
진짜 바보 같네.	үнэхээр мангар юм аа. 운헤-르 망가르 유마-
진행하다	үргэлжл үүлэн явуулах 우르겔질루-릉 야오-올라흐

짐작하기에	таамагаар бол 타-마가-르 벌	집에 놀러와.	гэрт ирээрэй. 게르트 이레-레
집	гэр 게르	집에서 가까운	гэрт ойрхон 게르트 어르헝
집(단층)	байшин 배싱	집주인	гэрийн эзэн 게리-잉 에쩽
집근처에	гэрийн ойр 게리-잉 어르	집중하다	төвлөрөх 툽루르흐
집부터	гэрээс хэлээд 게레-쓰 헬레- 드	집행하다	гүйцэтгэх 구이체트게흐

질리지 않아 залхахгүй байна уу
잘하흐구이 배노-

짐은 어떻게 보내요? Ачаагаа яаж явуулах вэ?
아차-가- 야찌 야오-올라흐 웨

집 생각이 나시죠? Гэрээ санаж байна уу?
게레- 사나찌 배노-

집 주소 알려 줄 수 있어요? Гэрийнхээ хаягийг хэлж болох уу?
게리-잉헤- 하야기-끄 헬찌 벌러흐-

집근처 수퍼마켓 гэрийн ойрхон супер маркет
게리-잉 어르헝 소페르 마르켙

집까지 걷다 гэр хүртэл алхах
게르 후르텔 알하흐

308

집회	цуглаан хурал 초글라-앙 호랄	짜증나다	уурлах 오-를라흐
징후(병)	шинж тэмдэг 신지 템덱	짠(맛)	шорвог 셔르웍
짜다(직물)	нэхэх сүлжих 네헤흐 술찌흐	짧은	богин 버깅

집밖을 나가지 않다   гэрээс битгий гар
게레-쓰 비트기- 가르

집에 두었다   гэртээ орхичихсон
게르테- 어르히치흐성

집으로 곧장 가다   гэрл үүгээ шууд явах
게르루-게- 쇼-뜨 야와흐

집은 어디 예요?   Гэр чинь хаана вэ?
게르 친 하-안 웨

집주인에게 연락해서 약속 좀 잡아줘.
Гэрийн эзэнтэй холбоо бариад цаг товлоод өг.
게리-잉 에쩬테 헐버- 바리아드 착 터블러-드 욱

집주인에게 항의하러 전화했다.   Гэрийн эзэнд
게리-잉 에쩬드
эсэргүйцэж байгаагаа хэлэх гэж утсаар ярьсан.
에쎄르구이체찌 배가-가- 헬레흐 게찌 오트싸-르 야리상

집중하세요   Анхаарлаа
앙하-를라-

짧은 머리	богин үс 버긴 우쓰	찌르다	хатгах 하트가흐
쫓다	хүүх зайлуулах 후-흐 잴로-올라흐	찢어지다	урагдах 오락다흐
쭉 보다	гүйлгэн харах 구일긍 하라흐		

집중할 수 없어요
Анхаарлаа төвлөрөөлж чадахгүй байна.
앙하-를라-, 투블를루-찌 차따흐구이 밴

집집마다 집 스타일이 똑같아서 놀랐어.
Айл болгоны байшингууд нь ижил загвартай
애일 벌거니 배싱고-든 이질 자그와르태
байсан учраас их гайхсан.
배상 오치라-쓰 이흐 가해상

짧게 자르다　　　　　　　　　**богинохон тайрах**
　　　　　　　　　　　　　　　버긴헝 태라흐

쭉 가세요　꺾지 마시고요.
Чигээрэй яваарай хажуу тийшээ эргэлгүй.
치게-레 야와-래 하쪼- 티-셰- 에르겔구이

한국어	몽골어
차(교통)	машин 마싱
차(음료)	цай 채
차고	гараж 가라지
차다	өшиглөх 우식르흐
차례(행사)	дэс дараа 데쓰 다라-
차를 끓이다	цай буцалгах 채 보찰가흐
차별하다	ялгаварлах 얄가와를라흐
차용하다	зээлдэх 제-엘데흐

차(음료) 준비 됐나요?   Ундаа бэлэн болсон уу?
온따- 벨릉 벌스노-

차례대로   дэс дараалалаарай
데쓰 다라-랄라-래

차를 꼭 갈아타야 하나요?
   Заавал унаанд сольж суух хэрэгтэй юу?
자-왈 오나-안드 설찌 소-흐 헤렉테 요

차를 운전하다   машин барих
마싱 바리흐

차마 볼 수 없다   тэвчихийн аргагүй.
텝치히-잉 아락구이

차에서 내리다   машинаас буух
마시나-쓰 보-흐

차이	ялгаа 얄가-	참가하다	оролцох 어럴처흐
차지하다	эзлэх 에즐레흐	참고하다	харгалзан үзэх 하르갈장 우제흐
착륙하다	газардах 가자르다흐	참기 어려운	тэвчих хэцүү 텝치흐 헤추-
착한	цайлган 챌강	참다	тэвчих 텝치흐
찬란한	гялалзах 걀랄자흐	참여하다	оролцох 어럴처흐
찬성하다	зөвшөөрөх 줍슈-르흐	찹쌀	наанга будаа 나-앙기 보따-
찬성할 것이다	зөвшөөрнө 줍슈-른	창문	цонх 청흐

찰떡궁합커플　санаа бодол сайн таардаг хос
사나 벋덜 생 타르닥 허스

창구 / 2번 창구
үйлчилгээний цонх/ хоёр ноймрын цонх
우릴칠개-니- 청흐/허여르 너미링 청흐

창문 닫아 주세요.　Цонх хааж өгөөч.
청흐 하-찌 우거-치

창문을 열다　цонх онгойлгох
청흐 엉걸거흐

312

한국어	몽골어	한국어	몽골어
창백하다	хувхай цагаан 호위해 차가-앙	채가다	булаах 볼라흐
창조하다	бүтээх 부테-흐	채권	авлага 아울락
창피한	ичмээр 이치메-르	채소	ногоо 너거-
찾아내다	эрж олох 에르찌 얼러흐	채식하다	цагаан хоол 차가-앙 허-얼
찾아볼게.	хайж үзье. 해찌 우지	책	ном 넘
찾을 수 있다	хайж чадна 해찌 차뜬	책과 신문	ном ба сонин 넘 바 서닝

찾다/잘 찾아보세요.   хайх/Сайн хайгаад үз.
해흐/생 해가-드 우즈

찾아보려고 (시험 삼아)   хайгаад үзэх гээд
해가-드 우제흐 게-드

찾지 못 하다   хайж чадахгүй
해찌 차따흐구이

책 사다 주실 수 있으세요?   Ном авч өгч чадах уу?
넘 압치 욱치 차뜨흐-

책 좀 빌려줘.   Номоо зээлд үүлээч.
너머- 제-엘두-울레-치

책꽂이	номын тавиур 너밍 태위오르	처리하다	янзлах 얀즐라흐
책상	ширээ 시레-	처방전	жор 저르
책임자	хариуцагч 하리오착치	처신하다	биеэ авч явах 비예 아우치 야와흐
책잡다	буруушаах 보로-샤-흐	처음부터	эхнээсээ 에흐네-쎄-
챔피언	аврага 아우락	처음으로	анх удаа 앙흐 오따-
처럼 생긴	шиг царайтай 식 차래태	천(숫자)	мянга 미양가

책임감　　　хариуцлагаа ухамсарлах сэтгэл
　　　　　　하리올츠라가- 오함사를라흐 세트겔

책임지다　　　хариуцлага үүрэх
　　　　　　하리오츨락 우-레흐

처음 몽골에 왔을 때는　　　анх монголд ирэхэд
　　　　　　앙흐 멍걸드 이레헤드

처음부터 끝까지　　　эхнээсээ дуустал
　　　　　　에흐네-쎄- 도-스탈

천천히 말씀해 주세요.　　　Удаан хэлж өгөөч.
　　　　　　오따-앙 헬찌 우거-치

314

천둥	аягна 아야간	철도	төмөр зам 투므르 잠
천만에요.	Зүгээр. 쭈게-르	첩	боодол 버-떨
천연재료	байгалаараа 배갈라-라-	첫 번째	нэгдүгээр 넥두게-르
천장	тааз 티-즈	첫사랑	анхны хайр 앙흐니 해르
천정팬	сэнс 센스	청년시절	залуу нас 잘로 나쓰
천천히	удаан 오따-앙	청바지	жинсэн өмд 진승 움드
철(금속)	төмөр 투므르	청소하다	цэвэрлэх 체웨를레흐

철도역   төмөр замын буудал
투므르 자밍 보-딸

첫사랑은 이루어지지 않는다.
          Анхны хайр биелдэггүй.
앙흐니 해르 비일덱구이

청년단   залуучуудын байгууллага
잘로-초-딩 배고-올락

청량음료   хийж үүлсэн ундаа
히-쭈-울승 온다-

청하다	хүсэх 후쎄흐	체중계	жинлүүр 진루-르
체계	систем тогтолцоо 시스템 턱털처-	체하다	хоолонд хордох 허-얼런드 허르더흐
체력	биеийн хүч 비-잉 후치	초(시간)	секунд 세콘드
체스	шатар 샤타르	초과하다	хэтрэх 헤트레흐
체육	биеийн тамир 비-잉 타미르	초대	урих 오리흐
체제	байгууламж 배고-올람지	초대장	урилга 오릴락

청소할 사람을 찾아 났어요.

Цэвэрлэгээ хийх хүн олчихсон.
체웨를레게- 히-흐 훙 얼치흐성

체온을 재 봅시다.

Биеийн халууныг хэмжиж үзэцгээе.
비-잉 할로-니 헴지찌 우제츠게-

체크무늬의 дөрвөлжин хээ
두르월징 헤-

초대장이 있어요. урилга байгаа.
오릴락 배가-

초등학교	бага сургууль 박 소르고-올	총자본	нийт хөрөнгө 니-트 후릉거
초록색	ногоон өнгө 너거-엉 웅그	총탄	бууны сум 보-니 솜
초목	өвс мод 움스 머드	총합계	нийт нийлбэр 니-트 니-일베르
초상(얼굴)	гашуудал 가쇼-딸	최근	хамгийн сүүлийн 함기-잉 수-울리-잉
초안	эх 에흐	최대	хамгийн 함기-잉
초인종	хонх 헝흐	최선	хамгийн сайн 함기-잉 생
촉진하다	анхны үзлэг 앙흐니 우즐렉	최소	хамгийн бага 함기-잉 박
총	нийт 니-트	최신의	хамгийн шинэ 함기-잉 신

최고기온   хамгийн өндөр агаарын хэм
함기-잉 운드르 아가-링 헴

최선을 다해 도와 드릴게요.
Бүхнээ дайчлан тусална.
부흐네- 대칠랑 토쌀른

최선을 다해   бүхнээ дайчлах
부흐네- 대칠라흐

최초	анх, эхэн 앙흐, 에헹	추운	хүйтэн 휘텡
최후	хамгийн сүүлч 함기-잉 수-울치	추워지다	хүйтэн болох 휘텡 벌러흐
추가하다	нэмэлт 네멜트	추첨	сугалаа 소갈라-
추상적인	хийсвэр 히-쓰웨르	추측하다	тааварлах 타-와를라흐
추석	ургацын баяр 오르가칭 바야르	축구	хөл бөмбөг 홀 붐북
추억	дурсамж 도르쌈지	축구선수	хөл бөмбөгчин 홀 붐북칭

최저기온   хамгийн бага температур
         함기-잉 박 템피라토르

최종점수   хамгийн сүүлийн оноо
         함기-잉 수-울리-잉 어너-

추석까지 있으실 건가요?
　　　Ургацын баяр хүртэл байх уу?
　　　오르가칭 바야르 후르텔 배호-

추측할 수 없어요.　　　таахын аргагүй.
　　　　　　　　　　타-힝 아락구이

축구 경기를 하다　　　Хөл бөмбөгийн тэмцээн
　　　　　　　　　훌 붐부기-잉 템체-엥

축제	баяр наадам 바야르 나-담	축하해요	баяр хүргэе 바야르 후르기
축축한	чийглэг 치-글렉	출구	гарах хаалга 가라흐 하-알락
축하하다	баяр хүргэх 바야르 후르게흐	출근시간	ажилд явах цаг 아질다- 야와흐 착
축하해	баяр хүргэе 바야르 후르기	출발	хөдлөх 후뜰르흐

축구 보고 있나봐.
Хөл бөмбөг үзэж байгаа юм шиг байна.
훌 붐북 우제찌 배가- 움 식 밴

축구경기   хөл бөмбөгийн тэмцээн
                                     훌 붐부기-잉 템체-엥

축구라면 아주 미치지!
Хөл бөмбөг гэхээр галзуурдаг.
훌 붐북 게헤-르 갈조-르닥

축구장   хөл бөмбөгийн талбай
                                     훌 붐부기-잉 탈배

축구팀   хөл бөмбөгийн баг
                                     훌 붐부기-잉 박

축제일   баяр наадмын өдөр
                                     바야르 나-드밍 우드르

출발점	гараа 가라-	춤추다	бүжиглэх 부직레흐
출발하다	хөдлөх 후뜰르흐	충고	зөвлөгөө 주블르거-
출입국	орж гарах 어르찌 가라흐	충고하다	зөвлөгөө өгөх 주블르거- 우그흐
출현하다	гарч ирэх 가르치 이레흐	충분하다	хангалттай 항갈트태

출근할 시간이 되었다.　Ажилдаа явах цаг болсон.
　　아질다- 야와흐 착 벌성

출생증명서　　　　төрсний гэрчилгээ
　　　　투르스니- 게르칠게-

출입국을 하기 위해서는 어떤 수속을 해야 하나요?
Орж гарахын тулд хаана бүртгүүлэх ёстой вэ?
어르찌 가라힝 톨드 하-안 부르트구-울레흐 여스터이 웨

출장가다　　　　томилолтоор явах
　　　　터밀럴터-르 야와흐

출판사　　　　хэвлэлийн компани
　　　　헤블렐리-잉 컴파니

춤을 잘 추다　　　　сайн бүжиглэх
　　　　생 부직레흐

충분하지 못한　　　　хангалттай бус
　　　　항갈트태 보쓰

충분한	хангалттай 항갈트태	치약	шүдний оо 슈드니- 어-
충성	үнэнч 우넨치	친구	найз 내쯔
충전하다	цэнэглэх 체넥레흐	친구가 되다	Найз болох 내쯔 벌러흐
취미	сонирхол, хобби 서니르헐, 호삐	친근한	ойр дотно 어르 더트너
취하다	согтох 석터흐	친동생	төрсөн дүү 툴승 두-
취했어	согтсон 석트성	친밀한	дотно нөхөрсөг 더트너 누흐르숙
층	давхарга 답하를락	친선	нөхөрлөл 누흐를를
치료하다	эмчлэх 엠칠레흐	친애하는	хайрт 해르트
치마	банзал, юбка 반잘, 유펙	친절한	эелдэг 엘덱

치료학요법(의학) эмчиллэх арга
엠칠레흐 아락

친구 집에 가려고요.
Найзынхаа гэрт очих гэж байна.
내찡하- 게르트 어치흐 게찌 밴

ㅊ

친척	хамаатан 하마-탕	칠십	дал 달
친하다	ойр дотно 어흐 더트너	칠월	долоон сар 덜러-엉 사르
친한 사람	дотно хүн 더트너 훙	칠판	самбар 삼바르
친한 친구	дотно найз 더트너 내쯔	칠하다	будах 보따흐
친해지다	дотносох 더트너서흐	침대	ор 어르
칠(미술)	будаг 보딱	침략하다	булаан эзлэх 볼라-앙 에즐레흐
칠(숫자)	долоо 덜러-	침술	зүү эмчилгээ 주- 엠칠게-

친절한 환대에 감사합니다.
Эелдэгээр баяртай угтаж авсанд баярлалаа.
엘데게-르 바야르태 옥타찌 압상드 바야를라-

친척을 방문하다	хамаатныдаа зочлох 하마-트니다- 처칠러흐
친할아버지	аавын аав, өвөө 아-윙 아-우, 우웨-
칠판지우개	самбарын алчуур 삼바링 알초-르

침실	унтлагын өрөө 온틀라긍 우러-	칫솔	шүдний сойз 슈드니- 서이쯔
침울한	зовиуртай 저위오르태	칭찬하다	магтах 막타흐
침착한	тайван 태왕		
침대시트		орны цагаан хэрэглэл 어르니 차가-앙 헤렉렐	

ㅋ

한국어	몽골어
카드(게임)	хөзөр 후주르
카드를 섞다	хөзөр холих 후주르 헐리흐
카드를 치다	хөзөр тоглох 후주르 터글러흐
카메라	камер 카메르
카세트	кассет 카세트
카탈로그	катлог 카틀록
칵테일	коктейл 컥테일
칼	хутга 호딱
칼라사진	өнгөт зураг 웅그트 조락
캐나다	канад 카나드
캐묻다	ухаж асуух 오하찌 아소-흐
캔 맥주	лаазтай пиво 라-즈태/피워

카드 충전해주세요. (핸드폰) **Карт цэнэглээд өгнө үү.**
카르트 체넥레-드 우그누-

카드(신용카드)를 정지시키다 **Тооцооны карт хаах**
터-처-니 카르트 하-흐

카탈로그를 보여주세요. **катлог үзүүлээч.**
카틀록 우주-울레-치

캔 / 맥주 3 캔 **лаазтай/Пиво гурван лааз**
라-즈태/피워 고르왕 라-즈

캠퍼스(학용품)	кэмпос 켐퍼스	커피	кофе 커페
커튼	хөшиг 후식	컬러 프린터기	өнгөт принт 웅그트 프린트
커플	хос 허쓰	컴퓨터	компьютер 컴퓨테르

커서(전산)   компьютерийн курсор
                          컴퓨테리-잉 코르서르

커피 준거 고마워.   Кофе өгсөнд баярлалаа.
                          커페 웍슨드 바야를라

커피 탔어요?   Кофе найруулсан уу?
                          커페 내로-올스노-

커피가 진해요.   Кофе өтгөн байна.
                          커페 우트긍 밴

커피를 컴퓨터에 쏟았어.
           Кофе компьютер дээр асгачихсан.
            커페 컴퓨데르 데-르 아스가치흐상

컴퓨터 공학(전산)   компьютер инженер
                          컴퓨테르 인제네르

컴퓨터가 너무 느리다   компьютер маш удаан
                          컴퓨테르 마쉬 오따-앙

컴퓨터가 이상해.   Компьютер хачин байна.
                          컴퓨테르 하칭 밴

한국어	몽골어
컵	аяга 아약
컵라면	савтай гоймон 삽태 고몽
케이크	тоорт 터-르트
켜다(기계)	асаах 아싸-흐
코	хамар 하마르
코 고는 소리	хурхирах дуу 호르히라흐 도-
코가 헐다	хамар шархлах 하마르 샤르할라흐
코끼리	заан 자-앙
코를 골다	хурхирах 호르히라흐
코를 풀다	нусаа нийх 노싸- 히-흐
코트	пальто 팔터
콘돔	гондом 컨덤
콜라	колла 컬라
콧물이 나다	нус гойжих 노쓰 고이찌흐
콧수염	хамрын үс 하므링 우쓰
크게 말하다	чанга ярих 창가 야리흐
컴퓨터로 놀다 (게임등)	компьютерээр тоглох 컴퓨테레-르 터글럴흐
켤레 / 운동화 1 켤레	хос/Пүүз нэг хос 허쓰/푸-즈 넥 허쓰
코가 막히다	хамар битүүрэх 하마르 비투레흐

크기	өндөр 운드르	클럽	клуб 클롭
크다	өндөр 운드르	클립	клип 클립
크리스천	христчэн 히리스트쳉	키보드	компьютерийн гар 컴퓨테리-잉 가르
큰 목소리로	чанга дуугаар 창가 도-가-르	키스하다	үнсэх 운세흐
큰길에서	том зам дээр 텀 잠 데-르	킬로미터	километр 킬로메트르

크게 말씀하세요.　　чанга ярина уу.
　　　　　　　　　　창가 야리노-

큰소리로 환호하다　　чанга дуугаар уухайлах.
　　　　　　　　　　창가 도-가-르 오-핼라흐

키가 보통이다　　өндөр намаараа дундаж
　　　　　　　　운드르 나마-라- 돈다찌

키가 어떻게 되세요?　өндөр чинь хэд вэ?
　　　　　　　　　　운드르 친 헤드 웨?

키가 작다　　намхан нуруутай
　　　　　　남항 노로-태

키가 크다　　өндөр нуруутай
　　　　　　운드르 노로-태

키친타월   галтогооны том салфетка
                        갈터거-니 텀 살페특

ㅌ

한국어	몽골어	발음
타다 (불에)	шатах	샤타흐
타다	унах	오나흐
타당하다	зүй зохис	주이 저히스
타이어	хаймар дугуй	해마르 도고이
타이틀	нэр, цол	네르, 철
타이핑하다	шивэх	쉬웨흐
타조	тэмээн хяруул	테메-엥 햐로-올
타진하다	чагнах	차그나흐
탁구	ширээний теннис	시레-니- 테니스
탁월한	гарамгай	가람개
탈출하다	зайлан гарах	잴랑 가라흐
탑(건축)	цамхаг	참학
탑승시간	суух цаг	소-흐 착
태국	Тайланд	타일란드

탄내가 나다   түлэнхий үнэр
             툴렝히- 우네르

탄밥, 누룽지   будааны хусам
             보따-니 호쌈

어느 정류장에서 내려야해요?
Аль автобусны буудал дээр буух вэ?
알 아우터보스니 보-딸 데-르 보-흐 웨

태권도	тэквондо 테권도	턱	эрүү 에루-
태양	нар 나르	턱수염	эрүүний сахал 에루-니- 사할
태어나다	төрөх 투르흐	테니스	теннис 테니스
태연하게	амгалан 암갈랑	테마	гарчиг 가르칙
태풍	хар салхи 하르 살히흐	테스트하다	шалгах 샬가흐
택시	такси 탁시	테이블	ширээ 시레-

몇 번 버스를 타야 해요?
Хэдэн номерын автобусанд суух хэрэгтэй вэ?
헤뜽 너메링 아우터보산드 소-흐 헤렉테 웨

태극기　　өмнөд солонгосын төрийн далбаа
　　　　　우므누드 설렁거싱 투리-잉 달바-

태도　　　　　　　биеэо авч яваа байдал
　　　　　　　　　비에- 압치 야와- 배딸

텔레비전 볼륨 좀 줄여주세요.
Телевизорынхоо дууг жоохон багасгаад
텔레비저링허- 도-그 쩌-헝 박스가-드
өгнө үү.
우그누-

한국어	몽골어	한국어	몽골어
테이프	кассет 카세트	통	торх, сав 터르흐, 삽
토끼	туулай 토-올래	통계(상)의	тоо бүртгэл 터-부르트겔
토라지다	тунирхах 토니르하흐	통과하다	нэвтрэх 넵트레흐
토론하다	хэлэлцэх 헬렐추-울렉	통관	гаалиар нэвтрэх 가-알리아르 넵트레흐
토마토	улаан лооль 올라-앙 로-올	통관하다	гаалиар нэвтрэх 가-알리아르 넵트레흐
토요일	бямба гариг 뱜바 가릭	통상(보통)	гадаад худалдаа 가따-드 호딸다-
토의하다	зөвшилцөл 줍실출	통속의	бүлэг хамсаа 불룩 함사-
톤(무게)	тоонн 터-언	통신원	харилцаа холбоо 하릴차- 헐버-

텔레비전 좀 보게 가만히 있어요.
Телевизор үзмээр байна зүгээр бай.
텔레비저르 우즈메-르 밴 쭈게-르 배

텔레비전을 보고 있어요. Телевизор үзэж байна.
텔레비저르 우제찌 밴

텔레비전을 보면서   телевизор үзэнгээ
텔레비저르 우젠게-

한국어	몽골어	한국어	몽골어
통역(사람)	орчуулагч 어르초-올락치	투자자	хөрөнгө оруулагч 후릉거 어로-올락치
통역하다	орчуулах 어츠초-올라흐	투자하다	хөрөнгө оруулах 후릉거 어로-올라흐
통일하다	нэгтгэх 넥트게흐	투쟁하다	тэмцэл 템첼
통통하다	бондогор 번더거르	투창	жад шидэх 자뜨 쉬데흐
퇴근시간	ажил тарах цаг 아질 타라흐 착	투표하다	санал хураалт 사날 호라-알트
투명한	тунгалаг 통갈락	튀기다	шарах 샤라흐
투어하다	тойрон аялах 터이렁 아얄라흐	트윈룸	твин өрөө 트윙 우러-

통화중이다.   Утсаар ярж байна.
오트사-르 야리찌 밴

투명한 파란색 우비
тунгалаг цэнхэр өнгөтэй борооны цув
통갈락 쳉헤르 웅그테 버러-니 촙

투자법(법률)   хөрөнгө оруулалтын хууль
후릉거 어로-올랄팅 호-올

투자액   хөрөнгө оруулсан мөнгөн дүн
후릉거 어로-올상 뭉긍 뚱

특별한	онцгой 언츠거	티슈	салфетка 살페트카
특징	онцлог 언츨럭	티켓	тасалбар 타살바르
틀니	хиймэл шүд 히-멜 슈드	팀/두 팀	баг/хоёр баг 박/허여르 박
틀렸어	буруу байна 보로- 밴	팀/우승팀	баг/хожсон баг 박/허지성 박
틀린	буруу 보로-	팁	тип 팁

특별히 그녀를 좋아하는 것도 아니야.
Онцгойлон тэр эмэгтэйд дуртай байгаа юм биш.
언츠걸렁 테르 에멕테드 도르태 배가- 윰 식

특별히 준비해 두다   онцгойлон бэлдэж тавих
언츠걸렁 벨떼찌 타위흐

특산품   онцгой бүтээгдэхүүн
언츠거 부텍데후-웅

특수성   онцгой, өвөрмөц чанар
언츠거, 우브르무치 차나르

틀니를 맞추다   хиймэл шүд тааруулах
히-멜 슈드 타-로-올라흐

파(야채)	ногоон сонгин 너거-엉 성깅
파괴되다	бусниулах 보스니올라흐
파다	ухах 오히흐
파도	давалгаа 다왈가-
파란색	цэнхэр өнгө 쳉헤르 웅그
파마	үсний хийм 우쓰니- 히-임
파마하다	хийм хийлгэх 히-임 히-일게흐
파면하다	халах 할라흐
파산	дампуурал 담포-랄
파산하다	дампуурах 담포-라흐
파업하다	ажил хаялт 아질 하얄트
파인애플	хан боргоцой 항 버르거처이
파일(사무용품)	хавтас 합타스
파일(전산)	файл 파일

파란색으로 신어 봐도 되나요?

Цэнхэр өнгөтэйг өмсөж үзээж болох уу?
쳉헤르 웅그테그 움스찌 우제찌 벌러호-

파충류	мөлхөгчдийн төрөл 물훅치디-잉 투롤

파트타임으로 일하다	цагаар ажлах 차가-르 아질라흐

판매하다	худалдаа 호딸다-	팔짱을 끼다	сугадалцах 소가달차흐
판사	шүүгч 슈-욱치	팔찌	бугуйвч 보고입치
팔	гар 가르	패션	загвар 자그와르
팔(숫자)	найм 냄	팩스	факс 팍스
팔십	ная 나이	팩을 하다(피부)	маск тавих 마스크 타위흐
팔월	найм дугаар сар 냄 도가-르 사르	팬(애호가)	шүтэн бишрэгч 슈텡 비쉬렉치

파티하다	үдэшлэг зохион байгуулах 우데쉴렉 저형 배고-올라흐
판결안	шүүхийн шийдвэр 슈-히-잉 쉬-뜨웨르
판결을 내리다	шүүхийн шийдвэр гаргах 슈-히-잉 쉬-뜨웨르 가르가흐
판단하다	дүгнэлт, шийдвэр 두그넬트, 쉬-뜨웨르
팔다 / 잘 팔리다	зарах/сайн зарагдах 자라흐/생 자락다흐

팬티	турсик 토르씩	펜	үзэг 우젝
퍼센트(%)	хувь 호위	펭귄	оцон шувуу 어청 쇼보-
퍼지다	өсөх 우쓰흐	펴다	дэлгэх 델게흐
퍼트리다	тараах 타라-흐	편리한	таатай 타-태
펌프	насос 나써스	편지	захиа 자햐
페인트	будаг 보딱	편지를 쓰다	захиа бичих 자햐 비치흐

페이지 / 3 페이지　　хуудас/гуравдугаар хуудас
호-따스/고르왕도가-르 호-따스

편안하다(마음)　　тайван амгалан
태왕 암갈랑

편지를 기다리다　　захиа хүлээх
자햐 훌레-흐

편지를 보내다　　захиа явуулах
자햐 야오-올라흐

편지를 우체통에 넣다.
Захиа шуудангийн хайрцаганд хийх.
자햐 쇼-당깅 해르차간드 히-흐

편집자	редактор 레닥터르	평상시	жирийн үе 지리-잉 우이
평(아파트)	метр квадрат 메트르 카우드라트	평영(수영)	мэлхий сэлэлт 멜히- 셀엘트
평가하다	үнэлэх 우넬레흐	평일	ердийн өдөр 유르디-잉 우드르
평균의	дундаж 돈다찌	평화	энх тайван 엥흐 태왕
평등하다	эрх тэгш 에르흐 텍쉬	폐(의학)	уушги 오-쉬기
평방미터	ам дөрвөлжин 암 두르뷜찡	폐를 끼치다	төвөг болох 투워크 벌러흐

편집국   хянан тохиолдуулдаг газар
하난 터헐도-올닥 가자르

편해지다   амар түвшин болох
아마르 툽싱 벌러흐

평균기온   дундаж температур
돈다찌 템피라토르

평상시에도 좀 늦는 편이다.
Жирийн үед ч жоохон хоцордог талтай.
지리-잉 우이 치 쪄-헝 허처르덕 탈태

폐가 되지 않는다면   төвөг болохгүй бол
투워크 벌러흐구이 벌

폐병	уушгины өвчин 오-쉬기니 욥칭	폭탄	бөмбөг 붐북
포기하다	болих 벌리흐	폭포	хүрхрээ 후르흐레-
포기하지 마	биттий няц 비트기- 냐츠	폴더(전산)	фолдер 폴데르
포도	усан үзэм 오쌍 우즘	폴란드	Польш 펄쉬
포장하다	баглах 바글라흐	표	тасалбар 타쌀바르
포크	сэрээ 세레-	표(설문)	хүснэгт 후스넥트
포함하다	хамруулах 하마롤-라흐	표시하다	тэмдэглэх 템덱레흐
폭(옷감)	өргөн 우르궁	표준	стандарт 스탄다르트

폐를 끼쳤네요. Төвөг болсон байна.
투웍크 벌성 밴

포장해주세요. Боож өнгө үү.
버-찌 우그누-

표 예약해 주실 수 있으세요?
Тасалбар захиалж өгч чадах уу?
타쌀바르 자할찌 욱치 차뜨흐-

338

표준어	төв аялгуу
	툽 아얄고-
표현	илэрхийлэл
	이레르히-일렐
푸다	аяглах
	아야글라흐
푹 자다	гүн нойрсох
	궁 너르서흐
풀(사무용품)	цавуу
	차오-
풀다	задлах тайлах
	자뜰라흐 탤라흐
품목	барааны нэр төрөл
	바라-니 네르 투룔
품질	чанар
	차나르
풍경	байгалийн байдал
	배갈리-잉 배딸
풍부한	баялаг
	바얄락
풍습	зан заншил
	장 잔실
프라이팬	хариулын таваг
	하리올링 타왁
프랑스	Франц
	프란츠
프랑스어	Франц хэл
	프란츠 헬
프런트데스크	хүлээн авах
	훌레-엥 아와흐
프로그래머	програмист
	프로그라미스트
프로듀서	найруулагч
	내로-올락
프로세스(전산)	процесс
	프러체쓰

프로그래밍하다   программчилах
프로그람칠라흐

프로그램 계획시간표(TV)
хөтөлбөрийн цагийн хуваарь
후툴브리-잉 차기-잉 호와-르

한국어	몽골어
프로젝트	төсөл / 투쓸
프로페셔널	мэргэжлийн / 메렉질리-잉
프린터기	принтлэгч / 프린틀렉치
프린트지	принтны цаас / 프린트니 차-스
피	цус / 초쓰
피가 나다	цус гарах / 초쓰 가라흐
피곤하다	ядрах / 야뜨라흐
피곤해도	ядарсан ч / 야딸승 치
피동	үйлдэгдэх / 우일덱데흐
피망	чинжүү / 친주-
피부	арьс / 아리스
피우다	асаах, татах / 아싸-흐, 타타흐

플라스틱으로 만들다   хуванцараар хийх / 호완차라-르 히-흐

플루트(피리)를 불다   лэмбэ үлээх / 엠베 홀레-흐

피곤할 텐데   ядарч байгаа байх / 야뜨라치 배가- 배흐

피부가 하얗다   цагаан арьстай / 차가-앙 아리스태

피임약   жирэмслэлтээс хамгаалах эм / 지렘슬렐테-쓰 함가-알라흐 엠

피하다	дайжих 대찌흐	필요없다	хэрэггүй 헤렉구이
핀란드	Финлянд 핀란드	필요하다	хэрэгтэй 헤렉테
핀을 꼽다	үсээ хавчих 우쎄- 합치흐	필통	үзэг балны сав 우젝 발르니 삽
필수적이다	зайлшгүй 쟬쉬구이	핑크색	ягаан өнгө 야가-앙 웅그

필름을 현상하다   гэрэл зургийн хальс угаах
게렐 조르기-잉 할스 오가-흐

핏기가 없다   цагаан царайтай
차가-앙 차래테

하늘색	тэнгэрийн өнгө
	텡게리-잉 웅그

하늘이 맑다	цэлмэг тэнгэр
	첼멕 텡게르

하고 싶다　хиймээр байна
　　　　　히-메-르 밴

하드(전산HDD)	хард
	하르드

하늘　　　　　тэнгэр
　　　　　　　텡게르

하얀색	цагаан өнгө
	차가-앙 웅그

하나도 이해 못하다
　　　　юу ч ойлгосонгүй
　　　　요 치 어일거성구이

하는 동안에
　　　　хийж байх явцад
　　　　히-찌 배흐 얍차드

하는 척하다
　　　　хийж байгаа царайлах
　　　　히-찌 배가- 차랠라흐

하려고만 하면 뭘 못해
　　хийх гэхээр л юм хийж чадахгүй
　　히-흐 게헤-를 윰 히-찌 차따흐구이

하려하지 않다
　　　　хийхийг оролдодгүй
　　　　히-히-끄 어럴더뜨구이

하루 종일
　　　　бүхэл өдрийн турш
　　　　부헬 우드리-잉 토르쉬

하루 종일 내내
　　　　бүхэл өд өржин
　　　　부헬 우드르찡

| 하인 | зарц
자르치 | 학과 | тэнхим
텡힘 |
|---|---|---|---|
| 하지만 | гэвч
겝치 | 학교 | сургууль
소르고-올 |

하루 중에   өдрийн дундуур
우드리-잉 돈도-르

하루만 묵어야겠어   нэг л өдөр хонохоос
네글 우드르 허너허어-쓰

하마터면   жаахан буруутсан бол
짜-항 보로-트상 벌

하마터면 교통사고가 날 뻔했다.   Жаахан
짜-항
буруутсан бол машины осолд орох шахлаа.
보로-트상 벌 마시니 어설드 어러흐 샤흘라-

하얀색인가요?   цагаан өнгө үү?
차가-앙 웅구-

하지만 지금 상황에선 이게 최선이야.
Гэвч энэ нөхцөл байдалд энэ хамгийн зөв.
겝치 엔 눅출 배딸드 엔 함기-잉 줍

학과의 책임자   тэнхимийн хариуцагч
텡히미-잉 하리오착치

학교 가지 않으면   сургуульдаа явахгүй бол
소르고-올다- 야와흐구이 벌

한국어	몽골어
학교가다	сургуульдаа явах 소르고-올다- 야와흐
학기	хичээлийн улирал 히체-엘리-잉 올리랄
학생	сурагч 소락치
학습하다	суралцагч 소랄착치
학우	сургуулийн найз 소르고-올리-잉 내쯔
학위	эрдмийн зэрэг 에르드미-잉 제렉
한 걸음	нэг алхам 넥 알함
한 번 더	дахиад нэг удаа 다햐드 넥 오따-

학교마다 다르다 сургууль болгон өөр
소르고-올 벌겅 어-르

학교에 지각하다 сургуульдаа хоцрох
소르고-올다- 허츠러흐

학장 дээд сургуулийн захирал
데-드 소르고-올리-잉 자히랄

한 번 더 말씀해 주세요.
Дахиад нэг хэлээд өгнө үү.
다햐드 넥 헬레-드 우그누-

한 번도 미국에 가본적 없어.
Нэг ч удаа Америк явж үзээгүй.
넥치 오따- 아메리크 얍찌 우제-구이

한 부 복사해 주실 수 있으세요?
Нэг хувь канон хийж өгч болох уу?
넥 호위 카논 히-찌 욱치 벌러호-

한가한 Завтай	한국 Солонгос
잡태	설렁거스

한개 남아 있어. Нэг үлдсэн. | 한국사람   Солонгос хүн
넥 울드승 | 설렁거스 훙

한개 더 주세요.   Нэгийг дахиад өнгө үү.
네기-그 다하드 우그누-

한개 얼마예요?(싼 것에 물을 때)   Нэг нь хэд вэ?
네근 헤뜨 웨

한개만 주세요.   Нэгийг л өнгө үү.
네기-글 우그누-

한국 사람이예요.   Солонгос х үн.
설렁거스 훙

한국 사람과 몽골사람은 비슷해요.
Солонгос монгол хүн адилхан.
설렁거스 멍걸 훙 아딜항

한국 사람은 성질이 급한 것으로 유명한데 당신은 그 보다 더 하네요.   Солонгос хүн их
설렁거스 훙 이흐
түргэн уурта́й гэдэг харин чи бүр ч аймар.
투르긍 오-르태 게떽 하링 치 부르 치 애마르

한국 선수들이 경기를 정말 잘해.   Солонгос
설렁거스
тамирчид тэмцээнд маш сайн оролцдог.
타미르칭 템체-엥드 마시 생 어럴츠덕

ㅎ

한국 스타 중에 누가 제일 좋아요?　　　　Солонгос
одуудаас хэн хамгийн их таалагддаг вэ?
오또-다-쓰 헹 함기-잉 이흐 탈-락닥 웨

한국 음악 좀 들려줄까?
　　　　　　Солонгос дуу сонсгож өгөх үү?
　　　　　　설렁거스 도- 선스거찌 우그후-

한국 제품　　　　　Солонгос бүтээгдэхүүн
　　　　　　　　　설렁거스 부텍데후-웅

한국과 몽골은 좀 비슷해.
　　　　Солонгос монгол хоёр жоохон төстэй.
　　　　설렁거스 멍걸 허여르 쩌-헝 투스테

한국과 몽골의 관계가 갈수록 발전한다.　　Солонгос
монголын харилцаа цаашид улам хөгжинө.
설렁거스 멍걸링 하릴차- 차-쉬뜨 올람 훅진

한국과 비교해보면　　Солонгостой харьцуулбал
　　　　　　　설렁거스태 하리초-올발

한국국민 모두　　Солонгосын иргэн бүгд
　　　　　　설렁거싱 이르겡 북드

한국어를 잘 하시네요.
　　　　Солонгосоор сайн ярьдаг юм байна.
　　　　설렁거서-르 생 야리닥 윰 밴

한국어를 할 수 있어요?
　　　　　　Солонгосоор ярьж чадах уу?
　　　　　　설렁거서-르 야리찌 차뜨호-

한국에 기본적 있어요?	Солонгос явж байсан уу?
	설렁거스 얍찌 배스노-

한국에 대해 어떻게 생각하세요?
　　　　　　　Солонгосын талаар юу гэж боддог вэ?
　　　　　　　설렁거싱 탈라-르 요 게찌 버뜨덕 웨

한국에는 겨울에 눈이 많이 온다
　　　　　　　Солонгост өвөл цас их ордог.
　　　　　　　설렁거스트 우월 차쓰 이흐 어르덕

한국에서 굉장히 유명한 분이야.
　　　　　　　Солонгост маш алдартай салбар.
　　　　　　　설렁거스트 마쉬 알다르태 살바르

한국에서 왔어.	Солонгост ирсэн.
	설렁거스트 이레-드

한국영화만 좋아한다.	Солонгос кинонд л дуртай.
	설렁거스 키논들 도르태

한국적 방식	Солонгос маягийн
	설렁거스 마이기-잉

한권만 사요.	Нэгийг л худалдаж авъя.
	네기-글 호딸다찌 아위

한도를 늘리다	хэмжээг нэмэх
	헴제-끄 네메흐

한번 보세요.	Нэг удаа хараад үзээрэй.
	넥 오따- 하라-드 우제-레

ㅎ

한숨 쉬다	санаа алдах 사나- 알다흐	할 말이 없어	хэлэх үггүй 헬레흐 욱구이
한턱을 내다	дайлах 댈라흐	할머니	эмээ 에메-
할 것이다	хийнэ 히-인	할아버지	өвөө 우워-

한번 본 것 같아.   Нэг удаа харсан юм шиг байна.
넥 오따- 하르승 움 식 밴

한번 해보세요.   Нэг удаа хийж үзээрэй.
넥 오따- 히-찌 우제-레

한번만 봐주세요.   Нэг л удаа харж үзнэ үү.
네글 오따- 하르찌 우즈누-

한몽사전   Солонгос Монгол толь бичиг
설렁거스 멍걸 털 비칙

한쪽 편에 서다   нэг талд зогсох
넥 탈드 적서흐

할 가치가 있는   хийх үнэ цэнэтэй
히-흐 운 체네테

할 얘기가 뭔데요?   Хэлэх гэсэн үг чинь юу вэ?
헬레흐 게쑹 욱 친 요 웨

할아버지와 할머니   өвөө эмээ
우워- 에메-

할인	хямдрал 햠드랄	합성하다(사진)	нэгтгэх 넥트게흐
함께	хамт 함트	합의하다	хамтран зөвлөх 함트랑 주블르흐
함께 가다	хамт явах 함트 야와흐	합치다	нэгдэх 넥데흐
합격했어요	тэнцсэн 텐츠승	항공	нислэг 니슬렉
합리적인	оновчтой 어넙치터	항공권	онгоцны тийз 엉거츠니 티-즈

할일이 없어	хийх ажил байхгүй 히-흐 아질 배흐구이
함께 일하는 친구	хамт ажилдаг найз 함트 아질닥 내쯔
함성을 지르다	хашгиралдах 하쉬기랄다흐
합작경영	хамтран ажиллах 함트랑 아질라흐
합작을 하실 건가요?	Хамтран ажиллах уу? 함트랑 아질라흐-
항공 운송입니까?	Агаарын тээвэр үү? 아가-링 테-웨루-

항구	боомт 버-엄트	해고하다	ажлаас халах 아질라-쓰 할라흐
항로	далайн зам 달랭 잠	해고되다	ажлаас халагдах 아질라-쓰 할락다흐
항상	үргэлж 우르겔찌	해로	усан зам 오쌍 잠
항의하다	эсэргүүцэх 에쎄르구-체흐	해방	чөлөөлөлт 출루-울레트
해가 되다	хор болох 허르 벌러흐	해법	шийдэх арга 시-데흐 아락
해결하다	шийдвэрлэх 시-뜨베를레흐	해변	далайн эрэг 달랭 에렉

항공우편	агаарын илгээмж 아가-링 일게-엠지
항공회사	нисэх онгоцны компани 니쎄흐 엉거츠니 컴파니
항상 곁에 두세요.	Үргэлж хажууд тавиарай. 우르겔찌 하조-드 타위아래
항생제	нянгийн эсрэг эрөндөг 냥기-잉 에스렉 유른득
해산물	далайн бүтээгдэхүүн 달랭 부텍데후-웅

| 해산하다 | тарах
타라흐 | 햇빛 | нарны туяа
나르니 토야 |
|---|---|---|---|
| 해안 | далайн эрэг
달랭 에렉 | 행동 | үйл хөдлөл
우일 후뜰르 |
| 핵 | цөм, атом
춤, 아텀 | 행복 | аз жаргал
아즈 자르갈 |
| 핵폭탄 | атомын бөмбөг
아터민 붐북 | 행운 | аз
아즈 |
| 핸드폰 | гар утас
가르 오타쓰 | 행정 | засаг захиргаа
자싹 자히르가- |

해운 운송입니까?
Далайн тээвэр үү?
달랭 테웨루-

핸드폰 번호가 뭐예요?
Гар утасны дугаар нь хэд вэ?
가르 오타쓰니 도가-른 헤뜨 웨

햇볕이 내리쬐다
нарны илчэнд ээх
나르니 일첸드 에-흐

햇볕이 따뜻하네
нарны илч дулаахан
나르니 일츠 돌라-항

햇빛이 이글거리는
шалзлам халуун нарны туяа
살즐람 할룽- 나르니 토야

행복하게 살아
аз жаргалтай амьдраарай
아즈 자르갈태 앰드라-래

ㅎ

351

향기	үнэр 우네르	향수	үнэртэй ус 우네르 오쓰
향기로운	үнэртэй 우네르테	허락하다	зөвшөөрөх 줍슈-르흐
향상되다	өгсөх 욱스흐	허리띠를 매다	бүс бүслэх 부쓰 부슬레흐
향상시키다	сайжруулах 새지로-올라흐	허벅다리	гуя 고이

행복하시고 장수하시기 바랍니다.
Аз жаргалтай урт удаан наслаарай.
아즈 자르갈태 오르트 오따-앙 나쓸라-래

행복해지다   **аз жаргалтай болох**
아즈 자르갈태 벌러흐

행사가 열리다   **ёслолын ажиллагаа нээх**
여슬럴링 아질라가- 네-흐

행상하다   **явуулын худалдаа**
야오-올링 호딸다-

행성   **нарны аймгийн есөн аймаг**
나르니 앰기-잉 유승 애막

향기가 좋은   **сайхан үнэртэй**
새항 우네르테

향수병에 걸리다   **нутагаа санагалзах**
노타가- 산갈자흐

허풍떨다	дэгсдүүлэх 덱스두-울레흐	헬멧	аюулгүйн малгай 아욜구잉 말개
헌법	үндсэн хууль 운드승 호-올	혀	хэл 헬
헐거운(옷)	холхих 헐히흐	혁명	хувьсгал 홉스갈
헤어지다	салах 살라흐	혁신하다	шинэчлэх 신칠레흐
헥타르	гектар 계그타르	현 상태	одоогийн байдал 어더-기-잉 배딸

향이 참 좋네요.	Үнэр нь их сайхан юм байна. 우네른 이흐 새항 윰 밴
허가서	зөвшөөрлийн бичиг 줍슈-를리-잉 비칙
허락을 구하다	зөвшөөрөл авах 줍슈-를 아와흐
허락하지 않다	зөвшөөрөхгүй 줍슈-르흐구이
헤어져야하다	салах хэрэгтэй 살라흐 헤렉테
헬멧을 쓰다	аюулгүйн малгай өмсөх 아욜구잉 말개 움스흐

ㅎ

현금	бэлэн мөнгө 벨릉 뭉그	현상하다	үзэгдэх 우제데흐
현대적인	орчин үеийн 어르칭 우-잉	현수막	зарлал 자르랄
현대화	орчин үежих 어르칭 우이지흐	혈색	нүүр царайны өнгө 누-르 차래니- 웅그
현상	үзэгдэл 우제델	혈압	цусны даралт 초쓰니 다랄트

현금으로 지불하실 겁니까?
Бэлэн мөнгөөр төлөх үү?
벨릉 뭉거-르 툴르후-

현금으로 하실 건가요? 카드로 하실 건가요?
Бэлэн мөнгөөр төлөх үү, картаар төлөх үү?
베릉 뭉거-르 툴르후-, 카르타-르 툴르후-

현금자동지급기	бэлэн мөнгөний машин 베릉 뭉그니- 마싱
현기증이 나는	толгой эргэх 털거이 에르게흐
현장에서	үйл явдал болсон газар 우일 압달 벌성 가자르
현장에서 걸리다	хэргийн газар баригдах 헤르기-잉 가자르 바릭다흐

혈통	угсаа гарал 옥사- 가랄	형식	хэлбэр 헬베르
협정문	гэрээ хэлэлцээр 게레- 헬렐체-르	형용사	тэмдэг нэр 템덱 네르
협회	нийгэмлэг 니-겜렉	형제	ах дүү 아흐 두-
형, 오빠	ах 아흐	형태	хэлбэр байдал 헬베르 배딸-
형과 누나	ах ба эгч 아흐 바 에그치	호기심 있는	сониуч зан 서니오치 장
형벌	ял 얄	호되다	хэтэрхий 헤테르히-
형부	хүргэн ах 후르겡 아흐	호랑이	бар 바르
형수	бэргэн 베르겡	호랑이띠	бар жил 바르 질

혈색이 좋다	царайны өнгө сайхан байна 차래늬 웅그 새항 밴
협력하다	хамтран ажиллах 함트랑 아질라흐
형성하다	бүрэлдэн бий болох 부렐뎅 비- 벌러흐

호르몬	гармон 가르몽	호흡하다	амьсгалах 암스갈라흐
호박	хулуу 홀로	혹시	арай 아래
호박잎	хулууны навч 호로-니 납치	혹은	эсвэл 에스웰
호소하다	хандаж хэлэх 한다찌 헬레흐	혼동하다	хольж хутгах 헐찌 호트가흐
호수	нуур 노-르	혼자	ганцаараа 간차-라-
호주	Австрали 아우스트랄	혼합의	холимог 헐리먹
호텔	зочид буудал 저치드 보-딸	홍수	үер 우에르
호흡	амьсгал 암스갈	홍수나다	үер буух 우에르 보-흐

호루라기를 불다   шүгэл үлээх
                                                      슈겔 우레-흐

혹시 내 열쇠 가지고 있어요?
Арай миний түлхүүр чамд байгаа юм биш бээз?
         아래 미니- 툴후-르 참드 배가- 윰 비쉬 베쯔

혹시 바타집인가요?   Арай өрөө Батаа биш бээз?
                         아래 우러- 바타- 비쉬 베쯔

한국어	몽골어	한국어	몽골어
홍콩	Гонконг 겅컹그	화살	нум сумын сум 놈 소밍 솜
화가	зураач 조라-치	화상	түлэнхий 툴렝히-
화나네	уурлах 오-를라흐	화요일	мягмар гариг 먀그마르 가릭
화나는	уурладаг 오-를라닥	화원	цэцгийн хүлэмж 체츠기-잉 후렘지
화면(전산)	дэлгэц 델게치	화장하다	нүүрээ будах 누-레- 보따흐
화보	зургийн цомог 조르기-잉 처먹	화학	химийн ухаан 히미-잉 오하-앙
화산	галт уул 갈트 오-올	확대하다	ихэсгэх 이헤쓰게흐

혼자 시간 보내는걸 좋아해.
Ганцаараа цагийг өнгөрөөх дуртай.
간차-라- 차기-그 웅그르-흐 도르태

혼자 어떻게 하시려고요?
Ганцаараа яах гээв?
간차-라- 야흐 게브

홍보를 하다
зар сурталчилгаа хийх
자르 소르탈칠가- 히-흐

화랑
уран зургийн галерей
오랑 조르기-잉 갈라테

확실히	баттай, лавтай 바트태, 랍태	환영하다	баярлан угтах 바야르랑 옥타흐
확인하다	батлах 바틀라흐	환율	ханш 한쉬
확정하다	баттай болгох 바트태 벌거흐	환자	өвчтөн 웁치퉁
환경	орчин 어르칭	환전하다	мөнгө солиулах 뭉그 설리올라흐

화장대   будаг шунхны ширээ
보딱 슝흐니 시레-

화장실   жорлон, бие засах газар
저를렁, 비에 자싸흐 가자르

화장실에 가다   жорлон явах
저를렁 야와흐

화장실이 어디예요?   Жорлон хаана вэ?
저를렁 하-안 웨

화장품을 쓰다   будаг хэрэглэх
보딱 헤렉레흐

확대하실 필요는 없어요.
ихэсгэх шаардлага байхгүй
히헤쓰게흐 샤-르들락 배흐구이

환불하다   мөнгөө эргүүлж авах
뭉거- 에르구-울찌 아와흐

황금	алт 알트	회사	ажил, компани 아질, 컴파니
회/2회	удаа/2 удаа 오따-/ 허여르 오따-	회사로 와.	Ажилруу ир. 아질로- 이르
회담	уулзалт 오-올잘트	회상하다	дурсах 도르싸흐
회비	гишүүний төлбөр 기슈-니- 툴브르	회원	гишүүн 기슈-웅

환율이 오늘 어떻게 되나요?
                    Ханш өнөөдөр ямар байна?
                    한쉬 우느드르 야마르 밴

환전어디에서 해요?   Мөнгө хаана солиулах вэ?
                    뭉그 하-안 설리올라흐 웨

활발하게 발전하다   эрч хүчтэй хөгжих
                    에르치 후치테 훅지흐

회계   санхүү төлбөр тооцоо
                    상후- 툴브르 터-처-

회사에 둔거 아니야? 회사에 가보자.   Ажил дээрээ
                    아질 데-레-
орхисон юм биш үү? Ажил руу явж үзье.
어르히성 윰 비슈-? 아질 로- 얍찌우지

회사에 바래다주세요.   Ажилруу хүргээд өгнө үү.
                아질로- 후르게-드 우그누-

한국어	몽골어	한국어	몽골어
회의	хурал 호랄	훈련하다	дасгал сургууль 다스갈 소르고-올
회의에서	хурал дээр 호랄 데-르	훈장	одон медаль 어떵 메달
회화(대화)	харилцан яриа 하릴창 야랴	훌륭한	гайхамшигтай 개함식태
횡단보도	гэрлэн дохио 게를렝 더혀	훔치다	хулгайлах 홀갈라흐
효과	үр дүн 우르 둥	휘젓다	хуттах 호트가흐
효도	ачлах ёс 아칠라흐 여쓰	휘파람을 불다	шүгэлдэх 슈겔데흐
후추	хар чинжүү 하르 친주-	휴식	завсарлага 잡사를락
후회하다	харуусах 하로-사흐	휴일	амралтын өдөр 아므랄팅 우드르

회사에 있어요   ажил дээрээ байна
                     아질 데-레- 밴

회의하러 가다   хурал хийхээр явах
                     호랄 히-헤-르 야와흐

휴가를 가다   амралтаар явах
                     아므랄타-르 야와흐

휴지(두루마리)	нойлын цаас 널링 차-쓰	흑인	хар арьстан 하르 아리스탕
흉내 내다	даган дууриах 다강 도-리아흐	흔적	ул мөр 올 무르
흉년	ургацгүй жил 오르가치구이 질	흔하지 않다	элбэг биш 엘벡 비쉬
흐르다(유동)	урсах 오르싸흐	흔한 음식	элбэг хоол 엘벡 허-얼
흐리다(날씨)	муудах 모-따흐	흘리다	асгах 아스가흐
흐린	муудсан 모-뜨상	흠 없는	өө сэвгүй 우- 셉구이
흑맥주	хар пиво 하르 피버	흡입하다	сорох 서러흐
흑백사진	хар цагаан зураг 하르 차가-앙 조락	흥분하다	хөөрөх 후-르흐

휴학하다	сургуулиас чөлөө авах 소르고-올리아쓰 출러- 아와흐
흐르다(시간)	цаг хугацаа урсах 착 혹차- 오르싸흐
흘리지 마.	Биттий гоожуулаад бай. 비트기- 거-조-올라-드 배

흥정하다	наймаалцах 내마-알차흐	힘(능력)	хүч чадал 후치 차딸
희귀한	ховор 허워르	힘(물리)	хүч 후치
희극	инээдмийн жүжиг 이네-뜨미-잉 주찍	힘(체력)	хүч 후치
희망	хүсэл эрмэлзэл 후쎌 에르멜젤	힘내	хичээх 히체-흐
희생하다	зориулах 저리올라흐	힘드네.	хэцүү байна шүү. 헤추- 밴 슈-
희생자	золиослогч 절리어슬럭치	힘든	хүнд, хэцүү 훈드, 헤추-
흰 우유	цагаан сүү 차가-앙 수-	pc방	интернет кафе 인테르네트 카페
흰 피부	цагаан арьс 차가-앙 아리스	tv드라마	интернет кафе 텔레비지-잉 얼렁 앙기트 키노

희망이 없다	хүсэл найдваргүй 후쎌 내뜨와르구이
힘들어 죽겠네.	Ядарч үхлээ. 야따르치 우흘레-
CD를 굽다	CD дээр бичлэг хийх 씨디 데-르 비칠렉 히-흐

| USB를 꽂다 | USB залгах |
| | 유에스비 잘가흐 |

mp3플레이어　　　　　　　　　МП 3 тоглуулагч
　　　　　　　　　　　　　엠피 고랍 터글로-올락치

- 숫자
- 시간
- 요일
- 월
- 호칭
- 가족관계
- 간단한 감탄사
- 감정표현
- 택시에서
- 쇼핑하기
- 색
- 음식점
- 오프너
- 맛표현
- 야채, 과일
- 음식고르기
- 몽골식당 메뉴 보기
- 식사하기
- 계산하기
- 사무실
- 컴퓨터활용
- 학교과정
- 몽골은 어때요?
- 몽골행정단위
- 반의어
- 몽골 5대가축
- 몽골사이트

숫자

숫자			
숫자	тоо 터-	9	ес 유스
0	нойл 너일	10	арав 아랍
1	нэг 넥	20	хорь 허르
2	хоёр 허여르	30	гуч 고치
3	гурав 고랍	40	дөч 두치
4	дөрөв 두릅	50	тавь 탭
5	тав 타우	60	жар 자르
6	зургаа 조르가	70	дал 달
7	долоо 덜러-	80	ная 나이
8	найм 냄	90	ер 이르

100	зуу 조-	십만(100000)	зуун мянга 조-옹 미양가
천(1000)	мянга 미양가	백만(1000000)	сая 사이
만(10000)	арван мянга 아르왕 미양가		

십억(1000000000)	тэр бум 테르 봄

시 간

시간	цаг 착	초	секунд 세콘드
시	цаг 착	반	хагас 하가쓰
분	минут 미노트		

오전 7시	үдээс өмнө долоон цаг 우데-스 우믄 덜렁- 착
오후 3시	үдээс хойш гурван цаг 우데-스 허이시 고르왕 착

3시 10분	гурван цаг арван минут 고르왕 착 아르왕 미노트
3시 10분전	гурван цагт арван минут дутуу байна 고르왕 착 아르왕 미노트 도토- 밴
3시 반	гурав хагас 고르왕 하가쓰
정각 3시	яг гурван цаг 약 고르왕 착

요일

요일	гариг 가릭		목요일	пүрэв гариг 푸릅 가릭
월요일	даваа гариг 다와- 가릭		금요일	баасан гариг 바-승 가릭
화요일	мягмар гариг 먀그마르 가릭		토요일	бямба гариг 뱜바 가릭
수요일	лхагва гариг 하욱 가릭		일요일	ням гариг 냠 가릭

월

월	cap	유월	зургаадугаар cap
			조르가도가-르 사르
일월	нэгдүгээр cap	칠월	долдугаар cap
	넥두게-르 사르		덜도가-르 사르
이월	хоёрдугаар cap	팔월	наймдугаар cap
	허여르도가-르 사르		냄도가-르 사르
삼월	гуравдугаар cap	구월	есдүгээр cap
	고랍도가-르 사르		유스도가-르 사르
사월	дөрөвдүгээр cap	시월	аравдугаар cap
	두릅두게-르 사르		아랍도가-르 사르
오월	тавдугаар cap		
	답도가-르 사르		

십일월	арван нэгдүгээр cap
	아르왕 넥두게-르 사르

십이월	арван хоёрдугаар cap
	아르왕 허여르도가-르 사르

호 칭

할아버지	өвөө 우워-	당신	та 타
할머니	эмээ 에메-	너	чи 치
아저씨	ах 아흐	나	би 비
형, 오빠	ах 아흐	동생	дүү 두-
누나, 언니	эгч 에그치		

아가씨 / 3인칭	бүсгүй, хүүхэн, залуу эмэгтэй 부스구이, 후-헹, 잘로- 에멕테
손자, 나이 많이 어린 사람	ач хүү 아치 후-

가족관계

가족관계	Гэр бүл төрөл садан
	게르 불 투를 사당

한국어	몽골어	한국어	몽골어
할아버지	өвөө 우워-	남동생	эрэгтэй дүү 에렉테 두-
할머니	эмээ 에메-	딸	охин 어힝
엄마	ээж 에-찌	아들	хүү 후-
아빠	ах 아흐	손녀	ач охин 아치 어힝
부인	эхнэр 에흐네르	손자	ач хүү 아치 후-
남편	нөхөр 누흐르	며느리	бэр 베르
언니, 누나	эгч 에그치	사위	хүргэн 후르겡
오빠, 형	ах 아흐	고모	авга эгч 아왁 에그치
여동생	эмэгтэй дүү 에멕테 두-	이모	нагац эгч 나가치 에그치

간단한 감탄사

간단한 감탄사	аялга үг 아얄락 욱	맞아요.	зөв 줍
네	тийм 티-임	그래? 그래.	тийм үү 티-무-
응	аанхаан 아-앙하-앙	됐어.	болсон 벌성
어! (놀람)	ааан! 아-안	됩니다.	болно 벌른
오, 와 (감탄)	хөөх! 후-흐	어때?	ямар вэ? 야마르 웨?
자(말을 사작할때)	за аа 자-	좋지?	гоё байна уу? 고이 배노-?
아니요.	үгүй 우구이	좋아.	гоё 고이
안돼요.	болохгүй 벌러흐구이	농담이야.	тоглоом 터글러-엄
이럴수가. 맙소사.	Иймюмболох гэж 이임 욤 벌러흐 게지		
아이구!	Яая, ёо, янаа, пөөх 야이, 여~, 야나-, 푸-흐		

믿을 수 없어.   иттгэхийн аргагүй
이트게히-잉 아락구이

감정표현

감정표현   сэтгэл хөдлөлийн илэрхийлэл
세트겔 후들를잉 일레르히-일렐

피곤해.	ядарч байна 야따르치 밴	웃기네.	инээдэмтэй юм 이네-뎀태 밴
우울해.	гунигтай байна 고닉태 밴	부끄러워.	ичиж байна 이치찌 밴
짜증나.	уур хүрж байна 오-르 후르찌 밴	화나.	уур хүрж байна 오-르 후르찌 밴
졸려.	нойр хүрж байна 너르 후르찌 밴	울지마.	биттгий уйл 비트기- 오일
춥네.	хүйтэн байна 휘텡 밴	무서워.	айж байна 애찌 밴

즐거워   баяр хөөртэй байна
바야르 후-르테 밴

활짝 웃어.   нүүр дүүрэн инээх
누-르 두-렝 이네-흐

힘내.	зүтгэх, чармайх 주트게흐, 차르메흐	실망이야.	урам хугарах 오람 호그라흐

걱정하지 마.   санаа битгий зов
　　　　　　　　　　　　　사나- 비트기- 접

신경쓰지마.   битгий анхаар
　　　　　　　　　　　　　비트기- 앙하-르

포기하지마.   битгий боль
　　　　　　　　　　　　　비트기- 벌

최선을 다해.   хамаг хүчээ дайчла
　　　　　　　　　　　　　하막 후체 데츨라

택시에서

택시에서   таксинд
　　　　　　　　　　　　　탁신드

한국 대사관으로 가주세요.
       Солонгосын элчинрүү явна уу
　　　　　　　　　설렁거싱 엘친루- 야우노-

운전사   жолооч
　　　　　　　　　　　　　절러-치

기본요금   суурь төлбөр
　　　　　　　　　　　　　소-리 툴부르

좌회전하다.	зүүн гар тийш эргэх 주-웅 가르 티-쉬 에르게흐
우회전하다.	баруун гар тийш эргэх 바로-옹 가르 티-쉬 에르게흐
오른쪽	баруун тийш 바로-옹 티-쉬
왼쪽	зүүн тийш 주-웅 티-쉬
정면	нүүрэн тал 누-렝 탈
길 건너편	замын эсрэг тал 자밍 에쎄렉 탈
직진하다.	чигээрэй 치게-레
계속 똑바로 직진하다.	үргэлжлүүлээд чигээрэй явах 우르겔쭈-울레-드 치게-레 야와흐
300m 정도 직진하다.	гурван зүүн метр орчим чигээрэй явах 고르왕 조-웅 메트르 어르침 치게-레 야와흐
되돌아가다.	буцах 보차흐
다리를 건너다.	гүүр давах 구-르 다와흐

에어컨 켜주세요.	агааржуулагчаа асаагаад өгнө үү

아가-르초-올락차- 아싸-가-드 우그누-

창문 닫아 주세요.	цонх хааж өгнө үү

청흐 하-찌 우그누-

왼쪽으로 돌지마세요.	зүүн тийш битгий эргээрэй

주-웅 티-쉬 비트기- 에르게-레

이쪽이 걸럼트 타워 가는 길 맞나요?
Энэ Голомт хотхон руу явдаг зам мөнө үү?
엔 걸럼트 허트헝로- 얍딱 잠 무 누-

맞는 길로 가고 있나요?	Зөв замаар явж байна уу?

줍 자마-르 얍찌 배노-

길끝 사거리까지 가세요.
Замын төгсгөлд байгаа дөрвөн зам хүртэл яваарай.
자밍 툭스글드 배가- 두르븡 잠 후르텔 야와-래

여기서 세워주세요.	энд зогсно уу

엔드 적스노-

거스름돈 주세요.	хариулт мөнгө өгнө үү

하리올트 뭉그 우그누-

거스름돈이 틀려요.	хариулт мөнгө буруу байна

하리올트 뭉그 보로- 밴

쇼핑하기

쇼핑하기	Дэлгүүр явах 델구-르 야와흐
지불하다	төлбөр тооцоо хийх, төлөх 툴부르 터-처- 히-흐, 툴루흐
현금	бэлэн мөнгө 벨릉 뭉그
거스름돈	хариулт мөнгө 하리올트 뭉그
봉지	канверт 칸웨르트
보증기간	баталгаат хугацаа 바탈가-트 혹차-

어디서 살 수 있어요?
　　　　Хаанаас худалдаж авахболомжтой вэ?
　　　　하-나-쓰 호딸다찌 아와흐 벌럼지터 웨

어디에 쓰는 거야?　　　Юунд хэргэлдэг вэ?
　　　　　　　　　　　윤드 헤르겔덱 웨

그냥 구경하는 거예요. Зүгээр л үзэж сонирхсон юм.
　　　　　　　　　　쭈게-를 우제찌 서니르흐성 움

어느 나라 제품이예요?　Аль улсын бараа вэ?
　　　　　　　　　　알 올씽 바라- 웨

더 작은 것은 없나요?	Өөр жижигхэн байна уу? 어-르 찌찍흥 배노-
다른 색도 있어요?	Өөр өнгөтэй байна уу? 어-르 웅그테 배노-
더 큰것은 없나요?	Үүнээс том байна уу? 우-네-쓰 텀 배노-
좀 더 싼 것이 있어요?	Өөр хямд байгаа юу? 어-르 햠드 배가- 요
어때? 예뻐?	Ямар байна? Хөөрхөн байна уу? 야마르 밴? 후-르흥 배노-
안 어울려. 사지마.	Зохихгүй байна. Биттий ав 저히흐구이 밴. 비트기- 아우
한개만 주세요.	Нэгийг өгөөч 네기-그 우거-치
한개 더 주세요.	Дахиад нэгийг өгнө үү 다햐드 네기-그 우그누-
모두 얼마예요?	Нийт хэд вэ? Нийлээд хэд вэ? 니-트 헤드 웨 니-일레-드 헤드 웨
얼마예요?	Хэд вэ? Ямар үнэтэй вэ? 헤드 웨, 야마르 운테 웨
비싸요, 좀 깎아주세요. Үнэтэй байна, үнээ жоохон яриад өгөөч 운테 밴, 운 쩌-헝 야리아드 우거-치	

거스름돈 주세요.	хариулт мөнгө өгнө үү 하리올트 뭉그 우그누-

색

색	өнгө 웅그	갈색	бор өнгө 버르 웅그
빨간색	улаан өнгө 올라-앙 웅그	분홍색	ягаан өнгө 야가-앙 웅그
파란색	цэнхэр өнгө 쳉헤르 웅그	초록색	ногоон өнгө 너거-엉 웅그
노란색	шар өнгө 샤르 웅그	보라색	хөх ягаан өнгө 후흐 야가-앙 웅그
검은색	хар өнгө 하르 웅그	하늘색	тэнгрийн өнгө 텡게리-잉 웅그
하얀색	цагаан өнгө 차가-앙 웅그		

음식점

한국어	몽골어
음식점	Цайны газар 채니 가자르
전문	төрөлжсөн 투를지숭
가격	үнэ 운
서빙하다	үйлчлэх 우일칠레흐
메뉴판	мэню 메뉴
인분/삼 인분	порц 퍼르치
종업원	ажилтан 아질탕
먹다	идэх 이데흐
다 먹다	бүгдийг нь идэх 북디-근 이데흐
마시다	уух 오-흐
계산하다	тооцоо хийх 터-처- 히-흐
배고프다	өлсөх 울스흐
배부르다	цадах 차따흐
오프너	онгойлгогч 엉거일걱치
젓가락	савх 사흐
숟가락	халбага 할박
음식을 주문하다	хоол захиалах 허-얼 자할라흐
영수증	мөнгөний баримт, тасалбар 뭉그니- 바림트, 타쌀바르

포크	сэрээ 세레-	짜다	шорвог 셔르웍
나이프	хутга 호탁	싱겁다	давс сул 다우쓰 솔
티슈	салфетка 살페트카	쓰다	гашуун 가쇼-옹
재떨이	үнсний сав 운스니- 삽	맵다	халуун 할로-옹
넵킨	салфетка 살페트카	뜨겁다	халуун 할로-옹
얼음	мөс 무쓰	맛있다	амттай 암트태
맛	амт 암트	맛없다	амтгүй 암트구이
느끼하다	тослог, хурц 터슬러그, 호르츠	달다	чихэрлэг 치헤를렉
시다	исгэлэн 이스겔릉	신선하다	шинэхэн 시네흥
이쑤시개		шүдний чигчлүүр 슈드니- 치치루-르	
간이 적당하다		амт нь таарсан байна 암튼 타-르상 밴	

입맛에 맞다	хоол таарах 허-얼 타-라흐	설탕	чихэр 치헤르
간장	цуу 초-	식초	цагаан цуу 차가-앙 초-
소금	давс 다우쓰	고추장	чинжүүн жан 친주-웅 짱

향기가 좋다	сайхан үнэртэй 새항 우네르테
탄내가 나다	утаа угаар гарах 오타- 오가-르 가라흐
비린내가 나다	эх үүн үнэр гарах 에흐-웅 우네르 가라흐
달면서 맛있다	чихэрлэг мөртлөө амттай 치헤를렉 무르틀러- 암트태
된장	шар буурцагаар хийсэн жан 샤르 보-르착-아르 히-생 짱

야채, 과일

한국어	몽골어	한국어	몽골어
야채, 과일	Жимс, ногоо 짐스, 너거-	호박	хулуу 홀로-
감자	төмс 툼스	고추	чинжүү 친주-
양배추	байцаа 배차-	부추	халиар 할리아르
당근	лууван 로-왕	상추	салатны байцаа 살라트니 배차-
양파	сонгин 성긴	피망	чинжүү 친주-
배추	хятад байцаа 햐타드 배차-	고구마	амтат төмс 암타트 툼스
마늘	сармис 사르미스	사과	алим 알림
생강	цагаан гаа 차가-앙 가-	배	лийр 리-르
비트	хүрэн манжин 후렝 만징	토마토	улаан лооль 올라-앙 러-얼
버섯	мөөг 무-그	귤	жүрж 주르찌

부록

383

바나나	банана 바나나	복숭아	тоор 터-르
포도	усан үзэм 오상 우젬	파인애플	ананас 아나나스
수박	амтатгуа 암타트과아	딸기	гүзээлзгэн 구제-엘즈겡

음식고르기

음식고르기	Хоол сонгох 허-얼 성거흐
몽골요리가 아주 맛있다고 들었어.	Монгол хоол их амттай гэж дуулсан 멍걸 허-얼 이흐 암트테 게즈 도-올상
뭘 제일 좋아하세요?	Юунд хамгийн дуртай вэ? 욘드 함기-잉 도르테 왜
보즈를 제일 좋아 해요.	Буузанд илүү дуртай 보-오잔드 일루- 도르테
음식을 골라보세요.	Хоолоо сонгоорой 허-얼러- 성거-레
골라주세요.	Сонгоод өгнө үү. 성거-드 우그누-

내건 내가 고를 거야.　　Би өөрийхийгөө сонгоно.
　　　　　　　　　　　비 어-리-히-거- 성건

뭐 드시겠어요?　　　　　　　　　　Юу идэх вэ?
　　　　　　　　　　　　　　　　요 이데흐 왜

언니가 저녁 산다고 했잖아요.
　　　　　Эгч та хоол авч өгнө гэсэн биз дээ
　　　　　에그치 타 허-얼 압치 우근 게승 비즈 데-

오늘은 내가 한 턱 낼게요.　　　Өнөөдөр би даана
　　　　　　　　　　　　　　우누-드르 비 다-안

오늘은 당신 뜻대로 하세요.
　　　　　　　Өнөөдөр чи дуртайгаа ав/хий
　　　　　　　우누-드르 치 도르태가 압/히-

몽골식당 메뉴 보기

전채요리	Зууш 조-쉬	만두국	Банштай шөл 반시태 슐
스프	Нэг дүгээр хоол 넥 두게-르 허-얼	칼국수	Гурилтай шөл 고릴태 슐
야채 스프	Ногоотой шөл 너거-터 슐	고깃국	Хар шөл 하르 슐

버섯 스프	Мөөгтэй шөл 무-그테 슐	잡채	Пүнтүүзтэй хуурга 푼트-쯔테 호-락
볶음국수	Цуйван 초이왕	디저트	Дисерт 디세르트
고기 정식	Гуляш 골리야쉬	아이스크림	Зайрмаг 재르막
찐 고기 만두	Бууз 보-즈	케이크	Тоорт 터-르트
구운 고기 만두	Хуушуур 호-쇼-르	따뜻한 음료	Халуу ундаа 할로-옹 온다-
볶음밥	Будаатай хуурга 보따-태 호-락	커피	Кофе 커페

감자 샐러드	Нийслэл салат 니-슬렐 살라트
양배추 샐러드	Байцааны салат 배차-니 살라트
당근 샐러드	Луувангийн салат 로-왕기-잉 살라트
계란 샐러드	Өндөгтэй салат 운득태 살라트
본 요리	Хоёр дугаар хоол 허여르 도가-르 허-얼

홍차	Хар цай 하르 채	음료수	Ундаа 온다-
우유차	Сүүтэй цай 수-테 채	생수	Цэвэр ус 체웨르 오쓰
찬 음료	Хүйтэн ундаа 휘텡 온다-	주스	Жүүс 주-스

식사하기

식사하기
Хооллох
허-얼러흐

드시죠.
Идэцгээе
이데츠게-이

입맛에 맞으실지 모르겠어요.
Идэж чадах эсэхийг мэдэхгүй байна.
이데찌 차다흐 에세히-끄 메데흐구이 밴

맛있겠다.
Амттай байхдаа
암트테 배흐다-

맛있게 먹어.
Сайхан хооллоорой
새항 허-얼러-래

맛보세요.
Амсаад үз
암사-드 우지

이걸 뭐라고 불러요?	Энийг юу гэдэг вэ?
	에니-그 요 게떽 웨

이 조리 스타일을 뭐라고 부릅니까?	
	Энэ болгох аргыг юу гэдэг вэ?
	엔 벌거흐 아르긱 요 게덱 웨

이거 흔한 음식이예요?	Энэ элбэг хоол уу?
	엔 엘벡 허-얼로-

음식 괜찮죠?	Хоол нь зүгээр биз дээ?
	허-얼은 쭈게-르 비즈 데-

맛있어?	Амттай байна уу?
	암트테 배노-

다이어트 하세요?	
	Хоолны дэглэм барьж байгаа юм уу?
	허-얼니 덱렘 바리찌 배가 유모-

어떻게 먹는 거예요?	Яаж иддэг юм бэ?
	야찌 읻떽 윰 베

뭐 더 마실래요?	Дахиад юу идмээр байна вэ?
	다햐드 요 이드메-르 밴 웨

뜨거운 물 조금만 더 주세요.	
	Халуун ус дахиад жоохон өгнө үү
	할로-옹 오스 다햐드 우그누-

물 더 주세요.	Ус өгнө үү
	오스 우그누-

388

서비스가 엉망이다.	Үйлчилгээ муутай юм.
	우일칠게- 모-태 움

주인이 없으니까 서비스가 엉망이네.
Эзэн нь байхгүй болохоор үйлчилгээ муу байна.
에쩬은 배흐구이 벌러허-르 우일칠게- 모- 밴

너무 배불러.	Гэдэс цадчилхлаа
	게떼스 차뜨치흘라-

저 취했어요.	Би согтчихлоо
	비 석ㄷ트치흘러-

술 도수가 높아요.	Архины градус нь өндөр юм.
	아리흐니 그라도슨 운두르 움

술 잘하시네요.	Архи сайн уудаг юм байна шүү.
	아리흐 생 오-닥 움 밴 슈-

다 먹었어요.	Бүгдийг нь уучихлаа
	북디-근 오-치흘라-

다 먹어.	Бүгдийг нь уу, ид
	북디-근 오-, 이드

계산해 주세요.	Тооцоо хийнэ үү
	터-처- 히-누-

계산하기

계산하기
Тооцоо хийх
터-처- 히-흐

내가 저녁 산다고 했잖아.
Би оройн хоол авч өгнө гэж хэлсэн биз дээ.
비 어랭 허-얼 압치 우근 게찌 헬승 비즈 데-

더치페이해도 될까요?
Тус тусдаа тооцоо хийх
토스 토스다- 터-처- 히-흐

계산이 잘못됐어요.
Тооцоо буруу байна
터-처- 보로- 밴

돈 여기있어요.
Мөнгө энэ байна
뭉그 엔 밴

영수증 좀 주세요.
Падаан өгнө үү.
파타-앙 우그누-

싸 주세요.
Боож өгнө үү.
버-찌 우그누-

감사합니다. 아줌마.
Баярлалаа. Эгчээ
바야를라-. 에그체-

사무실

한국어	몽골어	한국어	몽골어
사무실	Ажлын өрөө 아질링- 우러-	풀	цавуу 차오-
파일	Файл 파일	클립	хавчаар 합차-르
지우개	баллуур 발로-르	자	шугам 쇼감
테이프	кассет 카쎄트	칼	цаасны хутга 차-스니 호탁
계산기	тооны машин 터-니 마싱	가위	хайч 해치
볼펜	бал 발	전화기	утас 오타스
봉투	дугтуй 독토이	팩스	факс 파크
스탬플러		ширээний чийдэн 시레-니- 치-뎅	
수첩		тэмдэглэлийн дэвтэр 템덱렐리-잉 뎁테르	
칼라프린터기		өнгөт принтер 웅그트 프린테르	

프린터기	принтер 프린테르	스피커	спикер 스피케르
컴퓨터	компьютер 컴퓨테르	노트북	ноот бүүк 너-트 부-크
모니터	дэлгэц 델게츠	USB	Флаш 플라시

디지털카메라	дижител камер 디지달 카메르
데스크톱	компьютерын дэлгэц 컴퓨테르-잉 델게츠
프린터 잉크	принтерийн хор 프린테르-잉 허르

컴퓨터활용

컴퓨터활용	Компьютер хэрэглэх 컴퓨테르 헤렉레흐
파일	файл 파일
마우스	хулгана 홀간

공시디	**хоосон сиди** 허-성시디
프린트지	**принтерийн цаас** 프린테리-잉 차-쓰
외장하드	**зөөврийн хард** 주-브링- 하르드
바이러스	**вирус** 위로스
바이러스에 감염되다.	**вирустах** 위로스타흐
종이가 기계에 걸리다.	**цаас тээглээд гацах** 차-쓰 테-글레드 가차흐
마우스 오른쪽 클릭하다.	**хулганыхаа баруун товчыг дарах** 홀가니하 바로-옹 텁치-익 다라흐
프로그램을 설치하다.	**порограмм суулгах** 프러그람 소-올가흐
포맷하다.	**форматлах** 퍼르마틀라흐
USB를 꼽다.	**флаш залгах** 플라시 잘가흐
CD를 굽다	**Си дийн дээр бичих** 시디-잉 데-르 비치흐

인터넷이 죽었어.	Интернэт ажиллахгүй байна.
	인테르네트 아질라흐구이 밴
전선을 뽑다.	кабелийг нь салгах
	카밸리근 살가흐
바이러스 걸린것 같아.	Вирустчихсан юм ши г байна.
	위로스트치흐상 욤 식 밴
왜 이렇게 느린거야.	Яагаад ийм удаан болчихвоо
	야가-드 이-임 오따-앙 벌치흐워-
기계 고장 난 것 같아요. 한번 봐주실래요?	
	Ивдэрчихсэн юм шиг байна. Нэг үзээд өгөөч.
	입데르치흐셍 욤 식 밴. 넥 우제-드 우거-치
복사할 줄 알아요?	Канон хийж мэдэх үү?
	카넌 히-찌 메데후-
한 부 복사해 주실 수 있으세요?	
	Нэг хувь канон хийгээд өгч чадах уу?
	넥 호비 카넌 히-게-드 욱치 차뜨호-?
사장	захирал
	자히랄
대표	төлөөлөгч, орлогч
	툴러-얼럭치, 어를럭치

통역	орчуулагч 어르초-올락치
직원	ажилтан 아질탕
공장 노동자	үйлдвэрийн ажилтан 우일드웨리-잉 아질탕
실무자	ажил хариуцагч 아질 하리오착치
점심시간	өдрийн хоол, өдрийн цай 우드링- 허-얼, 우드링- 체
출근시간	ажил эхлэх цаг 아질 에흘레흐 착
퇴근시간	ажил тарах цаг 아질 타라흐 착
월급날	цалин буух өдөр 찰링 보-흐 우드르
월급	цалин 찰링
공휴일	албан ёсны амралтын өдөр 알방 여쓰니 아므랄티-잉 우드르
휴일	амралтын өдөр 아므랄티-잉 우드르

열쇠	түлхүүр 툴후-르
자물쇠	цоож 처-찌
명함	нэрийн хуудас 네리-잉 호-따스
월급날이 오다.	Цалин буух өдөр ирэх 찰링 보-흐 우드르 이레흐
비서를 뽑다.	Нарийн бичиг сонгох 나리-잉 비칙 성거흐
뽑다.	сонгох 성거흐
한국적 방식	Солонгос маягийн арга 설렁거스 마이기-잉 아락
한국어를 몽골어로 번역하다. 　　　　Солонгосоос Монголруу орчуулах 　　　　설렁거서-쓰 멍걸로- 어르초-올라흐	
해고되다.	ажлаас халах 아질라-쓰 할라흐
고용하다.	хөлслөх 훌슬루흐
월세를 내다.	сарын төлбөрөө төлөх 사리잉 툴부러- 툴루흐

이리와 봐. 할 말이 있어.		Наашаа хүрээд ир хэлэх зүйл байна. 나-샤- 후레-드 이르 헬레흐 주일 밴	
영어 할 수 있어요?		Англиар ярьж чадах уу? 앙길라르 야리찌 차따호-	
한국어를 할 수 있어요?		Солонгосоор ярьж чадах уу? 설렁거서-르 야리찌 차따호-	
좀 빨리 할 순 없나?		Жоохон хурдан хийж болохгүй юу? 쩌-헝 호르땅 히-찌 벌러흐구이 요	
차(음료) 준비됐어요?		Цай бэлэн болсон уу? 채 밸랭 벌스노-	
볼펜 좀 주시겠습니다.		Бал аа өгөөч. 발라- 우거-치	

몽골식당 메뉴 보기

학교	Сургууль 소르고-올	중학교	дунд сургууль 돈드 소르고-올
유치원	цэцэрлэг 체체를렉	고등학교	ахлах сургууль 아흘라흐 소르고-올
초등학교	бага сургууль 박 소르고-올		

대학교	дээд сургууль 데-드 소르고-올	석사	магистр 마기스트르
일학년	нэгдүгээр курс 넥 두게-르 코르스	박사	доктор 덕터르
이학년	хоёр дугаар курс 허여르 도가-르 코르스	교사	багш 박시
삼학년	гурав дугаар курс 고랍 도가-르 코르스	강사	цагийн багш 차기-잉 박시

사학년	дөрөв дөгөөр курс 두릅 두게-르 코르스
전문대학	мэргэжил эзэмшүүлэх сургууль 메르게질 에젬슈-울레흐 소르고-올
대학원	магистрын сургалт 마기스트링- 소르갈트
대학원에서 공부중인	Магистарт сурч байгаа 마기스타르트 소르치 배가-
교수	дээд сургуулийн багш 데-드 소르고-올리-잉 박시

398

몽골은 어때요?

몽골은 어때요?   Монгол ямар вэ?
                                       멍걸 야마르 웨

초원이 드넓고 아름다워요
       Ногоон уудам тал нутаг нь үзэсгэлэнтэй.
             너거-엉 오-담 탈 노탁은 우제스겔렝테

푸른 하늘과 흰 구름이 멋져요
       Цэнхэр тэнгэр цагаан үүл нь гоё.
             쳉헤르 텡게르 차가-앙 우-울은 고이

겨울이 무척 추워요.   Өвөл маш их хүйтэн.
                                 우월 마시 이흐 휘텡

날씨가 건조해서 힘들어요
       Цаг агаар нь их хуурай учраас хэцүү.
             착 아가-르 은 이흐 호-래 오치라-쓰 헤추-

몽골어 발음이 어려워요.
       Монгол хэлний дуудлага хүнд.
             멍걸 헬니- 도-뜰락 훈드

한국 사람과 몽골사람은 생김새가 비슷해요
       Солонгос Монгол хүн царайгаараа түстэй.
             설렁거스 멍걸 훙 차레가-라- 투스테

부록

한국에 비하면, 겨울이 더 길고 추워요.
Солонгостой харьцуулбал
설렁거스테 하리초–올발
Монголын өвөл илүү хүйтэн бас урт.
멍걸잉 우월 일루 휘텡 바쓰 오르트

한국과 비교할 때, 몽골의 집값이 싸요.
Солонгостой харьцуулахад Монголын орон сууцны үнэ хямд.
설렁거스테 하리초–올라하드 멍걸잉 어렁 소–츠니 운 햠드

몽골행정단위

몽골의 행정단위의 아이막은 우리의 도에 해당된다.
21개의 아이막이 있고 그 하부기관으로는 솜과 박이 있다.

Архангай аймаг
아르항가이 아이막

Дорноговь аймаг
도르너고비 아이막

Баян өлгий аймаг
바양 울기– 아이막

Дорнот аймаг
도르너트 아이막

Баянхонгор аймаг
바양 헝거르 아이막

Дундговь аймаг
돈드고비 아이막

Булган аймаг
볼강 아이막

Завхан аймаг
자브항 아이막

Говь-Алтай аймаг
고비–알타이 아이막

Өвөрхангай аймаг
우브르항가이 아이막

Өмнөговь аймаг 우문고비 아이막	Хөвсгөл аймаг 홉스굴 아이막
Сүхбаатар аймаг 수흐바-타르 아이막	Хэнтий аймаг 헨티- 아이막
Сэлэнгэ аймаг 셀렝게 아이막	Говьсүмбэр аймаг 고비숨베르 아이막
Төв аймаг 톱 아이막	Дархан –Уул аймаг 다르항-오-올 아이막
Увс аймаг 옵스 아이막	Орхон аймаг 어르헝 아이막
Ховд аймаг 홉드 아이막	

반의어

반의어			эсрэг утгатай үг
짧다	богино 버긴	길다	урт <u>오르트</u>
따뜻하다	дулаан 돌라-앙	춥다	хүйтэн 휘텡

두껍다	зузаан 조자-앙	얇다	нимгэн 님겡
나쁘다	муу 모-	좋다	сайн 생
나쁘다	муухай 모-해	좋다/아름답다	сайхан 새항
낮다	намхан 남항	높다	өндөр 운드르
좁다	нарийн 나리-잉	넓다	өргөн 우르겅
가깝다	ойрхон 어이르헝	멀다	хол 헐
날씬하다	туранхай 토랑해	뚱뚱하다	тарган 타르강
느리다	удаан 오따-앙	빠르다	хурдан 호르땅
비싸다	үнэтэй 운태	싸다	хямд 햠드
새, 새롭다	шинэ 신	헌, 오래되다	хуучин 호-칭
비다	хоосон 허-성	차다	дүүрэн 두-렝

어렵다	хэцүү 헤추-	쉽다	амархан 아마르항
부드럽다	зөөлөн 저-을릉	단단하다	хатуу 하토-
깨끗하다	цэвэрхэн 체웨르헹	지저분하다	бохир 버히르
무겁다	хүнд 훈드	가볍다	хөнгөн 홍궁

몽골 5대 가축

말	морь 머르	염소	ямаа 야마-
소	үхэр 우헤르	낙타	тэмээ 테메-
양	хонь 헌		

몽골사이트

주몽한국대사관	http://www.mofat.go.kr/mongolia/
주한몽골대사관	http://www.mongolembassy.com/
재몽한인신문	http://www.mnhanin.net/
몽골항공	http://www.miat.com
몽골문화원	http://www.mongolcenter.org/info.html
몽골스쿨(몽골전문포탈)	http://www.mongolschool.com
몽골클럽(몽골음악전문)	http://www.mglclub.com
몽골인터넷방송	http://www.mongoliatv.net
몽골인터내셔날스쿨	http://www.isumongolia.edu.mn
몽골 MK스쿨(선교사자녀학교)	http://www.mkschool.org